资助项目（基金）：

· 教育部"本科教学工程"四川省地方属高校本科专业综合改革试点项目——内江师范学院数学与应用数学"专业综合改革试点"项目（ZG0464）
· 内江师范学院2013年四川省高等教育"质量工程"项目（01249）
· 内江师范学院重点学科课程与教学论学科教学（数学）建设项目（102-3）
· 四川省"西部卓越中学数学教师协同培养计划"项目
· 内江师范学院教材出版基金

ZHONGXUE SHUXUE

YANJIUXING JIAOXUE YU ANLI

中学数学
研究性教学与案例

赵思林　著

四川大学出版社

责任编辑:毕　潜
责任校对:蒋　玛
封面设计:墨创文化
责任印制:王　炜

图书在版编目(CIP)数据

中学数学研究性教学与案例 / 赵思林著. —成都：
四川大学出版社，2016.3
ISBN 978-7-5614-9355-7

Ⅰ.①中… Ⅱ.①赵… Ⅲ.①中学数学课-教学研究
Ⅳ.①G633.602

中国版本图书馆 CIP 数据核字（2016）第 055429 号

书名　　中学数学研究性教学与案例

著　　者　赵思林
出　　版　四川大学出版社
地　　址　成都市一环路南一段24号 (610065)
发　　行　四川大学出版社
书　　号　ISBN 978-7-5614-9355-7
印　　刷　郫县犀浦印刷厂
成品尺寸　148 mm×210 mm
印　　张　10.5
字　　数　309千字
版　　次　2016年4月第1版
印　　次　2016年4月第1次印刷
定　　价　40.00元

◆读者邮购本书，请与本社发行科联系。
　电话:(028)85408408/(028)85401670/
　(028)85408023　邮政编码:610065
◆本社图书如有印装质量问题,请
　寄回出版社调换。
◆网址:http://www.scupress.net

前　言

　　研究性教学是近年理论研究和教育改革中的热点问题，它一般被解释为"把科学研究引入教学中"或者"教学与研究结合".

　　研究性学习第一次被提出来是 18 世纪末到 19 世纪初，主要代表是卢梭、裴斯泰洛齐等. 他们认为，人天生具有探究的欲望，教师应创设问题产生情境，为学生提供自主探究的机会，这为今天的研究性学习奠定了思想基础. 第二次是 19 世纪末到 20 世纪初，主要倡导者是杜威、克伯屈等. 杜威在《民主主义与教育》等著作中在以"教育即经验的不断改造"的观点下，提出让学生在解决问题的过程中获得真知的"问题教学法"，提倡学生在经验中学，在做中学. 第三次是 20 世纪 50 年代末到 20 世纪 70 年代，主要倡导者是美国的布鲁纳. 布鲁纳在《教育过程》中主张学生应学习每学科的基本结构、基本观念，在学习上强调引导学生自己去发现，让学生亲自参与发现的行动，从中进行以发现为重点的学习.

　　我国中小学的研究性学习虽然起步较晚（始于 20 世纪末），但是发展迅猛. 20 世纪 80 年代初学术界开始重视这一概念，1985 年最早见于心理学界，并且研究性学习首先在上海起步，至 1999 年又先后在深圳、江苏、黑龙江等地开展实验，积累了一定的经验，取得了不少成果，对研究性学习的内涵已有了较深刻的认识.

　　2000 年 1 月，教育部颁布的《全日制普通高级中学课程计划（实验修订稿）》第一次在基础教育课程中增设"综合实践活动"课程，其中包括研究性学习. 2001 年《基础教育课程改革纲要（试行）》明确指出：教师在教学过程中应与学生积极互动、共同发展，

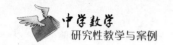
要处理好传授知识与培养能力的关系，注重培养学生的独立性和自主性，引导学生质疑、调查、探究，在实践中学习，促进学生在教师指导下主动地、富有个性地学习．倡导学生主动参与、乐于探究、勤于动手，培养学生搜集和处理信息的能力、获取新知识的能力、分析和解决问题的能力以及交流与合作的能力．

2001 年 4 月 9 日，教育部颁布的《普通高中"研究性学习"实施指南（试行）》明确指出："研究性学习是学生在教师指导下，从自然、社会和生活中选择和确定专题进行研究，并在研究过程中主动地获取知识、应用知识、解决问题的学习活动．"所谓数学研究性学习，是学生在教师的指导下，从数学学科内部或其他领域（包括非数学的学科、自然、社会和生活）中选择并确定研究性问题，侧重于该问题在数量关系和空间形式方面的探索和研究，并在探索和研究过程中主动地获取数学知识、应用数学知识、解决数学问题的学习活动．近年来，数学研究性学习已进入中学课堂，并进入到中考和高考．

2003 年教育部颁布的普通《高中数学课程标准（实验）》明确指出："高中数学课程设立'数学探究''数学建模'等学习活动，……高中数学课程应力求通过各种不同形式的自主学习、探究活动，让学生体验数学发现和创造的历程，发展他们的创新意识．""数学探究即数学探究性课题学习，是指学生围绕某个数学问题，自主探究、学习的过程．这个过程包括：观察分析数学事实，提出有意义的数学问题，猜测、探求适当的数学结论或规律，给出解释或证明．""数学探究是高中数学课程中引入的一种新的学习方式．"全国各地中小学对研究性学习进行了积极的探索，获得了一些经验，初步形成了一批有关研究性学习的专著，如霍益萍于 2001 年出版的《研究性学习：实验与探索》《让教师走进研究性学习》《研究性学习学生用书》几本著作；2002 年，出版的著作有邹尚智的《研究性学习指南》，刘婉华与罗朝猛的《聚焦研究性学习：从理论到实践》，葛炳芳的《高级中学研究性学习教程》，王升的《研究性学习的理论与实践》等．这些专著对研究性学习进行了有益的探索.

　　研究性教学，就是指在教学过程中由教师创设一种类似科学研究的情境和途径，指导学生在独立的主动探索、主动思考、主动实践的研究过程中，吸收并应用知识、分析并解决问题，从而培养学生的创造能力和创新精神，提高学生综合素质的一种教学模式. 所谓数学研究性教学，就是指在数学教学活动中由教师创设一种类似数学探究或数学研究的情境和途径，学习并应用数学知识，指导学生探索数学规律，在思考、分析、探究、推广以及解决数学问题的过程中，培养学生的数学创新精神和创造能力，提高学生综合素质的一种数学教学模式. 研究性教学可分为"研究性的教"和"研究性的学". 研究性的学就是研究性学习.

　　本书在编写过程中力求体现如下特点：

　　（1）建构了数学研究性教学"四点一心"模式，如下图. 该模式由"问题""阅读""探究""总结""应用"五个基本要素构成. 该模式以阅读、问题、总结与应用作为四边形的四个顶点，探究作为该四边形的中心，统揽研究性教学的全局. 其中阅读是基础，问题是起点，探究是中心，总结是升华，应用是目的.

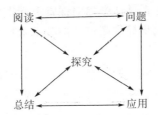

数学研究性教学"四点一心"模式

　　（2）提出了片段探究的数学研究性教学策略. 片段探究的好处是灵活机动，节省时间，易于操作，可以大大降低研究性教学的难度. 普通的一节课只有 40 分钟，受教学容量和时间限制，一般不可能把五个基本环节（基本要素）都走完，怎么办呢？我们大力提倡搞片段探究，就是一节课可以选择一个或两个基本要素进行研究性教学. 对一节课，根据内容难度和时间安排的情况，可以只探不

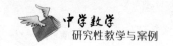

究，可以只究不探，可以既探又究．这样做可以大大增强研究性教学的灵活性和操作性．需要说明的是，在中学不可能每节课都可以或者都适合开展研究性教学．

对一个有一定研究价值的数学问题进行研究性教学，一般可遵循以下步骤：提出问题——研究的起点；解决问题——研究的重点；推广问题——研究的难点；总结提炼（含撰写论文）——研究的成果．研究性教学一般可分课前、课堂、课后三个阶段才能完成．课前应提出问题，教师大约在上课前的两周左右提出问题，先让学生思考并做一些知识方面的准备，教师可作必要的提示，如指出几个探究的方向和一些探究的方法；课堂教学是研究性教学的核心环节，课堂上教师组织并以未知者的身份参与问题解决和问题推广的过程，课堂研究的重点是引导学生多角度开展思路分析与探索，课堂研究应让学生主动参与问题解决的探索过程、思维过程，课堂上教师应留足时间让学生交流和分享各自的探究成果，在问题基本解决后，教师应引导学生对问题进行推广或拓展，这样学生的思维就有了更大的空间，在课堂上教师还应关注现场产生的新问题，对于新问题及其解决是学生很感兴趣的；课后应让学生对研究成果进行总结和反思，并让学生对课堂上产生的新问题进行一些思考与探究，在教师的指导下还可让部分学生写出研究的心得体会或小论文．

（3）重视数学研究性教学案例分析．研究性教学既需要良好的思维策略，更需要具有操作意义的程式和典型案例．本书共收录了40 多个案例，这当中的不少案例可以用于中学课堂，而且一些教师使用的效果比较好．

（4）精选了一些高考优秀试题作为研究性问题．高考数学试题是学习和研究的好问题．从历年的高考试卷中，选择了一些构思精巧、立意鲜明、背景深刻、情境新颖、设问巧妙的试题，作为研究性教学的问题．

（5）吸收了近年来《数学教育学报》《高中数学教与学（人大复印）》《初中数学教与学（人大复印）》《数学通报》《中学数学教

学参考》《数学通讯》《中学数学研究（广州）》《中学数学》《中学数学研究（南昌）》《中学数学杂志（高中）》《内江师范学院学报》等期刊的一些研究成果.

本书的主要内容曾多次在高师本科数学教育类选修课程中使用，效果较好.

为本书的出版提供有力支持和资助的有内江师范学院数学与信息科学学院，内江师范学院科技处、教务处、学科建设与研究生工作处，教育部"本科教学工程"四川省地方属高校本科专业综合改革试点项目——内江师范学院数学与应用数学"专业综合改革试点"项目（ZG0464），内江师范学院 2013 年四川省高等教育"质量工程"项目（01249），内江师范学院教材出版基金，四川省"西部卓越中学数学教师协同培养计划"项目；感谢为本书的出版付出辛勤劳动的四川大学出版社的编辑们；感谢为本书的出版提供热情帮助的王新民、潘超、吴立宝、吕晓亚、王亚雄、刘成龙、余小芬、李兴贵、郑凤渊、李建军、李世和、唐芬、刘之兵、蒋昌英等老师和研究生徐小琴、李秀萍、王佩、陈小艳、崔静静、李雪梅；对引用研究成果的作者，致以衷心的谢意，同时也深深感谢关心、支持本书出版的所有同行和朋友们.

著 者
2016 年 1 月

目　录

第一章　中学数学研究性教学的意义

学习目标：了解数学研究性教学的意义.

第一节　中学数学研究性教学的意义

研究性教学是近年理论研究和教育改革中的热点问题，它一般被解释为"把科学研究引入教学中"或者"教学与研究结合"．研究性教学可分为"研究性的教"和"研究性的学"．研究性的学就是研究性学习．何谓研究或探究呢？美国学者韦尔奇说："探究是人类寻求信息和理解的一般过程．从广义上说，探究是一种思维方式."[①] "探究是确立问题、建立假说、设计实验、收集数据、做结论的观察，……还包括预测、实验、控制变量、实验、解释数据以及交流等活动."[②] 研究就是研讨问题，追根求源和多方寻求结论或答案，解决问题.

————————

① WELCH W，KLOPFER L，AIKENHEAD O，et al. The role of inquiry in science education：analysis and recommendations ［J］. Science education，1981，65（2）：316.

② TROWBRIDGE L W，BYBEE R W，POWELL J C. Teaching secondary school science ［M］. Upper Saddle River：Prentice Hall Inc.，1996：207.

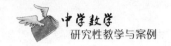

一、国内外研究性学习情况

研究性学习第一次被提出来是 18 世纪末到 19 世纪初，主要代表是卢梭、裴斯泰洛齐等. 他们认为人天生具有探究的欲望，教师应创设问题产生情境，为学生提供自主探究的机会，这为今天的研究性学习奠定了思想基础.[①] 第二次是 19 世纪末到 20 世纪初，主要倡导者是杜威、克伯屈等. 杜威在《民主主义与教育》等著作中在以"教育即经验的不断改造"的观点下，提出让学生在解决问题的过程中获得真知的"问题教学法"，提倡学生在经验中学，在做中学. 第三次是 20 世纪 50 年代末到 20 世纪 70 年代，主要倡导者是美国的布鲁纳. 布鲁纳在《教育过程》中主张学生应学习每学科的基本结构、基本观念，在学习上强调引导学生自己去发现，让学生亲自参与发现的行动，从中进行以发现为重点的学习.

从高等教育发展的历史来看，研究性学习的思想可以追溯到柏林大学的缔造者——洪堡，他极力推崇研究，置科学研究于大学的优先地位. 但是对研究性教学的明确提出则是 20 世纪末期以来的事情. 欧美国家对研究性教学的提出源于 20 世纪 80 年代以来世界各国对研究型大学本科教育的重视，此后把本科生引导到科研领域成为研究型大学本科教育改革的主要趋势，并且研究性教学逐步渗透影响到中小学的数学课程改革.

到了 20 世纪 80 年代，美国数学教师联合会给第四届国际数学教育大会提交了一份纲领性报告《关于行动的议程》（An Agenda for Action）. 报告明确指出"问题解决（problem solving）是 20 世纪 80 年代学校数学的核心"（第一条），"数学课程应当围绕问题来组织"，"数学教师应当创造一种使问题得以蓬勃发展的课堂环境". 此后在《美国学校数学课程与评价标准》（2000 年）中要求

---

① 郭继东. "研究性学习"若干问题的辨析 [M]. 北京：教学科学出版社，2001：10.

学生"学会数学交流，会读数学、写数学和讨论数学".① 学习和应用数学也成为美国数学课程标准始终贯穿的一个主线.

英国科克罗夫特报告指出，数学教学的目的是数学可用来作为一种传递信息——表示、解释和预测信息的强有力的手段.② 明确提出数学教学锻炼学生搜集、处理信息等能力. 从中可以看出英国数学课程十分重视解决问题以及数学应用能力，认为数学教学要与实际应用紧密联系.

日本文部省 1998 年 12 月发布并于 2002 年开始实施的《中小学数学学习指导纲要》增加了选修课课时，使课程具有较大的弹性，适合不同学生的需要. 提倡"选择性学习"构成了日本数学课程的一个较大的特色. "数学课程要安排多种可供学生选择的数学活动. 探究数学的某个内容或者专题、有关数学的实际活动、应用数学的活动、数学史的有关专题等，都可以是选择学习的课题. 学习的程度也应有一定的弹性，学生的选择学习中可以有不同的程度，如补习、补充、发展、深化，使不同发展水平的学生都有收益，有利于学生的个别差异." 综合学习是本次学习指导纲要中新增设的内容. "综合学习也称为课题学习，它通过学生综合数学知识或者综合数学知识与其他知识来解决一个研究课题. 在数学课程中设置综合学习的目的是多方面的：学生综合地运用各科的知识和技能，养成综合解决问题的能力；培养自己发现问题的意识；培养自己思考判断的能力；掌握信息的收集、调查、总结的方法；培养以问题解决、探究活动为主的创造能力. 在数学课程设置课题学习形式，更深层次的目的是使学生获得对数学的正确看法、养成灵活应用数学的态度."③

可以看出，世界各国的课程改革都把学习方式的转变视为主要

① 马云鹏. 小学数学教学论［M］. 北京：人民教育出版社，2002：31.

② COCKCROFT W H. 数学算数［M］. 范良火，译. 北京：人民教育出版社，1994：21.

③ http://www. shuxueweb. com/Article/Class1/Class88/200708/7964. html.

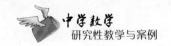

内容. 数学教育从以知识传授为主转向以学生的数学发展为主. 学习方式的转变必定带来教学方式的转变. 国际上流行的问题解决教学模式, 探究发现式的数学教学方法, 以及数学开放题、自主学习、合作学习、探究学习等的传播, 都对数学课程建设与教学改革提出了新的要求. 例如, 在美国"问题式学习"(problem-based learning)的教学模式最早是在 20 世纪 50 年代中期美国医学教学中发展起来的, 后来经过不断精炼, 到目前在美国高等院校乃至中小学教育都受到了日益重视.[①] 从 1998 年起在大学、中学、小学开展了"以项目为中心的学习"和"以问题为中心的学习". 又如, 在法国的初中、高中、大学预备班都开设了相互衔接的"研究性学习"课程. 以上国外的数学教学改革, 为本课程的教学提供了一定的借鉴.

我国中小学的研究性学习虽然起步较晚(始于 20 世纪末), 但是发展迅猛. 20 世纪 80 年代初学术界开始重视这一概念, 1985 年最早见于心理学界, 并且研究性学习首先在上海起步, 至 1999 年又先后在深圳、江苏、黑龙江等地开展实验, 积累了一定的经验, 取得了不少成果, 对研究性学习的内涵已有了较深刻的认识.

2000 年 1 月, 教育部颁布的《全日制普通高级中学课程计划(实验修订稿)》第一次在基础教育课程中增设"综合实践活动"课程, 其中包括研究性学习. 2001 年《基础教育课程改革纲要(试行)》(以下简称《纲要》)明确指出: 教师在教学过程中应与学生积极互动、共同发展, 要处理好传授知识与培养能力的关系, 注重培养学生的独立性和自主性, 引导学生质疑、调查、探究, 在实践中学习, 促进学生在教师指导下主动地、富有个性地学习. 倡导学生主动参与、乐于探究、勤于动手, 培养学生搜集和处理信息的能力、获取新知识的能力、分析和解决问题的能力以及交流与合作的

---

① HEMELO C E, FERRARI. The problem-based learning totorial: cultivating higher thinking skills [J]. Journal for the education of the gifted, 1997, 20 (4): 401-422.

能力.①

2001 年 4 月 9 日，教育部颁布的《普通高中"研究性学习"实施指南（试行）》明确指出："研究性学习是学生在教师指导下，从自然、社会和生活中选择和确定专题进行研究，并在研究过程中主动地获取知识、应用知识、解决问题的学习活动."所谓数学研究性学习，是学生在教师的指导下，从数学学科内部或其他领域（包括非数学的学科、自然、社会和生活）中选择并确定研究性问题，侧重于该问题在数量关系和空间形式方面的探索和研究，并在探索和研究过程中主动地获取数学知识、应用数学知识、解决问题的数学学习活动. 从此，数学研究性学习进入中学课堂，并进入到中考和高考的试卷.

2003 年，教育部颁布的《普通高中数学课程标准（实验）》明确指出："高中数学课程设立'数学探究''数学建模'等学习活动，……高中数学课程应力求通过各种不同形式的自主学习、探究活动，让学生体验数学发现和创造的历程，发展他们的创新意识.""数学探究即数学探究性课题学习，是指学生围绕某个数学问题，自主探究、学习的过程. 这个过程包括：观察分析数学事实，提出有意义的数学问题，猜测、探求适当的数学结论或规律，给出解释或证明.""数学探究是高中数学课程中引入的一种新的学习方式."② 全国各地中小学对研究性学习进行了积极的探索，获得了一些经验，初步形成了一批有关研究性学习的专著，如霍益萍于2001 年出版的《研究性学习：实验与探索》《让教师走进研究性学习》《研究性学习学生用书》几本著作；2002 年，出版的著作有邹尚智的《研究性学习指南》，刘婉华与罗朝锰的《聚焦研究性学习：从理论到实践》，葛炳芳的《高级中学研究性学习教程》，王升的《研究性学习的理论与实践》等. 这些专著对研究性学习进行了有

---

① 教育部. 基础教育课程改革纲要（试行）[N]. 中国教育报，2001-07-27.

② 教育部. 普通高中数学课程标准（实验） [M]. 北京：人民教育出版社，2003：2-3，98-99.

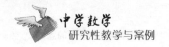

益的探索.

二、探究、研究性学习、研究性教学的界定

按《牛津英语辞典》的定义,探究是"求索知识或信息特别是求真的活动;是搜寻、研究、调查、检验的活动;是提问和质疑的活动". 按《汉语大词典》的解释,探究是指"探索研究",即努力找寻答案、解决问题. 按《辞海》(1999 年版)的解释,探究是指"深入探讨、反复研究". 探讨就是探求学问,探求真理和探本求源. 研究就是研讨问题,追根求源和多方寻求答案,解决问题.①

关于探究,我们认为:"探是探,究是究,探究是探究."具体地说,探究包含两个过程,即"探"的过程和"究"的过程. "探"包括解题思路的探寻,数学规律的探索,数学问题的探讨,问题结论的发现,数学猜想的提出,数学命题的推广等;"究"包括数学规律的确证,数学问题背景的追查,数学对象之间逻辑关系的追究,数学问题结论的验证,数学猜想和命题推广的证明等. 也可以简单地说,"探"是弄清是什么的过程,"究"是弄清为什么的过程.

从广义上理解,研究性学习泛指学生主动探究的学习活动. 它是一种学习的理念、策略、方法,适用于学生对所有学科的学习.② 从狭义上理解,研究性学习是学生在教师指导下,从自然、社会和生活中选择和确定专题进行研究,并在研究过程中主动地获取知识、应用知识、解决问题的学习活动.③ "研究性学习是指学生在教师指导下,从学习生活和社会生活中选择并确定研究专题,用类似科学研究的方式,主动地获取知识、应用知识、解决问题的

---

① 靳玉乐. 探究学习 [M]. 成都:四川教育出版社,2005:3.

② 霍益萍. 研究性学习试验与探索 [M]. 南宁:广西教育出版社,2001:5.

③ 教育部. 普通高中"研究性学习"实施指南(试行)[Z]. 中小学管理,2001:7.

学习活动."① 又如"研究性学习,是指学生在教师指导下,以类似科学研究的方式去获取知识和运用知识的学习方式."②

研究性教学,就是指在教学过程中由教师创设一种类似科学研究的情境和途径,指导学生在独立的主动探索、主动思考、主动实践的研究过程中,吸收并应用知识、分析并解决问题,从而培养学生的创造能力和创新精神,提高学生综合素质的一种教学模式.③所谓数学研究性教学,就是指在数学教学活动中由教师创设一种类似数学探究或数学研究的情境和途径,学习并应用数学知识,指导学生探索数学规律,在思考、分析、探究、推广以及解决数学问题的过程中,培养学生的数学创新精神和创造能力,提高学生综合素质的一种数学教学模式. 研究性教学主要包括"研究性的教"和"研究性的学".

三、数学研究性教学的意义

(一)研究性教学是适应中学数学课程改革的需要

数学研究性教学有助于改变教师的教学方式和学生的学习方式. 数学研究性教学可以改变教师单一的、模式化的教学方式. 数学研究性教学可以改变学生的学习方式,就是要把单一的学习方式转变为多样化的学习方式. 研究性学习是新课程改革所倡导的学习方式. 自主探索、合作交流和实践操作都是现在提倡的学习方式.

(二)研究性教学可以培养学生的创新意识和研究能力

培养学生的创新意识是新课程改革的核心价值目标. 把数学知

---

① 霍益萍,张人红. 研究性学习的特点和课程定位 [J]. 课程·教材·教法,2000,20 (11):8-10.

② 张肇丰. 试论研究性学习 [J]. 课程·教材·教法,2000,20 (6):42-45.

③ 刘伟忠. 研究性教学中的难点与实施重点 [J]. 中国高等教育,2006 (24):38-39,44.

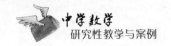

识应用到生产与生活领域，就是学生创造性活动的体现．在数学研究性学习的活动中，学生处于一个开放的活动环境，学生在民主、平等、和谐的研究气氛中积极地动手、动口、动脑，在探索过程中，他们必须创造性地思考问题，自己决定要进行的实验步骤，在师生的共同讨论中，学会处理和解决实际问题．这一过程使得学生的创新意识和实践能力得到培养和提高．在中学实施研究性教学，最主要的工作是运用已经掌握了的数学知识解决数学学科内部的问题．

第二节　中学数学研究性教学的目标、特点、原则

一、中学数学研究性教学的目标

研究性教学的核心是学生积极主动地探究．教师的教是对学生积极主动学习的帮助，应加强对学生探究的点拨．研究性教学的目标具体分解如下：

培养学生的问题意识和独立发现问题、提出问题的能力；使学生学会运用各种思想或方法思考问题，训练学生的思维能力，有效提高学生的数学应用意识．

培养学生的自主学习能力，如主动获取信息的意识和自主获取信息、处理信息的能力；培养学生自主制订学习或研究方案的能力．

让学生初步认识和掌握数学研究或数学探究的一般过程和方法，培养学生的研究意识和独立思考、解决问题的能力．

培养学生的实践能力和创新意识；培养学生崇尚科学的态度和实事求是的精神；培养学生知难而进、顽强拼搏的意志品质；培养学生的集体意识和合作交流的能力．

通过探究问题、撰写研究报告、成果交流等活动，培养学生的

数学口头表达和书面表达的能力.

通过中学数学研究性教学，了解数学研究性问题的设计、探究角度的设计、研究方法的设计等.

二、数学研究性教学的特点

北京大学博士研究生王菊构建了以问答、讨论等方式进行的"对话式"教学过程，"对话式"教学是研究性教学的基本方法.

武汉理工大学靳敏老师对研究性教学的特征进行了分析并提出：研究性教学是基于"问题"的教学；研究性教学是关注"过程"的教学；研究性教学是力求"开放"的教学；研究性教学是注重"实践"的教学；研究性教学是师生"互动"的教学.[①]

武汉理工大学刘智运老师研究了高校研究性教学的特征，认为高校研究性教学具备的特征分别是：问题性，过程性，开放性，能动性，独立性，超前性.[②] 中学数学研究性学习的特点有：问题性，探究性，合作性，开放性，实践性等.

中学数学研究性教学的特点包括：教师的示范性，思维的启发性、灵活性、批判性、发散性和创新性，问题的探究性和开放性，学生的主动性、参与性和实践性等.

举例说明从略.

三、数学研究性教学的原则

（一）主体性原则

数学学习的实质，是个体作为主体与数学知识作为客体的相互

① 靳敏. 积极推动研究性教学 提高大学生创新能力 [J]. 理工高教研究，2007 (2)：58-60.

② 刘智运. 高校研究性教学的特征 [J]. 江苏高教，2006 (2)：150.

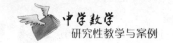

作用，通过一系列反应动作，在头脑中构建其数学认知结构的过程. 主体性原则是指在教学过程中教师激发学生运用科学文化知识进行自我发展的原则，主体性原则十分重视学生的积极参与及师生的互动. 主体性教学要求学生学会不断地思考，学会创造性地解决问题，发展创造性思维.

研究性教学突出强调以发挥学生的主观能动作用为主，充分利用和激发学生的主体需要，调动学生的主观能动性，实现从他律到自律的转变. 研究性教学始终要围绕"问题—阅读—探究—总结—应用"这一主线来设计，教师起点拨、指导、领路的作用. 因此，无论从静态的学习结构还是动态的学习过程来看，研究性教学紧紧围绕学生主体性的发挥而展开，学生主体性的发挥与否，甚至发挥程度如何，都在一定意义上影响着研究性教学的成败. 研究性教学的着眼点在于发挥学生在研究性学习过程中的主观能动作用，确保学生的主体地位，学生的主体作用具体表现在自学、质疑、探究、总结、反思、创新等每一个学习环节之中.

（二）针对性原则

针对不同的教学内容. 研究性教学在不同阶段的内容和要求是不一样的，教学设计应根据这些变化进行调整. 例如，在问题阶段，教师的任务是指导学生如何围绕问题检索资料，从哪些方面进行探究；在总结阶段，教师的任务主要是指导学生如何整理探究的成果，这要求教师针对学生搜集到的所有资料，指导学生进行资料的整理、归纳、分析等.

针对所要完成的教学目标. 研究性教学的每一次教学活动所要完成的目标是不一样的，教学设计就要针对不同的目标，制订不同的计划，设计不同的方法和过程.

针对学生. 学生的知识水平和能力各不相同，学生的个性存在差异，学生的合作交流能力也不尽相同. 例如在指导学生分工时，就要针对学生的不同特点进行合理分工.

（三）及时反馈性原则

心理学家普遍认为，了解和控制自己的认知活动是人类认知的独特特征之一.[①] 教师利用精心设计的数学问题并根据学生讨论、回答的情况检查学生探究的效果，教师也可根据学生完成探究等作业的情况来发现问题，教师还可以根据学生撰写的论文去透视学生研究性学习的情况等. 教师应随时搜集与评定学生学习的效果，通过了解教学效果，有针对性地调节教学，对于存在的问题务必充分重视和及时解决.

学生的心理和行为向预期目标的发展，都需要依赖反馈调节，没有反馈就没有控制. 因此，除了教师根据学生学习的反馈进行调节外，还需指导学生根据自身学习的情况进行调节. 学生自身学习的反馈调节可以通过培养学生元认知来实现. 元认知与智力、阅读能力、数学能力和记忆能力等都有一定的关系. 现代认知学习理论认为，学习的实质就在于主动地形成认知结构，心理学者加罗弗罗认为：发展元认知就是要求学习者对自己的行为进行观察，并对观察进行思考，这样学习者就必须成为对自己数学知识和行为的观察者、分析者、估价者和评价者. 因此，给学生动眼观察、动脑分析、动口评价、动手演算的时间和空间，使学生经历自我评价、自我反思、自我调控的过程，不断体验到成功的喜悦. 学生在阅读、探究、总结等环节中通过自我反思、自我调节、自我评价，可以大大改善研究性学习的进程.

（四）激励创新原则

周弘在《赏识你的孩子》一书的引言中写道："孩子的心灵是否舒展才是教育成败的关键. 心灵舒展的孩子必然会欢乐而轻松地飞，心灵压抑的孩子只能痛苦而缓慢地爬，没有赏识就没有教育，

---

① 沈德立. 高效率学习的心理学研究［M］. 北京：教育科学出版社，2006：140.

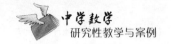

人性中最本质的需求就是渴望得到尊重和欣赏，就精神生命而言，每个孩子仿佛都是为得到赏识而来到人世间的．赏识导致成功，抱怨导致失败，不是好孩子需要赏识，而是赏识使他们变得越来越好；不是坏孩子需要抱怨，而是抱怨使他们变得越来越坏."周弘的教育理念对数学研究性教学具有巨大的指导意义，没有赏识和激励，数学研究性教学就难以取得应有的成功．当学生探究数学有困难时，教师要及时指导，热情支持；当学生讨论数学问题时，教师要鼓励学生大胆发言，各抒己见；当学生回答问题时，教师要鼓励学生积极思维，不怕答错．教师对学生特别是慢生的赏识和激励，能使学生的认知与情感和谐发展．

　　研究在不断变化中进行，有许多新鲜事物不断出现，这就要求教学设计要不断地调整和创新，特别是鼓励学生在研究中大胆地对教师提出质疑并不断调整方向，充分发挥自身的聪明才智，创造性地去研究．没有创新的设计和学生自身的创新，研究性教学就没有活力．

　　（五）过程性原则

　　研究性教学重在学习的过程、思维方法的学习和思维水平的提高．研究性教学就是让学生掌握调查、观察、实验以及现代信息技术等科学研究的方法和技能．对所学的知识有所选择、判断、揭示、运用，从而有所发现和创造．总之，研究性学习所追求的不仅仅是学习的效果，更主要的是获得学习结果的过程．日本著名数学教育家米山国藏认为："数学教材仅仅是记述了研究者得到的结果，所以，就是很好地理解书上的内容，也几乎不能触及研究的精神，几乎不知道发明、发现的着眼点、方针、法则等，不能培养具有独创性的头脑．如果学生不能把潜藏于教材中的这种精神、这些方法提炼出来，使之表面化，那么就不能发挥他们应有的效果."因此，要使学生深入到数学的精神中去，展示数学知识产生的"有血有肉"的活生生的过程．研究性教学是数学思维活动过程的教学，"要重视学生获取和运用知识的过程，发展思维能力"，"让学生主动参与知识的发现过程".

（六）分层指导原则

华罗庚教授认为数学研究有四种境界，也就是四个层次，即照葫芦画瓢地模仿，利用现成方法解决几个新问题，创造方法解决问题，开辟新的方向. 由于数学研究具有层次性，因此研究性教学应遵循分层指导的原则，即对不同的研究问题、不同的学生、研究过程中的不同阶段应有不同层次的要求. 如在研究初期，应培养学生的问题意识，包括思考问题、发现问题、提出问题，同时从问题出发，指导学生阅读相关文献，使学生学会搜集资料和整理资料. 在研究中期，应介绍数学研究（探究）的常用方法，对不同学生的要求应有所差异. 在研究末期，应指导学生撰写论文，论文的字数应有不同的要求，比如对基础较差的同学要求写几百字，对基础较好的同学可以考虑要求写 2000 字左右，对基础特别好的同学要求其写出的论文去投稿并争取发表.

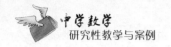
第二章　数学研究性问题

学习目标：了解数学研究性问题，了解数学好问题的特点，掌握数学问题的改编方法.

本章所研究的研究性问题主要包括数学研究性问题、教学系统中的研究性问题、数学好问题的特点等.

第一节　数学研究性问题

一、什么是问题

美国芝加哥大学心理学教授盖泽尔斯把"问题"分为三类：

其一，呈现型问题. 这类问题是由教科书或教师给定的，答案往往是现成的，问题解决者只需要"按图索骥"，就能获得与标准答案相同的结果.

其二，发现型问题. 这类问题是由学生自己提出或发现的，可能有已知的答案，也可能还没有已知的答案，因此，它们往往通向发现和创造.

其三，创造性问题. 这类问题是人们从未提出过的、全新的.

在我们目前的教学中，呈现型问题是出现频率最高、最典型的问题，而发现型问题只是在某些教师的某些课堂上才会出现，创造性问题则更是少之又少. 我们这里所说的产生问题意识，主要指的就是将学生置于问题情境当中，激发他们对问题、现象保持一种敏感和好奇心，从而提出问题，这里的问题主要是发现型问题和创造性问题.

波利亚曾对数学"问题"给出了明确的含义. 他指出："（数学）问题就是意味着要去寻找适当的行动，以达到一个可见而不立即可及的目标."1988 年国际数学教育大会上，"问题解决、模型化及应用"课题组提交的课题报告中，对"问题"给出了更为明确而富有启发意义的界定，指出"问题"是对人具有智力挑战性质的，没有现成的直接方法、程序或算法的待解问题情境.

数学问题一般分为两类：一是非常规性的数学问题，二是数学应用问题. 这种分类已被大多数人所接受. 虽然它的分类不同，但是却有着共同的特征：①因人因时的相对性；②难度适宜的挑战性；③问题情境的环绕性. 而数学问题从它的形成和来源看，种类繁多，十分复杂. 通常一个数学问题的构成要素为问题情境、题设条件、解题依据、解题策略、问题结论等.

问题是指人们面临的困境或者需要解决的疑难. 我们认为，问题包括"问"和"题"."问"是认识、探索、思考、研究等，"问"包括问自己和问他人；"题"是用语言或符号表达的猜想或命题，"题"包括例题、习题、考题、难题、课题等. 问题与独立思考有关系. 如果是问自己，就得自己思考，直到把问题想清楚、弄明白，这需要独立思考. 如果是问他人，就要考虑问他人什么东西，怎样去问他人，我到底哪儿不明白，这些也需要独立思考.

二、什么是数学问题

数学问题就是以数学的知识方法为内容或虽不以数学知识方法为内容，但是必须运用数学概念、理论、方法解决的问题. 数学具有高度的抽象性、严密的逻辑性、广泛的应用性等特征. 因此，数学教学就更有必要使抽象数学知识问题化，让学生产生问题意识，

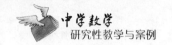
由问题意识触发学生思维的活化，使学生在问题的发现、分析与解决中统整逻辑严密的数学知识，意义建构概括性质很强的数学知识，进而内化认知逻辑．数学课堂教学过程的实质就是数学问题解决的认知过程，问题则是数学课堂教学的逻辑起点．数学问题源于真实情境的数学意识，数学课堂教学应该指向数学问题．

三、数学问题的分类

朱德全教授将数学问题分为：识别性问题、算法性问题、应用性问题、探究性问题、情境性问题．

识别性问题：只依赖于材料事实、定义或定理的回忆即可找到问题答案．

算法性问题：可以依据某个固定的操作程序，通过一步步演算或推理即可将问题解决．

应用性问题：往往需要将实际问题转化成数学模型，然后依据某个固定的算法、程序来解决．

探究性问题：没有现成的算法可以遵循，必须依赖于非常规的策略才能解决．

情境性问题：告诉的不是有已知、有结论的问题，而是已知和结论都较含混的、有待于考察和评判的一种问题情境．

第二节　教学系统中的研究性问题

朱德全[①]教授认为，教学中的问题既包括外显的文本知识性问题，也包括内隐的主体生成性问题. 前者告诫我们，教学中要"学会向知识提问"，即知识要问题化；后者告诫我们，教学中要"学会向问题解决提问"，即问题要意义化. 也就是说，教学中的问题既是教材知识域中的文本问题，更是主体意识域中的意会问题，前者需表达，后者无须表达；前者需要设计，后者需要创设.

一、文本知识性问题

文本知识性问题是外在教学内容的具体体现或目标表达. 它是教学内容目标化、目标内容问题化的具体体现. 教学内容只有通过目标化与问题化，才能真正进入教学主体或学习主体的意识域，"最近发展区"的创设才能成为一种生动的教学现实. 唯有这样，教学的动力机制与定向机制才能有效生成，教学的主体意识与自主意识才能有效强化. 如果说教学是一个系统，那么反映教学起点和达成过程的教学目标也应当是一个系统，由此可推知，反映教学目标的系列问题更应当是一个系统，因此，教学中各阶段、各方面出现的"问题群"自然就构成问题系统. 根据文本知识性问题的表征难度，这类问题依次由五个层面的基本问题系统构成.

第一，识别性问题系统. 这种问题系统只依赖于材料事实、定

---

① 本节内容刊登在《中国教育学刊》（京）2010 年第 1 期第 53~55 页，被人大复印《高中数学教与学》2010 年第 6 期全文转载. 朱德全教授个人简介：中国中青年教育家，西南大学教育学部部长，二级教授，博士，博士生导师，国家"新世纪百千万人才工程"国家级人选，享受国务院特殊津贴，"巴渝学者"特聘教授，重庆市人民政府"322 重点人才工程"第一层次人选，重庆市学术技术带头人，教育部"国培计划"专家库库内专家.

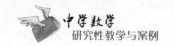

义或定理的回忆即可找到问题答案. 这种问题系统反映的是教学系统中的知识记忆性目标,属于布鲁姆认知目标第一层次范畴,即"识记"目标范畴.

第二,演绎性问题系统. 这种问题系统可以依据某个固定的操作程式或基本法则,通过一步步推理,演绎出问题答案. 这种问题系统反映的是教学系统中的知识理解性目标,属于布鲁姆认知目标第二层次范畴,即"理解"目标范畴.

第三,应用性问题系统. 这种问题系统往往需要将现实问题转化或还原成理论模型,然后依据理论模型所包含的某个固定的操作程式或基本法则来解决现实问题. 这种问题系统反映的是教学系统中的简单应用性目标,属于布鲁姆认知目标第三层次范畴,即"应用"目标范畴.

第四,探究性问题系统. 这种问题系统往往没有现成的规则可以遵循,必须依赖非常规的策略去解决,既需要对知识进行剖析,更需要对知识进行重组、演绎. 这种问题系统反映的是教学系统中的综合应用性目标,具有一定的复杂性和非常规性,属于布鲁姆认知目标第四、第五层次范畴,即"分析"与"综合"目标范畴.

第五,情境性问题系统. 这种问题系统是已知和结论都不确定的问题,是已知条件和求答方式都较含混的、有待考察和评判的一种生动情境,在这种情境中,人人都可自由发挥,求答方式都能显示其个性. 这种问题系统关键考察的是学生对问题的评判力和看待问题的角度,它反映的是教学系统中的综合辨析性目标,属于布鲁姆认知目标第六层次范畴,即"评价"目标范畴.

二、主体生成性问题

主体生成性问题是外在的文本知识性问题通过教学中主体觉知后内化而生成的目标达成期望性问题以及对文本知识性问题寻求解答路径中派生出的全息性问题. 这种问题是非预设的,是自主生成的. 其中,在目标达成过程中主体自主生成的期望性问题是教学动力的助推剂,它具有明显的定向功能;在对文本知识性问题寻求解答的路径中派生出的全息性问题是教学内容的催化剂,它具有明显的全息和拓展功能,能够催生教学知识,激活学习思维,使我们的教学更具广度和深度. 无论主体在目标达成过程中渴求或期望而生的问题,还是在问题解决过程中全息而生的问题,都是教学主体在积极参与教学活动中自主生成的问题. 这种问题能够体现其过程性与体验性,主体在问题解决过程中能够充分调用技能和方法,更能充分调动情感体验的参与. 因为主体生成性问题能够开发学生的认知潜能,调动学生的认知操作程式,强化学生的认知体验,使学生在问题解决过程中多种感官自主参与,进而促成教学目标的多元化实现. 所以,主体生成性问题反映的是教学系统中的过程与方法目标系统以及情感与态度目标系统,属于布鲁姆教育目标分类学中三大目标的后两大目标范畴,即"情感"目标和"动作技能"目标范畴.

　　主体生成性问题是主体对教学目标达成的内部表征形式,它萌发于教学的起始状态,融合于教学的中间情境,延伸于课堂教学之后,由它产生教学主体的互动机制. 这种问题能使教学主体自主增强教学进程中目标达成的反思意识,这种反思意识可归纳为三个层面的问题意识,首先是"我要去哪里",即通过问题解决,要让教学主体随时觉知目标的终点,使教学活动的开展有"轴心"可依;然后是"我如何去那里",即通过问题解决,要让教学主体随时觉知目标的起点和达成过程,使教学活动的开展有路径可依;最后是"我怎么判断我已到达了那里",即通过问题解决,要让教学主体随时觉知目标达成的效果,促成教学评价与监控机制的生成,使教学活动的开展有标准可依. 通过教学过程中这三个层面问题意识的强化,能使教学活动围绕教学目标成为一种生动的主体性活动,并使教学目标的设计建立在内部思维过程与外显教学行为相结合的可操作、可测量的问题系统基础之上.

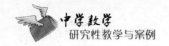

三、什么是研究性问题

所谓研究性问题，是指能激发学生的学习欲望，具有一定难度和复杂性，具有一定研究（探究）价值，又必须经过探究过程才能得到解决的问题.

四、如何形成研究问题

鼓励学生从下面 10 个方面去提问题[①]：

（1）"假设"的问题：对一个假设的情境加以思考. 可用人、地、事、物、时间（现在、过去、未来）的假设发问. 例如，假如再多一个条件，就会……？假如过已知直线外一点可作两条直线与已知直线平行，那么就推出了……？（罗巴切夫斯基几何）假设过已知直线外一点不能作一条直线与已知直线平行，那么就推出了……？（黎曼几何）在函数单调性定义中，为什么要"假设 $x_1 < x_2$"？

（2）"列举"的问题：列举出符合某一条件或特性的事、物，越多越好. 例如，请列举出数学的用途；请列举出对数的用途；请列举出三角函数的用途；请列举出与平方差公式有关的运用；请列举韦达定理的应用；请列举向量数量积的应用；等等.

（3）"比较"的问题：比较两个对象的异同. 例如，人和电脑有何相同之处？ a 与 $-a$ 有什么异同？奇函数与偶函数有什么异同？根式与无理式有什么异同？方程与函数有什么异同？指数与对数有什么异同？函数极值与函数最值有什么异同？复数与平面向量有什么异同？排列组合中，加法原理与乘法原理有什么异同？这些问题，学生往往搞不清楚，因此有一定的思考价值.

（4）"替代"的问题：用其他对象替代原来的对象. 例如，这

---

① 陈龙安. 创造性思维与教学［M］. 北京：中国轻工业出版社，1999.

篇文章的题目可以用什么题目来替代？石油可以用什么来替代？这个条（元）件可以用什么条（元）件来替代？

（5）"除了"的问题：寻求突破常规的想法．除了现在这个结果、方法、用途之外，还有其他什么情况？此问题除了这种解法外，还有什么解法？

（6）"可能"的问题：联想推测事物可能出现的发展情况．例如，为什么会出现这种现象？可能的原因有哪些？为什么有这样的结论？还可能有别的结论吗？

（7）"想象"的问题：充分想象未来的事物．例如，想象 5 年后市民最喜欢的旅游项目是什么？想象纳米机器人进入人体后会发生什么？想象将一个等腰三角形看成两个图形会怎么样？想象将常数看成未知数、将未知数看成常数，会怎么样？想象两条平行线怎么相交于无穷远点（非欧几何）？想象分数维空间像什么（分形几何）？

（8）"组合"的问题：将一些对象（字词、事物、图形等）重新排列组合成另外有意义的材料．例如，用这几个条件你能编出什么数学问题？

（9）"六 W"问题："Who? How? What? Why? When? Where?"例如，启发学生写研究论文的提纲：

对数是谁发明的？对数是怎样发明的？为什么要发明对数？对数用来做什么？什么时候用对数？对数用在哪些地方？

函数是谁发明的？函数是怎样发明的？为什么要发明函数？函数用来做什么？什么时候用函数？函数用在哪些地方？

三角是谁发明的？三角是怎样发明的？为什么要发明三角？三角用来做什么？什么时候用三角？三角用在哪些地方？

复数是谁发明的？复数是怎样发明的？为什么要发明复数？复数用来做什么？什么时候用复数？复数用在哪些地方？

导数是谁发明的？导数是怎样发明的？为什么要发明导数？导数用来做什么？什么时候用导数？导数用在哪些地方？

（10）"类推"的问题：将两个对象直接类比，推出新的结论．

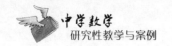

例如，将洗衣球比拟为人，我们可以来写一篇"洗衣球上学历险记". 观察 $6=3+3$，$8=3+5$，$10=3+7$，$12=5+7$，$14=3+11=7+7$，$16=5+11=3+13$，$18=5+13=7+11$，…，由此我们可以类推出（哥德巴赫）猜想：每一个不小于 6 的偶数都是两个奇素数的和.

五、研究问题如何清晰地表达

（一）课题的选择

选好课题意味着成功了一半. 选题要做到"小""热""新""冷".

数学教育论文的选题主要包括下面五个方向：

（1）数学教育研究（育人、教学、学习等）.

（2）初等数学专题研究.

如怎样求最值，函数单调性的应用，向量的应用，三角的应用，对数的应用，如何用解析法，怎样求数列的通项公式，怎样求二面角，不等式的证明方法研究，怎样用数形结合思想，参数思想与应用，等等.

（3）数学解题研究.

含中考解题、高考解题、中高考压轴题解题研究.

（4）自主招生试题研究.

（5）竞赛数学研究（绝不提倡）.

（6）数学知识的传播.

论文题目的确定十分重要，它直接影响论文的撰写，关系着论文的质量. 一个好的题目会使文章增色，它既可以概括论文的中心内容，又能引人注目，使人产生阅读的兴趣. 为论文拟题，要力图做到确切、恰当、鲜明、简短、传神，给读者展示想象的空间. 大量的文章到编辑手中 3 秒内就被枪毙的原因就在于论文题目有问题（如有错、不清楚、不准确、无新意等）.

（二）数学教师的选题举例

（1）从学习数学的角度：初中、高中学生学习数学的研究.
①学习数学的动机.
②数学学习兴趣的培养.
③数学阅读能力的培养.
④数学理解能力的培养.
⑤数学探究能力的培养.
⑥数学应用意识的培养.
⑦数学思维能力的培养.
形象思维，直觉思维，逻辑思维，创造性思维.
⑧数学思维品质的培养.
思维的深刻性，思维的灵活性，思维的批判性，思维的敏捷性，思维的创造性.
⑨学习数学的方法.
⑩元认知对数学学习的影响.
（2）从教学实践的角度.
①探究式教学如何实施，困难与障碍，案例分析，问题意识的培养，探究方法的教学，探究能力的培养，研究成果的提炼，等等.
②合作学习如何开展，困难与障碍，案例分析，合作意识的培养，合作能力的培养，等等.
③疑难问题的教学研究，如函数（思想）的教学、概念的教学、数学思想方法的教学、数学推理能力的培养等.
④教学设计研究.
（3）从教学调查的角度.
（4）从教学实验的角度.
（5）从教育心理学的角度.
（6）从教学反思的角度.
（7）从应试（各种考试）的角度.

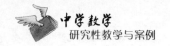

（8）从教师专业发展的角度.

（三）研究问题表达

观察现象，发现问题，提出问题，简化问题，文献借鉴，理论点拨，思想启发，规范表达，开题报告.

第三节　数学好问题的特点

一、翁凯庆教授的观点[①]

"问题是数学的心脏."数学的生命力就体现在不断涌现的数学问题以及解决这些问题的过程之中. 历史上希尔伯特所提出的 23 个数学问题便是这方面的明证. 数学问题解决要在数学教育中发挥更大的作用，离不开"好"的数学问题. 究竟什么是一个"好"的数学问题? 从数学教育的角度看，它的标准该是什么?

第一，一个"好"的数学问题，应该具有较强的探究性. 也就是说，它能启迪思维，激发和调动探求意识，展现思维过程. 正如波利亚（G. Polya）所指出的："我们这里所指的问题，不仅是寻常的，它们还要求人们具有某种程度的独立见解、判断力、能动性和创造精神."这里的"探究性"（创造精神）的要求应当是与学生的水平相适应的，对大多数学生而言通过努力是能探究成功的，而并非是高不可及的.

第二，一个"好"的数学问题，应该具有一定的启发性和发展空间. 这里的启发性不仅指问题的解答中包含着重要的数学原理；同时，这些问题或者能启发学生寻找一个能够识别的模式，或者通过对基本技巧的某种运用能很快地找到解决问题的途径. 此外，

---

① 翁凯庆. 数学教育概论 [M]. 成都：四川大学出版社，2007：183-184.

"好"的数学问题还能够促进学生对基本知识和技能的掌握，有利于学生对重要数学思想方法的学习．一个"好"的数学问题的可发展空间是指问题的本身具有一定的"反思性"．如将问题的条件与结论进行一些变化，由此引出新的问题；或把问题延展、拓广到更一般的情形．问题的可发展性可以给学生一个充分自由思考、充分展现自己思维的空间．

第三，一个"好"的数学问题，应该具有一定的"开放性"．"好"的数学问题的开放性，首先表现在问题来源的"开放"，问题应具有一定的现实意义，与现实社会、生活实际有着直接联系．这种对社会生活的"开放"，能够对学生体现出数学的价值和开展"问题解决"的意义．同时，问题的开放性，还包括问题具有多种不同的解法，或者具有多种可能的解答，打破"每一个问题都有唯一的标准解答"和"问题中所有信息都有用，有用的信息都给出"的传统观念，这对于培养学生的探索创新能力有着极其重要的作用．

综上可见，"好"的数学问题应具有探究性、启发性、反思性、推广性、开放性等特点．

二、张饴慈教授的观点[①]

张饴慈教授等认为，"好的数学高考试题"应符合《课程标准》和《考试大纲》，对日常教学有正面引导作用，利于考查与区分考生的数学学习水平和继续学习、发展的能力．

我们由此推论，好的数学高考试题需满足以下条件：

（1）符合《课程标准》的要求，即试题应体现课程改革的基本理念．

（2）符合《考试大纲》和《考试大纲的说明》的要求．

（3）对日常教学有正面引导作用，即高考应引领中学实施素质

---

① 张饴慈，薛文叙，胡凤娟，等. 2010 年高考数学试题的评价［J］. 高中数学教与学（人大复印），2011（1）：7-12，15.

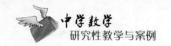
教育.

（4）有利于考查与区分考生的数学学习水平，即试题应有适当的难度和良好的区分度.

（5）有利于考查继续学习、发展的能力，即试题应有思维价值，能测试考生继续学习和发展的潜能.

三、赵思林教授的观点[①]

赵思林教授认为，关于以创新意识立意的高考数学创新型试题，处于高考试题的制高点，其判断标准也应注意. 高考数学创新型试题是指从测量考生的发展性学力和创造性学力着手而突出能力考查的新颖问题. 这里的新颖主要指命题的立意新、试题的背景新、问题的情境新、设问的方式新等. 创新型试题是考查学生创新意识最好的题型之一，它对考查学生的阅读理解能力、知识迁移能力、类比猜想能力、数学探究能力、数学创新意识等有良好的作用. 创新型试题具有立意的鲜明性、背景的深刻性、情境的新颖性、设问的灵活性等特点.

综上所述，"好"的数学问题应具有以下特点：

立意（问题研究的目的）的鲜明性.

背景（实际背景、高等数学背景等）的深刻性.

问题的探究性（有探有究，如问题解决既需猜想又需证明）.

思想的启发性（问题与问题解决饱含数学思想）.

方法的多样性（发散性，即思路多、入手宽、深入难）.

问题（或命题）的推广性、开放性等. 问题或命题是否具有推广价值是衡量数学问题或数学命题是否为"好"问题或"好"命题的重要条件.

---

① 赵思林. 关于高考数学创新型试题的几个特点 ［J］. 数学通报，2009，48（4）：50-53.

第四节　数学问题的改编^①

一、数学问题的改编

　　数学问题是指数学中要求回答或解释的疑问. 广义的数学问题是指在数量关系和空间形式中出现的困难和矛盾；狭义的数学问题则是已经明显地表示出来的题目，用命题的形式加以表述，包括求解类、证明类、设计类、评价类等问题.^② 教学中的数学问题一般是指狭义的数学问题，有时简称数学题，是结论已知的题目，具有接受性、封闭性和确定性等特征. 教学中，数学问题改编即数学题改编，是将已有数学问题的条件和结论部分的内容、结构、情境等进行改造，得出新题的一种命题设计方法. 对于数学问题，改编后的问题称为改编问题（即改编题），相应地，改编前的问题称为原本问题（即原题）. 改编问题比较原本问题不仅承载了知识内容，蕴含了数学思想方法，还被赋予了新的问题情境，传导了改编者的设计意图，并以此通过巩固和变式训练来实现教学目标.

二、数学问题改编的方式

　　从问题的内容和结构视角来看，一个完整的求解类或证明类数学问题是一个系统，它包含了问题条件系统和问题结论系统两个子系统. 因此，数学问题改编主要包含改变条件和改变结论两种基本

---

① 潘超. 试论数学问题改编的方式和要求［J］. 数学通报，2014，53（6）：21-24.

② 张奠宙，宋乃庆. 数学教育概论［M］. 北京：高等教育出版社，2009.

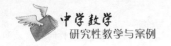

方式①（见图2-1）. 问题条件系统包含元素限定、构件模型、结构关联三大基本要素. 其中，元素限定是指问题条件系统中组成构件元素的量化限定，如长度、面积、大小等数据限定；构件模型是指问题条件系统中包含的组成构件，如线段、直线、三角形、正方形、方程、函数等；结构关联是指问题条件系统中各组成构件间的结构关系或逻辑关系，如两直线相互垂直、直线与圆相切、两个数的和为常数等. 而问题结论系统包含考察对象、设问层次、呈现方式三个要素. 其中，考察对象是指问题结论系统的特指对象，如考察线段长度、考察三角形面积、考察函数的最大值等；设问层次是指问题结论系统中对同一个考察对象的多级设问结构或对多个考察对象的多级设问结构；呈现方式是指问题结论系统中对结论的要求和表述方式，如对考察对象的计算求解、证明、判断或设计等要求，从结论的开放性来看，分为开放型（含半开放型）和非开放型两类.

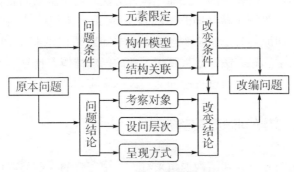

图2-1 数学问题改编方式

由上述问题系统结构可知，数学问题改编的方式包含六种单一方式，两个或两个以上的单一改编方式组合的综合方式则包含多种. 而对于问题系统中所蕴含的情境的改编也属于问题改编方式，

---

① 潘超. 变有限 意无穷——谈基于"几何画板"的变式探究［J］. 中学数学教学参考（初中版），2012（11）：47-49.

但这种方式是非本质的改编方式，因此不打算讨论．下面以一道初中课本习题为原本问题为例来探讨数学问题的具体改编方式．改编的数学问题略去求解或论证过程．

课本问题：（人教版九年级（下）第72页）如图 2-2，△ABC 是一块锐角三角形材料，边 $BC = 120$ mm，高 $AD = 80$ mm，要把它加工成正方形零件，使正方形的一边在 BC 上，其余两个顶点分别在 AB，AC 上，这个正方形零件的边长是多少？

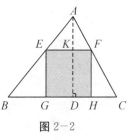

图 2-2

设计意图："课本问题"设计的目的在于检验学生综合运用三角形相似的知识解决实际问题的能力．解答较简单，只要利用 $EF /\!/ BC$ 得△AEF∽△ABC，再利用相似三角形的性质即可得解．

（一）改变元素限定

改变元素限定是指在原本问题的条件系统中改变某些构件元素的长度、大小等量度限定或添加、减少限定元素的条件得到改编问题的方式．若将上述"课本问题"作为改编的原本问题，改变条件中△ABC 的边的限定情况，就可以得到改编题 1 和改编题 2．

改编题 1：如图 2-3，一阁楼有一扇透光面积为 0.48 m^2 的三角形小窗户（△ABC）．为了安装防护钢架，一位焊工已截取了 2.00 m 长的条形钢材制作成"倒 T 形"架作为支架（AD 段与 BC 段焊接，且 $AD \perp BC$），现欲再截取 3 段一样长的钢材来与"倒 T 形"架底边焊成一个正方

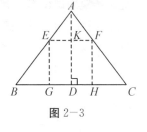

图 2-3

形钢架 $EGHF$（其中点 E 在 AB 上，点 F 在 AC 上，点 G，H 在 BC 上），问这位焊工截取的每段钢材应是多长？

改编题 2：如图 2-4，△ABC 是一块等腰三角形木板，$AB = AC$，边 $BC = 60$ cm，高 $AD = 40$ cm，要把它锯成一块正方形木

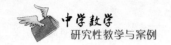

板，要求沿着三角形的内接正方形的边来锯（三角形的内接正方形：一个正方形的四个顶点都在三角形的边上，则称这个正方形为三角形的内接正方形），问锯出的正方形木板的边长是多少？

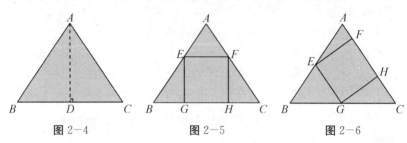

图 2-4   图 2-5   图 2-6

评析：改编题 1 的设计意图同前文"课本问题"，本质上改变了构件元素的数据，求解思路与原本问题一致，只是计算上需要解一元二次方程或利用根与系数的关系；改编题 2 比较"课本问题"的不同之处还在于要考虑图 2-5、图 2-6 两种情况，如果再将三角形的三边限定改为一般化情况，则类似于 1997 年安徽省部分地区的初中数学竞赛试题.

（二）改变构件模型

改变构件模型是指在原本问题的条件系统中将某个构件模型替换为其他构件模型，并相应调整元素限定情况得到新问题的改编方式. 如将三角形模型换为正方形模型，将正方形模型换为矩形模型. 在以上"课本问题"中，如将正方形模型替换为矩形模型，并添加矩形的限定条件，就可得到改编题 3.

改编题 3：如图 2-7，$\triangle ABC$ 是一块锐角三角形材料，边 $BC = 120$ mm，高 $AD = 80$ mm，要把它加工成矩形零件，使矩形的一边在 BC 上，其余两个顶点分别在 AB，AC 上，则面积最大的矩形零件的长边和短边分别是多少？

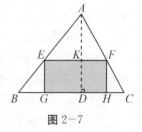

图 2-7

评析：本题求解思路与"课本问题"

求解思路相似，此外还考察了二次函数最值问题．本题与福州市2010年中考第21题第2小问和湖北鄂州2009年中考第24题第2小问略同．

（三）改变结构关联

改变结构关联是指按照某种要求改变原本问题的条件系统中某些构件间的结构关系或逻辑关联得到改编问题的方式．再以"课本问题"为原本问题，若将条件中的正方形构件按照某种规律进行连续添加，使得问题条件系统中的构件间的结构关系发生改变，则可得到改编题4．

改编题4：如图2−8，$\triangle ABC$是一个锐角三角形，边$BC=120$，高$AD=80$，在$\triangle ABC$内作第1个内接正方形$B_1E_1F_1C_1$（E_1，F_1在BC上，B_1，C_1分别在AB，AC上），再在$\triangle AB_1C_1$内用同样的方法作第2个内接正方形$B_2E_2F_2C_2$，$\cdots$，如此下去，操作n次，则第n个小正方形$B_nE_nF_nC_n$的边长是_____．

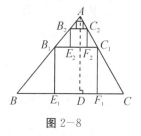

图2−8

评析：本题是通过改变三角形、正方形间的结构关系来实现改变结构关联的．求解思路仍与"课本问题"基本相同，先求解前2~3个正方形边长，然后归纳出第n个小正方形边长的表达式即可．若改变本题构件元素的数据，就可变成荆州市2013年中考第14题和日照市2012年中考第12题．

（四）改变考察对象

改变考察对象是指在条件系统中的主要条件不变的情况下，将其结论系统中的考察对象进行添加、删减或替换得到改编问题的方式．如将考察线段问题换为考察面积问题、将考察角度问题换为考察函数问题都属于改变考察对象．以改编题3为原本问题，改变考察对象可得到改编题5．

改编题 5：如图 2-7，$\triangle ABC$ 是一个锐角三角形，边 $BC=120$ mm，高 $AD=80$ mm. 矩形 $EGHF$ 的一边在 BC 上，其余两个顶点分别在 AB，AC 上，矩形的面积为 S，$EF=x$（0 mm$<x<$120 mm），求 S 与 x 的函数关系式.

限定改编题 5 中 $\angle C$ 的大小，再改变考察对象又可得到改编题 6.

改编题 6：如图 2-7，$\triangle ABC$ 是一个锐角三角形，边 $BC=120$ mm，高 $AD=80$ mm，假设 $\angle C=60°$. 矩形 $EGHF$ 的一边在 BC 上，其余两个顶点分别在 AB，AC 上. 当矩形 $EGHF$ 的面积最大时，该矩形 $EGHF$ 以 1 mm/s 的速度沿射线 DC 匀速运动（当点 D 与点 C 重合时停止运动），设运动时间为 t，矩形 $EGHF$ 与$\triangle ABC$ 重叠部分的面积为 S，求 S 与 t 的函数关系式.

评析：相对于原本问题，改变考察对象后得到的改编题更加综合化，可以探寻到蕴含的其他规律和结论. 改编题 6 类似于福州市 2010 年第 21 题第 3 小问.

（五）改变设问层次

改变设问层次是指在条件系统中的主要条件不变的情况下，将其结论部分的设问层次进行添加或减少得到改编问题的方式. 添加设问层次主要是为了增加检测点进行设问的多向化或为了降低难度进行设问的梯度化，减少设问层次则相反. 将改编题 5 作为原本问题，整合改编题 3 的结论，增加设问层次可得到改编题 7.

改编题 7：如图 2-7，$\triangle ABC$ 是一个锐角三角形，边 $BC=120$ mm，高 $AD=80$ mm，使矩形 $EGHF$ 的一边在 BC 上，其余两个顶点分别在 AB，AC 上，矩形的面积为 S，$EF=x$（0 mm$<x<120$ mm）.

（1）证明：$\dfrac{AK}{AD}=\dfrac{EF}{BC}$；

（2）当 x 为何值时，矩形 $EGHF$ 的面积最大？并求其最大值；

（3）求 S 与 x 的函数关系式.

评析：本题的改编采用了三级设问层次，三级间考察对象各异，但逐级关联，难度逐级提升.

（六）改变呈现方式

改变呈现方式是指在条件系统中的主要条件不变的情况下，在结论系统中改变结论的要求和设问的表述方式而得到改编问题的方式. 以改编题 2 为原本问题，先改变条件中构件 $\triangle ABC$ 的某些元素，再改变问题情境和设问方式就得到改编题 8.

改编题 8：某居民小区准备在一块等腰三角形的草坪上修建一座正方形游泳池，该三角形草坪的测绘尺寸如图 2-9 所示，请你为施工队设计游泳池位置规划方案，使得正方形游泳池面积最大，并加以证明.

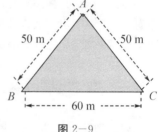

图 2-9

评析：本题主要是通过改变设问的表述方式和结论的开放性来实现问题改编的，设计意图同改编题 2. 改编后的问题思维能力和数学表达要求更高，探究味更浓，设问更为开放.

以上六种改编方式是基于原本问题条件、结论的几个要素而言的基本改编方式，从问题的情境性角度来说，还有"改变问题情境"的改编方式. 此外，如果将以上六种改编方式交叉使用，还可以得到"综合改编"方式，比如下题就是使用多种改编方式的结果.

改编题 9：（潍坊市 2013 年中考第 23 题）为了改善市民的生活环境，我市在某河滨空地处修建一个如图 2-10 所示的休闲文化广场. 在 Rt$\triangle ABC$ 内修建矩形水池 $EGHF$，使顶点 G，H 在斜边 BC 上，E，F 分别在直角边 AB，AC 上；又分别

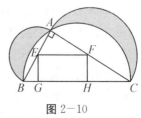

图 2-10

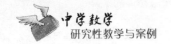

以 BC，AB，AC 为直径作半圆，它们交出两弯新月（图中阴影部分），两弯新月部分栽植花草；其余空地铺设地砖．其中 $BC = 24\sqrt{3}$ m，$\angle ABC = 60°$．设 $EG = x$ 米，$GH = y$ 米．（1）求 y 与 x 之间的函数解析式；（2）当 x 为何值时，矩形 $EFHG$ 的面积最大？最大面积是多少？（3）求两弯新月（图中阴影部分）的面积，并求当 x 为何值时，矩形 $EGHF$ 的面积等于两弯新月面积的 $\dfrac{1}{3}$？

由"课本问题"直接或间接改编得到的中考数学试题还有菏泽市 2013 年中考第 7 题、绍兴市 2013 年中考第 22 题、东营市 2010 年中考第 24 题、衡阳市 2010 年中考第 23 题等．改编得到的竞赛题有 1985 年广州、武汉、福州初中数学联赛，1997 年安徽省初中数学竞赛，第 19 届江苏省初中数学竞赛等．

三、数学问题改编的要求

要对数学问题进行改编很容易，但要改编好一个数学问题却较难，需要注意改编问题的典型性、适切性、变化性、科学性和创新性，从而需要考虑多方面的因素和要求．

（一）改编源自典型

数学问题改编围绕教学目标承载了改编者的教学意图，因此，改编时要突出主题内容而注意选材的典型性．数学问题改编要围绕教学重点或教学难点内容，突出教学的中心任务，以此确定改编的必要性，保障改编问题的价值需求．另外，改编的原本问题一般要从数学课本中的例题、习题取材，因为课本中的例题、习题都是经过反复锤炼的典型问题，采用课本例题、习题为原本问题也比较符合知识体系，如本文改编的原本问题属于"经久耐用"的课本习题，在中考、竞赛等多处都能见到其身影，堪称经典问题．

（二）改编切合学情

数学改编问题的最终使用者是教学的主体——学生，因此，改编者在对问题的改编过程中，要始终做到"心中有人"，要以学生的学习情况和水平层次作为衡量改编可行性的标尺．所以，改编后的数学问题要在内容、方法、难度、数量、情境等方面切合学情，具有适切性．根据教学的需求进行改编，若非必要不必改编，切忌"为改编而改编"．

（三）改编生于变化

数学问题存在一定的"数量关系"或"空间形式"，不管是"数量关系"还是"空间形式"，都存在一定的可变性．前文给出的六种问题改编方式就是基于原本问题中的条件系统和结论系统中某些因素的可变性．我们只要抓住了原本问题中的那些可变因素进行变换，就可以创造出各种改编题．问题系统中的"元素限定""构件模型""结构关联""考察对象""设问层次""呈现方式"只是从问题的内容和结构视角来看的最基本的可变因素．

（四）改编当以推敲

数学问题改编是一个需考虑周全而又细致的思维过程．改编过程中要对各种情况进行反复推敲，保障思维的严谨性和内容的科学性．改编的整个过程注意推敲六点：第一，内容是否依纲靠本（改编题不能偏离课标和课本要求，产生偏题、怪题或过难的题）；第二，数据是否准确适当（改编题中的所有数据要准确无误，不能出现常识性、科学性错误）；第三，逻辑是否严密周全（改编题中所含的逻辑关系正确，若涉及分类时要不重不漏）；第四，表达是否简洁易懂（改编题的描述要尽可能使用切合学生当前学段的数学术语和熟悉的语言体系，并且要简明扼要）；第五，情境是否合情合理（改编题中所包含的情境信息要与现实情况接轨，符合情理）；第六，解答是否利于学生（与学生学习内容吻合，学生解答改编题

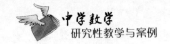

后要有利于增长知识和提高能力).

（五）改编贵在创新

改编问题相较于原本问题要求蕴含某些新意，具有一定的创新性，并且创新性也正是改编题的魅力所在．改编问题的创新之处就在于改编，其要求不仅仅是形式新，还要内容新，尤其是在解题方法上要有不同程度的丰富与创新．因此，改编问题与原本问题相比较往往具有形式新、内容新、解法新等特点．形式新包括问题的情境新、结构新、表述新等；内容新主要体现在改编后的问题条件系统和结论系统的更新变化，包括元素限定、构件模型、结构关联、考察对象、设问层次、呈现方式等的变化；解法新是因为内容的变化可能致使问题解决的方法发生变化．

思考与练习：
自选一个数学问题，对其进行改编．

第三章　数学探究方法

学习目标：通过学习，了解探究的意义，掌握数学探究方法.

探究是人类的本性. 从字义来看，"探"的本义是"试图发现（隐藏的事物或情况）"，"究"的本义是"仔细推究；追查".

据《辞海》（1999 年版）的解释，"探究"是指"深入探讨，反复研究"，"研究"是指"用科学的方法探求事物的本质和规律".

"研"字是由"石"和"开"构成的，即"研＝石＋开"，"研"的意思是把石头划开，意指将研究对象划分成一个个更小的相对独立的部分或要素（元素）. 因此，"研"字含有分类或划分的意思. 研究就是多角度地思考问题，探索并寻找问题解决的方法与途径，并用多种不同方法使问题获得解决. 对中学生而言，研究是指一切独立地探索问题、分析问题和解决问题的活动，包括实验、观察、比较、分析、操作、探索、尝试、假设、估算、猜想、验证等.

华罗庚认为数学研究有四种境界，也就是四个层次，即照葫芦画瓢地模仿，利用现成方法解决几个新问题，创造方法解决问题，开辟新的方向.

第一节　数学探究

《普通高中数学课程标准（实验）》在第 98 页对"数学探究"作了明确界定，指出"数学探究即数学探究性课题学习，是指学生

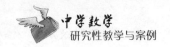

围绕某个数学问题，自主探究、学习的过程．这个过程包括：观察分析数学事实，提出有意义的数学问题，猜测、探求适当的数学结论或规律，给出解释或证明．"

数学探究是个体以数学问题解决为目标指向的认知活动．

一般认为，对高中学生而言，通常讲的探究是指广义的探究．广义的探究是指一切独立分析和解决数学问题的活动，包括分析数学现象、提出数学问题、猜想数学命题、发现数学规律、顿悟解题思路、探求问题结论、证明数学命题等．

问题探究教学应注意以下几方面①：

（1）选好问题．这是因为好问题能够启迪学生思维，激发学生的探究意识，活化学生的思维过程，并产生创造性思维．

（2）问题的难度要适中．若问题过于容易，"不用跳，就摘到"，学生就会感到没劲；若问题太难，"跳一跳，摘不到"，学生就难以感受到成功；若问题难度适中，"跳一跳，摘得到"，学生就会感到有劲并能获得成功的体验．

（3）选好探究（研究）的视角．以探究（研究）高考数学试题为例，其探究（研究）的视角很多，一般可从试卷的布局、试题的立意、试题的背景、试题的解法、试题的推广、试题的改编和试题的评价等角度进行，但对学生而言，可以重点研究试题的立意、试题的解法、试题的推广等问题，学生对试卷的布局、试题的背景、试题的改编、试题的评价等问题了解即可，对试题的推广应适可而止．

（4）重视学生的自主探究．自主探究应包括探求问题的条件或问题的结论，探讨诸条件之间的逻辑关系，探寻问题解决的思路，探索数学现象的内在规律等．

---

① 赵思林．感受的心理过程对数学教学的启示［J］．数学教育学报，2011，20（3）：7-11.

该文被人大复印《高中数学教与学》2011 年第 10 期在"思想前沿"专栏用了 6 个版面全文转载．

第二节　文献法和类比法

数学探究分为归纳探究和演绎探究. 从个别或某类事例出发,经过探索得到一般结论的探究是归纳探究. 从一般到个别或某类事物的探究就是演绎探究. 探究的内容应该是教师备课时精心准备的典型问题, 学生在探究和讨论中的有普遍意义的问题, 探究的时间应由具体情况确定.

数学探究方法很多, 主要有文献法、类比法、质疑法、争鸣法、推广法、实验法、改进法等. 下面重点谈谈文献法、类比法、质疑法、争鸣法、推广法等.

一、文献法

文献法就是利用知网、维普网、期刊、著作、影像、图片、视频等进行研究的方法. 面对研究的数学问题, 首先应搜集涉及该数学问题的相关文献, 然后对相关文献进行分类与整理, 接着是认真研读这些文献, 并做文献综述, 主要的工作是分析文献中的问题与不足, 最后结合面对的数学问题重新确定研究的问题. 如果用自己已掌握的数学知识、数学方法、数学思想不能解决所面对的数学问题, 就需要先学习相关数学理论, 同时也需要研读相关文献(书籍、期刊). 除了一些原创性研究、实验研究和实践性研究外, 一般来说, 文献法是任何研究的基础. 也就是说, 任何研究都基于文献. 文献是知识、方法、思想、经验、资源、成果的主要来源, 是研究问题的重要源泉, 利用文献可以避免或减少重复研究.

研读文献, 应有欣赏的眼光和批判的眼光. 欣赏可以分享成果, 批判有助于创新.

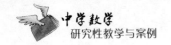

二、类比法

"类比是一个伟大的带路人". 类比是数学创新思维活动的重要方法.

类比是根据两个（或两类）对象之间某些方面的相似或相同，从而推断出它们在其他方面的相似或相同的一种逻辑推理方法. 类比法是类比推理的简称. 类比法是从特殊到特殊的一种逻辑推理方法. 如把等差数列的性质（结论）推广到等比数列上去就是类比，把椭圆的性质（结论）推广到双曲线或抛物线上去也是类比，把平面几何的性质（结论）推广到立体几何或射影几何或分形几何上去还是类比.

类比法有很多，如概念类比、性质类比、系统类比、方法类比、迁移类比、结构类比、维数类比等.

第三节　质疑法及案例

质疑的英文单词是 query，其意是提出疑问，或质疑问难. 从单个汉字来看，"质"是"询问""责问"，"质"有时也解释为"证据"；"疑"是"疑问""疑惑". 在中国古代，质疑有"心有所疑，就正于人"之意. 质疑是对已有结论的怀疑或疑惑. 质疑有助于反思. 质疑有三种作用：一是通过质疑可以找到别人和自己的疏漏或谬误，二是通过质疑可能找到更好的研究思路和发现更好的解决问题的方法，三是通过质疑还可能发现并提出新的问题. 大家知道，提出新的问题、提出新的观点、给出新的解释、尝试新的方法、提供新的方案等，都是饱含创新因素的. 因此，质疑可能导致创新，质疑可以导致创新. 质疑法可参考《数学教育学报》2013 年第 4 期文章"高考数学命题'能力立意'的问题与对策"，另外可看看新课改的问题方面的文章.

质疑法案例：高考数学命题"能力立意"的问题[①]

1 "能力立意"简介

1999 年 2 月，中国教育部颁布的《关于进一步深化普通高等学校招生考试改革的意见》明确指出，高考命题要"更加注重对考生能力和素质的考查"，"命题范围要遵循大纲，又不拘泥于大纲"，"在试题设计上增加应用型和能力型的题目". 从此，中国高考将"能力立意"作为命题的指导思想和基本原则.

能力是指一个人完成某种活动所必备的比较稳定的个性心理特征. 数学能力表现在学生理解或掌握数学知识和技能的难易、快慢、深浅、巩固程度以及应用所学数学知识解决问题等方面. 斯皮尔曼（C. E. Spearman）提出了二因素理论——特殊因素和共同因素，即特殊能力和一般能力. 心理学认为，特殊能力是指顺利完成某种特殊活动所必备的心理能力. 一般能力是指顺利完成各种活动所必备的基本心理能力，如学习能力、应用能力、探究能力和创新能力等[②]. 布卢姆（B. S. Bloom）在《教育目标分类学》中把学生的学习分为三个领域：认知、情感和运动技能. 认知领域的教育目标有旧版模型和新版模型之分. 其中旧版模型由六个从简单到复杂的层次构成，即知识、领会、运用、分析、综合、评价；新版模型由六个从简单到复杂的层次构成，即记忆、理解、运用、分析、评价、创造. 以此为依据，高考数学确定了认知目标要求，并把能力要求层次分为了解和记住、理解和掌握、灵活和综合运用三个层次. 这三个层次的具体要求分别是：了解和记住，要求对所列知识的含义有初步的、感性的认识；理解和掌握，要求对所列知识内容有较深刻的理性认识；灵活和综合运用，能运用所列知识分析和解

①　赵思林，翁凯庆. 高考数学命题"能力立意"的问题与对策 [J]. 数学教育学报，2013，22（4）：85-89.

②　奚定华，查建国，陈嘉驹. 论高考数学命题的能力立意 [J]. 数学教学，2001（1）：4-7.

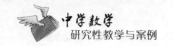

决较为复杂的或综合性的问题①. 《2012 年普通高等学校招生全国
统一考试大纲（理科·课程标准实验版）》（以下简称《考试大纲》）
明确提出了七种数学能力（包含两种意识），即空间想象能力、抽
象概括能力、推理论证能力、运算求解能力、数据处理能力、应用
意识、创新意识②.

立意是试题的考查目的. 高考命题一般以立意为中心.

以"能力立意"命题，就是首先确定试题在能力方面的考查目
的，然后根据能力考查的要求，选择适宜的考查内容，设计恰当的
设问方式③. 由此可以看出，高考命题由三个步骤（能力立意—选
择内容—恰当设问）构成，其中"能力立意"是第一步，是至关重
要的一步. "能力立意"的高考命题，强调由知识测量型向能力测
量型转变，更加注重考查继续学习的潜能、基础文化素质和创新能
力. 以学科知识为材料，考查考生能力结构中的一般能力因素，主
要是理解、应用、分析和综合的能力，以及与考生水平相应的创新
能力和实践能力④. "能力立意"的核心是考查思维能力、学习潜
能、创新意识和实践能力.

2 高考数学命题"能力立意"的问题

实践证明，"能力立意"命题具有显著效果，表现在：规范了
能力考查的内容和要求，提高了命题的科学性和稳定性，保证了试
题质量；有利于命题实践的操作，使之更加规范、合理，提高了工
作效率；促进了命题理论研究的深化；直接影响了命题细目表的制

————————

① 任子朝. 能力立意命题的理论与实践 [J]. 数学通报，2008，47（1）：24-28，
32.

② 教育部考试中心. 2012 年普通高等学校招生全国统一考试大纲（理科·课程标
准实验版）[M]. 北京：高等教育出版社，2012：12-14.

③ 教育部考试中心. 2008 年普通高等学校招生全国统一考试大纲的说明（理科）
[M]. 北京：高等教育出版社，2008：264.

④ 教育部考试中心. 2008 年普通高等学校招生全国统一考试大纲的说明（理科）
[M]. 北京：高等教育出版社，2008：264.

定，促进了命题技术的改进和发展①．毋庸置疑，"能力立意"命题对中学数学教学重视培养学生的能力具有积极意义．不可否认，"能力立意"命题对选拔创新人才（虽然是少数）是有效的．但是，作为有几十万考生的大规模考试的高考采用同一份试卷，过分强调或追求"能力立意"，必然会出现"刻意创新""拔高难度""忽视'双基'""加重负担"等问题．在充分肯定"能力立意"命题具有显著效果和积极意义的前提下，研究者认为，"能力立意"并非完美无缺，也存在一些问题或不足：①加重多数学生学习数学的负担；②削弱数学基础知识的教与学；③助推"题海战术"；④不利于体现高考的公平性．

2.1 加重多数学生学习数学的负担

显然，高考具有升学与就业的双重测试目标．高考的主要功能是选拔，但应注意到，高考也是测试学生基本文化素质的考试．考生的基本文化素质既是考生进入高等学校（包括职业技术学院）进一步学习的基础，又是考生直接进入社会参加各种工作所需的基本技能．以四川省为例，近几年参加高考的考生在 50 万左右，升学率在 70% 左右，考取一本和二本院校的考生约占总考生的 30%，考取三本、专科和高职院校的考生约占总考生的 40%，不能升学的约占 30%．不能升学的学生为应试而学的大量数学知识、数学技能和数学解题方法，既没有内化为自身素质，更没有转化为"踏入社会并能立足、生存乃至创业的基本技能"②．对于考三本、专科、高职院校和不能升学的学生（约占 70%）来说，他们的数学基础本身不是很扎实，对掌握"双基"感到困难，"能力立意"对他们来说更是雪上加霜．但教师为应对"能力立意"，必须补充大量高考考点知识、解题技巧、综合性例题（如应用题、"创新"题）、教辅资料的练习题，这必然会增加考三本、专科、高职院校

---

① 任子朝. 能力立意命题的理论与实践［J］. 数学通报，2008，47（1）：24-28，32.

② 陈雪楚. 深化高考命题改革之我见［J］. 湖南教育，2006（12）：42-43.

和不能升学的学生的学习负担和心理负担."能力立意"对增加考一本和二本院校的学生的学习负担也是显而易见的."能力立意"是命题教师命制创新型试题的主要政策依据,甚至可以说,"能力立意"是命题教师命制"创新题""难题"的保护伞.大量事实证明,很多"创新题""压轴题"的难度系数在 0.2 甚至在 0.1 以下,这些"创新题""压轴题"是名副其实的难题,这些题的区分度和效度都很低,它们几乎丧失了测试功能.让大家记忆犹新的 1984 年和 2003 年全国高考数学理科卷中,很多题目都是"创新题""好题",但因整套试卷难度过大而受到批评.又以江苏卷为例,"1990 年第一次出现的不等式恒成立问题几乎考倒了所有江苏考生,而 1988 年第一次出现双二次曲线交点问题也几乎使考生全军覆没.……不过,这类题通常的测试功能很低,基本是无效题."① 目前,高中学生"学业"负担实在很重,其中一个重要原因是"考业"太重,而"考业"太重的一个重要原因是"能力立意"的命题原则,教师为应对太重的"考业",除了教学教材外,还需大量补充课程标准以外的数学知识、方法、思想和并非特别有用的解题技巧.教师之所以要大量补充课程标准或教材之外的内容,根本原因就是害怕高考要考,因为每年的高考试题中确实有不少教材之外的"新题""亮题""难题",甚至有时高考命题还打过"超纲"的"擦边球",真让高中师生防不胜防.

   2.2 削弱数学基础知识的教与学

   大数学家华罗庚非常重视数学"双基"教学,他认为,数学教学的基本要义是让学生在打好"双基"中走向创造,为此,数学教学要重视"双基"教学,使学生对"双基"达到"懂""识""熟"②.《考试大纲》对基础知识做了明确界定,"知识是指《普通

---

① 石志群. 高考数学命题思路分析及复习策略(续 1)[J]. 中学数学月刊,2009 (12):21-23.

② 邝孔秀. 华罗庚的数学"双基"教学思想及其启示[J]. 数学教育学报,2012,21(2):5-7,55.

高中数学课程标准（实验）》中所规定的必修课程、选修课程系列2 和系列4（注：一般仅考1~3个专题）中的数学概念、性质、法则、公式、公理、定理以及由其内容反映的数学思想方法，还包括按照一定程序与步骤进行运算、处理数据、绘制图表等基本技能."这里所说的知识包含了陈述性知识和程序性知识. 如果学生能把这里罗列的知识都学得比较好，那么学生的能力还会差吗？张艳梅在"还原高考试题能力立意背后的基础知识"（注：该文被人大复印《中学政治及其他各科教与学》2010年第11期全文转载）中指出，"近年来，高考试题'能力立意'的特征越来越显著.""学生会越来越轻视基础知识的学习."① 教育部考试中心的权威专家对高考试卷进行分析时发现，"近几年来，相当一部分考生在答题中的一些失误，并不是因为缺乏灵活的思维和敏锐的感觉，而恰恰是因为对《教学大纲》中规定的基础知识、基本理论的掌握还存在某些欠缺，甚至有所偏废所致. 考生对所学知识的掌握缺乏整体性、条理性是较为普遍的现象."② 近几年在一些中学听课时发现，不少教师也比较轻视基础知识的教学，不少教师对基础知识的教学是"速战速决"，如有三位教师在讲"向量数乘运算及其几何意义"时，讲授向量的数乘定义仅用了2~3分钟时间，草草讲完（或快速讲完）定义后花大量时间讲例题并安排学生做课堂练习，课后笔者向几个学生问了一个问题：怎样理解一个无理数乘以一个向量？这些学生无一能回答. 可能是高考不会考"一个无理数乘以一个向量"这样的问题，所以在教师看来，"一个无理数乘以一个向量"这样的问题是不必教也不必学的，学生会用向量的数乘定义解题就足够了. 其实，数学概念教学的核心目标是概念的理解，这是因为"理解概念"是"理解数学"的必要条件. 不少教师为了多补充几个例

① 张艳梅. 还原高考试题能力立意背后的基础知识［J］. 中学政治教学参考，2010（8）：42-45.

② 教育部考试中心. 2009年普通高等学校招生全国统一考试大纲的说明（理科）［M］. 北京：高等教育出版社，2009：206.

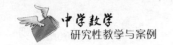

题，或者能让学生多做一些习题，必然会压缩知识形成过程和定理（公式）推导证明的教学时间．这种本末倒置的做法造成了不良后果，如2010年高考数学四川卷文理科（19）题（Ⅰ）小题，直接考查教材中最基本的两角和的余弦公式的推导，近50万考生中答对（Ⅰ）的仅有几百人，由此引起学生、家长、教师乃至社会的广泛关注，并引发热烈争论①．

2.3 助推"题海战术"

考查应用意识、创新意识和学习潜能是"能力立意"的基本要求．对此，命题教师不得不绞尽脑汁命制出一些考查应用意识、创新意识、"知识交汇"和学习潜能的"创新"题或综合题．自从实施分省命题以来，每年数百道高考数学试题连同答案汇编成了一本书，这些书成了"题海"中的重要成员，它们是书店热销的抢手货．最近十多年来，中国高考已编拟了数千道数学试题，这些试题中的确有很多"创新题""亮题""好题"，这些题目立意鲜明、形式新颖、设问巧妙，它们的确是"题海"中的精品，且受到了广大师生的积极关注与研究，这当然会助推"题海战术"．石志群认为，"尽可能在学生学习过的内容范围内命题，不在所谓的'创新题'上进行开拓．对控制题海的范围，减轻学生负担是有好处的（教师最痛苦的就是每年高考、各地模拟考试都在扩充题海，实在是'题海无涯'）"②．"题海战术"是中国中小学应试教育的产物，非常泛滥，其症结表现在：脱离课本、经验主义、生搬硬套、思维僵化③．高中教学为什么要脱离课本呢？其根本原因是教师害怕高考要考创新意识、"知识交汇"和学习潜能而编拟的"创新题"或综合题，因为这些"创新题"或综合题在课本中一般是找不到的，并

---

① 赵思林．一道公式推导试题引发的争论与思考［J］．数学通报，2010，49（9）：16-18．

② 石志群．高考数学命题思路分析及复习策略（续1）［J］．中学数学月刊，2009（12）：21-23．

③ 李新，刘航舰．"反题海战术"试题的研究与启示［J］．高中数学教与学（人大复印），2012（8）：61-63．

且其难度比课本中的例题、习题、复习题更高．如果教师不补充讲授这些"创新题"或综合题，学生也不练习难度较高的"创新题"或综合题，那么学生在考场上就不能或难以应对试卷中的"创新题"或综合题．由此看来，高中教学脱离课本是"能力立意"逼出来的．应对"题海战术"，研究者提出如下建议：教师可以下"题海"，但学生不能下"题海"．教师下"题海"是为了使学生不下"题海"，减轻学生学习负担．教师下"题海"，首先应研究教材"题海"（包括定理证明，公式推导，例题、习题、复习题），其次是研究由历届高考题生成的"题海"，如果有多余时间也可以研究几本教辅资料生成的"题海"，教师应从无限的"题海"中去挑选有限而有效的问题，将它们作为例题、习题和考题．

2.4　不利于体现高考的公平性

公平是高考制度的根本．高考公平主要包括机会公平、过程公平、形式公平、内容公平．但"能力立意"难以做到内容公平．如前所述，以"能力立意"设计的试题，对于考三本、专科、高职院校和不能升学的学生（约占 70％）来说，其要求实在是过高了．但教师为应对"能力立意"，必然会补充大量比教材内容更新、更难的教学内容，而补充的大量教学内容，对于考三本、专科、高职院校和不能升学的学生是难以真正弄懂学会的，因此，他们对这些补充内容的学习并非是主动的、乐意的和有效的，他们对这些内容的学习难以体验到成功的快乐，更多的是品尝了学习数学的艰难与失败，他们充当了"陪读"和"陪考"的角色，这必然会增加这些学生的学习负担和心理负担．过重的学习负担和心理负担，对这些学生来说是不公平的．对于薄弱学校的学生，由于他们接触、学习和训练"能力立意"的题目比较少，他们关于"能力立意"的相关信息（知识）也比较少，加之他们的数学基础比较差，因此，"能力立意"并不能有效地测试出他们的学习潜能．从某种角度来讲，薄弱学校的学生的学习潜能更大，只是他们的很多潜能尚待开发而已．

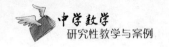
第四节　争鸣法及案例

　　真理不争不明. 争鸣或争论是教育研究的常用方法，通过争鸣或争论可以达到去伪存真、求同存异、求真求实的目的. 争鸣或争论是"正"与"反"的对比，是观点（思想）的分享. 争鸣或争论最终可以达到对立的统一（妥协）. 争鸣或争论有助于反思，争鸣或争论往往能够导致创新. 很多期刊都非常欢迎争鸣或争论的文章.

争鸣法案例 1：由正切半角公式引发的问题与思考[①]

1　问题背景

　　曾在内江六中听"简单的三角恒等变换"的课时，既发现了问题，也引发了思考.

　　先看人教社普通高中课程标准实验教科书（A 版）数学 4[②] 第 139 页中的例 1.

　　例 1　试以 $\cos \alpha$ 表示 $\sin^2 \dfrac{\alpha}{2}$，$\cos^2 \dfrac{\alpha}{2}$，$\tan^2 \dfrac{\alpha}{2}$.

　　在教材的第 139 页右边又写道：

　　例 1 的结果还可以表示为：

$$\sin \frac{\alpha}{2} = \pm \sqrt{\frac{1 - \cos \alpha}{2}},$$

$$\cos \frac{\alpha}{2} = \pm \sqrt{\frac{1 + \cos \alpha}{2}},$$

---

　　①　赵思林，黄兴友. 由正切半角公式引发的问题与思考 [J]. 中学数学（高中），2011（5）：21-22.

　　②　刘绍学，章建跃. 普通高中课程标准实验教科书（A 版）数学 4 [M]. 2 版. 北京：人民教育出版社，2007.

$$\tan\frac{\alpha}{2}=\pm\sqrt{\frac{1-\cos\alpha}{1+\cos\alpha}}, \tag{1}$$

（注：（1）系作者所加）

并称之为半角公式（不要求记忆），符号由 $\frac{\alpha}{2}$ 所在象限决定.

教材第 142 页的练习第 1 题是：

求证　$\tan\dfrac{\alpha}{2}=\dfrac{1-\cos\alpha}{\sin\alpha}=\dfrac{\sin\alpha}{1+\cos\alpha}.$　　(2)

此节内容讲完后，很多老师将（1）（2）统一起来，很自然地总结出下面的公式：

$$\tan\frac{\alpha}{2}=\pm\sqrt{\frac{1-\cos\alpha}{1+\cos\alpha}}=\frac{\sin\alpha}{1+\cos\alpha}=\frac{1-\cos\alpha}{\sin\alpha}. \tag{3}$$

注：我们在听课时，发现有几位老师在黑板上写出了（3），学生在笔记本上也记下了（3）.

自然要思考：（1）（2）能统一吗？（1）（3）正确吗？（1）可以改动吗？

2　几点思考

2.1　（3）是不正确的

（3）不正确只需由 $\pm\sqrt{\dfrac{1-\cos\alpha}{1+\cos\alpha}}=\dfrac{\sin\alpha}{1+\cos\alpha}$ 的不正确来说明.
事实上，

$$\pm\sqrt{\frac{1-\cos\alpha}{1+\cos\alpha}}=\frac{\sin\alpha}{1+\cos\alpha}\Leftrightarrow\pm\sqrt{\frac{\sin^2\alpha}{(1+\cos\alpha)^2}}=\frac{\sin\alpha}{1+\cos\alpha}$$

$$\Leftrightarrow\pm\frac{|\sin\alpha|}{1+\cos\alpha}=\frac{\sin\alpha}{1+\cos\alpha}. \tag{4}$$

显然，（4）的左边一般都取两个值，而其右边只能取一个值.
比如，α 为锐角，（4）变为 $\pm\dfrac{\sin\alpha}{1+\cos\alpha}=\dfrac{\sin\alpha}{1+\cos\alpha}$，此式显然不成立. 所以（4）是错误的，故（3）是不正确的.

由教材可知，$\tan\dfrac{\alpha}{2}=\pm\sqrt{\dfrac{1-\cos\alpha}{1+\cos\alpha}}$ 中的"符号由 $\frac{\alpha}{2}$ 所在象限

决定"应理解为，符号的取法需要对 $\frac{\alpha}{2}$ 所在象限进行分类讨论．事实上，根据 $\frac{\alpha}{2}$ 所在象限的不同情况，公式（1）实质上对应着下列三种情况之一：

$$\tan\frac{\alpha}{2}=\sqrt{\frac{1-\cos\alpha}{1+\cos\alpha}}\quad（当 \frac{\alpha}{2} 在第一、三象限时），$$

$$\tan\frac{\alpha}{2}=-\sqrt{\frac{1-\cos\alpha}{1+\cos\alpha}}\quad（当 \frac{\alpha}{2} 在第二、四象限时），$$

$$\tan\frac{\alpha}{2}=\pm\sqrt{\frac{1-\cos\alpha}{1+\cos\alpha}}\quad（当 \frac{\alpha}{2} 在第一、二、三、四象限时）．$$

因此，如果孤立地看（1），那么（1）是不正确的．

其实，教材的本意是，将（1）和"符号由 $\frac{\alpha}{2}$ 所在象限决定"结合起来看，有上面列举的三种情况．至此推知，（1）（2）是不能统一的．

造成（3）的错误的原因是，老师和学生漏掉了教材上 $\tan\frac{\alpha}{2}=\pm\sqrt{\frac{1-\cos\alpha}{1+\cos\alpha}}$ 的"符号由 $\frac{\alpha}{2}$ 所在象限决定"这一极为重要的条件．

2.2 建议改写半角公式

从学生的学习心理的角度来看，由于记条件需要增加更多的"编码"或"组块"，因而，学生记忆公式一般不爱记条件．因此，我们建议，今后在修订教材时将半角公式改写为：

$$\left|\sin\frac{\alpha}{2}\right|=\sqrt{\frac{1-\cos\alpha}{2}}，\quad \left|\cos\frac{\alpha}{2}\right|=\sqrt{\frac{1+\cos\alpha}{2}}，\quad \left|\tan\frac{\alpha}{2}\right|=\sqrt{\frac{1-\cos\alpha}{1+\cos\alpha}}，$$

这三个公式称为半角公式，不要求记忆．

2.3 教学建议

在听课时我们发现一些老师对半角公式讲得多（30分钟左右），个别老师还要求记住错误公式（3），而《普通高中数学课程标准（实验）》① 对半角公式的要求是很低的，从而，一些老师人为地拔高教学目标，增加教学难度，延长教学时间，从而加重了学生的学习负担．可见，认真研读并准确把握《普通高中数学课程标准（实验）》是有效实施高中新课改的前提，准确理解教材是保证教学科学性的前提．

争鸣法案例 2：一道公式推导试题引发的争论与思考②

研究高考试题，对感悟高考命题理念，体会高考命题思想，把握高考命题原则，揣摩高考命题意图，提高教育教学质量，无疑是重要的、有益的．对高考的研究应包括对试题的热点、引发的争论、教学的反思等方面的研究．2010 年高考数学四川卷文理科 (19) 题（Ⅰ）小题，直接考查教材中最基本的两角和的余弦公式的推导，近 50 万考生中答对（Ⅰ）的仅有几百人，由此引起学生、家长、教师乃至社会的广泛关注，并引发热烈争论．

1　试题介绍与立意分析

1.1　试题介绍

2010 年四川卷文理科（19）题：（Ⅰ）①证明两角和的余弦公式：

$C_{(\alpha+\beta)}$：$\cos(\alpha+\beta)=\cos\alpha\cos\beta-\sin\alpha\sin\beta$；

②由 $C_{(\alpha+\beta)}$ 推导两角和的正弦公式 $S_{(\alpha+\beta)}$：$\sin(\alpha+\beta)=\sin\alpha\cos\beta+\cos\alpha\sin\beta$．

（Ⅱ）（理科）已知△ABC 的面积 $S=\dfrac{1}{2}$，$\overrightarrow{AB}\cdot\overrightarrow{AC}=3$，且 $\cos B=\dfrac{3}{5}$，求 $\cos C$．

（文科）已知 $\cos\alpha=-\dfrac{4}{5}$，$\alpha\in(\pi,\dfrac{3}{2}\pi)$，$\tan\beta=-\dfrac{1}{3}$，$\beta\in$

---

① 中华人民共和国教育部．普通高中数学课程标准（实验）[M]．北京：人民教育出版社，2003．

② 赵思林．一道公式推导试题引发的争论与思考 [J]．数学通报，2011（9）：16-18．

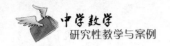
$(\dfrac{3}{2}\pi,\ \pi)$，求 $\cos(\alpha+\beta)$.

1.2 试题立意分析

本题的分值分配是，（Ⅰ）①4分，（Ⅰ）②2分，（Ⅱ）6分．笔者认为，本题更为合理的设计是将（Ⅰ）②砍掉，（Ⅰ）②砍掉后的分值分配宜为：（Ⅰ）8分，（Ⅱ）4分，或者（Ⅰ）7分，（Ⅱ）5分．从分值分配的"不合理"可以体会到其设计的良苦用心，命题教师可能预感（Ⅰ）的得分不高，如果（Ⅰ）①的分值太高，考生的总分就会降低．

纵观十多年各套高考试卷中的三角解答题，绝大多数是两个小题（一题一问），偶尔是一个小题，并且一般摆在解答题的第一题或第二题的位置上．但(19)题设计了两个小题三个小问，并且摆在解答题的第三题的位置上，这就突破了高考中三角解答题多年来形成的"八股"设计模式．从试题位置的后移与设计三个小问的"反常规"，可以再一次体会到其设计的良苦用心，命题教师觉得（Ⅰ）②的2分可以"送"出去，安排（Ⅰ）②的意图可能是想让考生多得2分，如果砍掉（Ⅰ）②，（Ⅰ）至少应给6分，这可能让考生至少少得2分．

揣测试题的立意，可能有以下意图：意在尝试突破高考命题的"八股"模式（破题序、破设问个数），意在引导中学教学回归教材、注重数学知识产生和发展的过程，意在抑制题海战术、减轻学生和教师的负担，意在考查应变能力和创新意识，意在推动中学数学的教学改革．但最为重要的意图可能是引导中学教学回归教材、注重数学知识产生和发展的过程．

1.3 考试情况分析

由于本题的安排顺序和三个小问的设计"反常规"，致使绝大多数考生乱了阵脚，找不到思路和解题方法．从阅卷情况来看，近50万考生中答对（Ⅰ）的仅有几百人．试题得分情况：中下水平的学生普遍得分为2～5分，中上水平的学生得分为6～8分，极少数优生得分为9～11分（不到百分之一），得满分的更是罕见（不到千分之一). 虽然大部分学生努力回忆教材解法，但对教材不熟，大都无功而返. 但也有一些考生想出了很多优秀解法，有一些优秀解法让阅卷老师眼前一亮，赞叹不已，还有一些优秀解法连老师都从未想过、见过. 可见，本题成了一些优秀学生展示创新思维和应变能力的良好载体.

很多老师看到（19）（Ⅰ）题后，由于其没有在自己教学的伏击圈或题海训练的包围圈内，也可以说，该题是新课教学的弱点和高三复习的盲区，老师感到很意外，并产生了强烈的心理冲击和抵触情绪.

文科一个考生将除了（19）（Ⅰ）之外的全部解答题都答对了，但（19）（Ⅰ）却没有做对. 一些全国高中数学联赛的获奖选手，也是望题兴叹，没有招数. 这说明，他们会做很多更难的题，但不会做此题. 这不是很有意思和值得思考吗？

考试的结果让考生和教师颇为震惊，也引人深思. 对（Ⅰ）①的证明，需要画出直角坐标系，构造出三个角 α，$-\beta$，$\alpha+\beta$ 的终边，找到两个全等三角形，其难度的确较大. （Ⅰ）②应不算难，但绝大多数考生却不会做（Ⅰ）②，即不会由 $C_{(\alpha+\beta)}$ 推导两角和的正弦公式 $S_{(\alpha+\beta)}$，这说明学生不知道这两个公式之间的逻辑关系. 分析原因，有以下几点：其一，部分老师不讲或略讲公式的推导过程，他们认为公式 $C_{(\alpha+\beta)}$ 的推导过程比较长且比较难，花费较多时间讲解可能效果也不太好，因此干脆就不讲推导过程，要求学生记住并会运用公式就行了；其二，个别老师上新课和高三复习时几乎没有使用过教材，也就是教材上的定理（公式）的证明不碰、例题不讲、习题不做，而是直接去做教辅资料上的综合性题目或难题；其三，极端的教育功利化思想影响了新课教学，根据近十几年来不考公式（定理）证明的"经验"，只要不考，就不讲、不学；其四，高考命题长期不考公式（定理）的推导和证明，对高中数学教学有

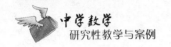

消极影响，对此应予以高度重视.①

2 引发的争论

高中数学教师之间的争论. 对于重视教材教学的教师是希望这样考的，这些老师认为，多考教材有利于减轻学生学业压力和老师的备课负担，越来越远离教材的高考试题会迫使学生和老师去钻研教辅资料，不得不搞题海战术，题海战术不利于素质教育和创新教育. 但不重视教材的教师是不赞成甚至反对这样考的，这些老师认为，考教材拉不开距离，因为教材上的题太简单，此外，直接考教材上的问题（包括例题、习题、复习题、思考题，公式、定理的证明）不符合高考命题的"原创原则". 需要说明的是，不重视或不用教材的教师可分三类：教学水平很高的老师、教学水平中等的老师、教学水平很低的老师，教学水平很高的老师可能是极少数.

高中数学教师与大学教师之间的争论. 大学教师普遍认为此题好，这种试题好在能引导高中新课教学要重过程、重理解、重本质、重思维，数学教学不能抛开教材苦练题海. 多数中学老师认为此题不好，不好的原因是题目很难导致绝大多数学生不会做（答对的考生极少）. 但老师们普遍认为，直接考查教材中最基本的三角公式的证明与推导，对中学数学教学回归教材有较好的导向作用.

高中数学教师与命题教师在座谈会时争论较为激烈. 据说，在省考试院组织的高中数学教师与命题教师（大学教授）的座谈会上，双方发生了较为激烈的争论. 参加座谈会的多数高中数学教师认为此题太难，其区分度很不好，效度很低，信度很差，影响了个人数学单科的成绩，降低了数学平均分，即降低了数学在各科中的权重，因此，本题不适合作为高考题. 但几乎没有一个中学教师认为，此题是怪题、偏题，他们认为此题没有超纲. 命题教师（大学教授）认为，中学数学的教学存在比较严重的问题，比如离开教材搞题海战术，经过长期题海战术训练过的学生到高校没有后劲或缺

———————————
① 赵思林. 新课程理念视角下高考数学试题评析 [J]. 中学数学研究（广东），2010（9）：11-15.

乏后劲，中学教学淡化概念，进入高校后的学生逻辑思维能力很糟糕，他们在学习数学分析（如数列极限 $\varepsilon - N$ 定义、函数极限 $\varepsilon - \delta$ 定义），高等代数中很多定理、公式的证明时，感到很吃力、很困难．大学教授认为，做大量的课外难题，既浪费时间又无必要，不如把教材中的核心概念、基本公式和定理、数学思想方法弄清楚、搞透彻，因为这些东西才是学生进一步学习最需要和最根本的东西．大学教授建议，中学教学应该重教材的利用与开发、重数学本质的揭示与思维过程的暴露、重知识的形成过程与知识间的逻辑关系、重数学概念的理解与内化、重数学思想方法的总结与提炼．

从上面争论持相反意见的两方来看，似乎都有一定道理，不宜简单化地否定一方而肯定另一方．

3　试题的评价

先看一看高考研究专家、四川省高考数学评价组、教育部考试中心对此题的评价．

2010 年 6 月 8 日，据四川新闻网报道，四川省特级教师、成都市树德中学数学教研组组长李勇在点评试卷时认为，"文理科第 (19)（Ⅰ）题直接考查教材中最基本的三角公式的推导，突出了对数学本质和数学思想方法的考查，体现了'过程与方法'的理念，这对中学数学教学回归教材、认识数学本质、重视知识之间的逻辑关系等有很好的导向作用.""此外，还充分体现了'用教材编高考题'的理念."

朱恒元认为，"它（注：指（19）题）取材自教科书中的一个片断，其实有若干种不同的证明方法．命题者设计这道题需要一定的勇气，很可能会招来非议，但'重视教科书的教与学、加强数学知识间的联系、关注学生学习的融会贯通'的命题思路和方向是正确的，真可谓用心良苦."[①]

先儒才、张晓斌认为，"以公式证明为考题，在近年来高考试

---

① 朱恒元. 峰回路转臻佳境　水到渠成开镜天——2010 年全国各地高考数学试卷的特点透视和趋势管窥［J］. 中国数学教育（高中版），2010 (7-8)：2-13.

题中是难得一见的，这对引导中学教学用好教材、抓纲务本、重视知识的发生发展过程有很好的导向作用，形成了试卷的一大亮点."①

四川省高考数学评价组在《2010年四川高考数学试卷评价分析报告》中指出，"本题源于高中数学教材（人教版）第一册（下）第38~39页，试题回归教材，考查最基本的三角公式的证明，可见命题意图非常明确，直接导向教材，这是近几年高考命题的一次大胆尝试，也给我们脱离教材进行高三复习的师生一个深刻的教训. 不能只是把'回归教材'当成'口号'喊得响亮，从不落实，期望从一大堆资料中选一本最好的进行高考复习，一本书打天下."

"高考命题的理念是：坚持稳定，在稳定的基础上创新. 靠什么稳定？不是靠某地区的模拟试题中的'热点'，也不是靠'密卷'，而是靠教材，只有教材才是相对稳定的. 这种回归教材的导向，有利于高考命题的稳定，有利于中学数学教学的改进，引导师生深入教材，挖掘教材，认识到熟悉教材的重要性，有利于中学数学教学秩序的稳定（有些学校从高二开始就不用教材，一本资料讲到底），有利于对滥用资料现象的矫正."

教育部考试中心对2010年四川高考试题的评价是，"试卷符合《考试大纲》和《考试说明》的要求，继续维持了四川省自主命题的特点，结构、难易比例与往年基本一致. 试卷既注重全面考查基础知识和基本技能，又能够突出重点. 试卷坚持'能力立意'，着重考查思维能力、运算能力、空间想象能力，以及创新意识和运用数学知识解决实际问题的能力. 试题贴近中学教学实际，有较好的导向作用，题目由易到难排列，有利于不同程度考生水平的发挥. 文理科试卷区分度合理，有利于高校选拔学生. 试题叙述科学规范，参考答案和评分参考合理."单独对文理科（19）题的评价是，"文理科第（19）题是三角函数的试题，设计和角公式的推导、正

① 先儒才，张晓斌. 2010年高考数学试题（大纲课程卷）分类解析（一）［J］. 中国数学教育（高中版），2010（7-8）：88-96.

（余）弦定理的应用，属于中学数学的重点内容."从教育部考试中心对四川卷的总体评价和对（19）题的单独评价来看，教育部考试中心并未认为（19）题是一道偏题、怪题、难题，而是说此题"属于中学数学的重点内容"，既然是"中学数学的重点内容"，那么必然是高考可以考查而且应该重点考查的内容，这也符合教育部考试中心颁布的《考试大纲》规定的"重点内容重点考查"的原则. 这说明，此题是符合高考命题原则的. 教育部考试中心对四川卷的总体评价中有一句话是"有较好的导向"，"有较好的导向"是否主要指此题或者仅包含此题呢？

综上可见，高考研究专家、四川省高考数学评价组、教育部考试中心对此题是肯定的，无批评之意. 因此，直接考查教材中最基本的三角公式的推导，突出了对数学本质和数学思想方法的考查，体现了"过程与方法"的理念，这对中学数学教学回归教材、重视知识之间的逻辑关系、减轻学生学业负担等有较好的导向作用.

4　几点思考

4.1　高三复习应回归教材

教材是学生学习之基础，高考命题之根本. 历年高考试卷中都有一些试题直接出自于教材或由教材上的例、习题改编而成. 新课教学和高三复习，都不能离开教材；否则，教学会偏离高中数学教学的重心，加重师生负担，事倍功半，效率低下. 高三复习需要对教材进行纵向和横向的整合. 纵向整合教材有助于知识的螺旋式深化，实现知识网络向认知网络的有效转化和内化. 横向整合教材就是通过构建横向问题系统，也即构建知识的网络，使数学知识系统以不同问题方式展现出来，使学生在不同方式的问题认知过程中实现认知结构的整体优化，比如求函数的最值，可以用函数的性质，可以用向量，可以用不等式，可以用三角函数，可以用解析几何，可以构造几何图形，可以用导数，等等，这就要求学生从多角度看待问题和解决问题，这对培养学生的发散思维和思维的灵活性是有益的，并能优化解题策略，提高解题效率. 数学学习心理学研究表明，过度的强化训练，使人生厌、生笨. 可见，过度的强化训练是不可取的，因此，高三复习的训练一定要适量、适度．四川省高考数学评价组在《2010年四川高考数学试卷评价分析报告》中指出，"高三复习回归教材应该怎么做？是教师带着学生把教材看一遍了事，还是干脆让学生自己随便看？都不是，而是教师首先引导学生阅读教材后，对单元基础知识进行梳理，形成体系，然后站在高中数学整体的高度与教材对话，让不同单元的知识交汇，成为系统，让知识在交汇处产生火花，达到升华．"

4.2 教材上基本公式（定理）的证明应掌握

数学证明是理性思维的最高层次．数学证明是指根据某个或某些真实命题和概念去断定另一命题的真实性的推理过程．如果说数学是追求理性精神的，那么数学就离不开数学证明．数学创造离不开数学证明．事实上，证明思路的探索与顿悟、证明方法的选择与创造、证明过程的构想与优化、证明成果的总结与交流等，都离不开创造性思维．历史上，很多数学家在探索和研究一些著名猜想的证明的过程中，创造了很多新思想、新方法、新工具，取得了辉煌的数学成就．比如，研究费尔马大定理的证明，莱布尼茨、欧拉、勒让德、高斯、狄利克雷、库麦等都曾证明了部分结论，外尔斯在1993年彻底解决了这个困扰数学家356年的著名难题，并获得了菲尔兹奖．因此，高考适当考一考基本公式、定理的推导或证明（应控制难度），对培养学生的理性精神和创造性思维是有益的．①

4.3 大力提倡立足教材编拟高考题

熊福州老师惊呼："如果我们的高考试题都是真正源于教材，即用教材上的内容、例、习题和例、习题改编，综合，创新，中学教师和学生还对各种资料那么投入吗？"② 熊老师的呼声是富有启发性的．试设想，如果《考试大纲》明确规定：高考命题考教材上

---

① 赵思林. 2010 年高考数学创新型试题分类点评［J］. 中学数学（高中），2010（9）：33-37.

② 熊福州. 都说是选修，却都是必修，都说要减负，却越减越负［J］. 数学通讯（下半月），2010（8）：30-31.

30％的原题，考教材上 50％的改编题，考 20％的创新题（30 分）.
那么高中学生和老师的负担可能会有较大幅度的降低，高中数学教
学就有可能回到本位，逐渐摆脱题海战术的困扰. 当然，考教材的
比例可以先低后高，比如，第一年考 30％的教材，以后每年逐步
提高考教材的比例. 其实，一些省市的高考数学试卷考教材的比例
已在 50％左右，效果还是不错. 关于考教材的比例如果不在
《考试大纲》中明确下来，也就是说，不给高中数学教师和学生吃
一颗定心丸，要真正摆脱题海战术是不实际的.

4.4　摆脱教辅资料束缚是实施高中新课改的必要条件

2010 年 9 月，四川省在高中一年级首次实施高中新课改，全
省统一使用人教社 A 版新教材（以下简称新教材）. 很多高一数学
老师发现，新教材比老教材的例题、习题要多一些，不少题目难度
也比老教材更大，学生把书上的题目做完需要花不少时间，但不少
老师仍然是以较快的速度赶完新课，学生在做完书上的题目或大部
分题目后，还要做与教材题目数量相当但比教材更难的教辅资料的
题目，真是教材、教辅两手抓，有的老师是两手都硬，有的是抓教
辅比教材硬，只有少数甚至个别才是抓教材比教辅硬. 如果不能摆
脱教辅资料的束缚，要实施新课改、落实新理念、用好新教材，那
是非常困难的. 要搞好高中新课改，就需摆脱教辅资料的束缚，要
摆脱教辅资料的束缚，就应进行高考命题改革，而高考命题改革的
突破口是高考命题考教材要占相当大的比重.

第五节　推广法及案例

推广是研究数学不竭的动力. 几乎所有的数学家都非常重视推
广，都做过推广的工作，因此，数学家都是推广家. 更准确地说，
数学家是推广家加证明家. 推广是数学研究中极其重要的手段之
一，数学自身的发展在很大程度上依赖于推广. 数学家总是在已有
知识的基础上，向未知的领域扩展，从实际的概念及问题推广出各

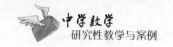

种各样的新概念、新问题.[①] 提出问题后，对问题要说明其含义、假设和推论的形式并加以探讨. 引申要根据学生的实际情况有一定的限度.

推广法案例1：论数学推广[②]

推广是数学研究的重要方法，古今中外，数学家都干过的同一件事就是推广. 因此，数学家也被看作是推广家.

1　从知识、方法、思想的角度进行推广

1.1　知识的推广

知识的推广分为概念的推广和命题的推广.

命题的推广又分为条件的推广和结论的推广.

例1　若 a，b，$c > 0$，则 $a^3 + b^3 + c^3 \geqslant 3abc$.

此例中可将条件推广为 $a + b + c \geqslant 0$.

这是因为

$$a^3 + b^3 + c^3 - 3abc = \frac{1}{2}(a + b + c) \cdot [(a-b)^2 + (b-c)^2 + (c-a)^2].$$

推广1　若 a，b，$c \in \mathbf{R}$，$a + b + c \geqslant 0$，则有 $a^3 + b^3 + c^3 \geqslant 3abc$.

对于结论还可以进行归纳推广.

推广2　若 $x_i > 0$，$i = 1$，2，$\cdots$，n，则 $x_1^n + x_2^n + \cdots + x_n^n \geqslant nx_1x_2\cdots x_n$.

1.2　方法的推广

在一元二次方程 $ax^2 + bx + c = 0$（$a \neq 0$）的求根公式的推导方法中，若采用令 $x = t + p$（p 为待定常数）可以消一次项的方法，则更具有普遍（适合解三次方程）的意义. 其研究留给读者.

例2　求 $y = \sqrt{x-2} + 3\sqrt{5-x}$ 的最大、最小值.

本例的研究留给读者.

---

①　朱华伟，张景中. 论推广 [J]. 数学通报，2005，44（4）：55-57.

②　本案例作者：赵思林，徐小琴.

1.3　思想的推广

从基本不等式 $a^2+b^2\geqslant 2ab$ 出发，把 b 换作参数 λ，于是得到

$$a^2\geqslant 2\lambda a-\lambda^2.$$

这也就将参数思想引入到基本不等式中.

同理还可以推广为 $\lambda a^2+\dfrac{1}{\lambda}b^2\geqslant 2ab\ (\lambda>0)$.

2　从思维方式的角度进行推广

类比推广：从特殊到特殊的推广.

归纳推广：从特殊到一般的推广.

例 3　"若 x，$y>0$，则 $\dfrac{1}{x}+\dfrac{1}{y}\geqslant\dfrac{4}{x+y}$" 的推广.

推广 1　若 x，y，$z>0$，则 $\dfrac{1}{x}+\dfrac{1}{y}+\dfrac{1}{z}\geqslant\dfrac{9}{x+y+z}$.（类比推广）

证明：法 1　$\dfrac{1}{x}+\dfrac{1}{y}+\dfrac{1}{z}\geqslant 3\sqrt[3]{\dfrac{1}{xyz}}\geqslant\dfrac{9}{x+y+z}$.

法 2　用柯西不等式

$$\left(\dfrac{1}{x}+\dfrac{1}{y}+\dfrac{1}{z}\right)(x+y+z)\geqslant\left(\sqrt{\dfrac{1}{x}}\cdot\sqrt{x}+\sqrt{\dfrac{1}{y}}\cdot\sqrt{y}+\sqrt{\dfrac{1}{z}}\cdot\sqrt{z}\right)=9.$$

法 3　$\left(\dfrac{1}{x}+\dfrac{1}{y}+\dfrac{1}{z}\right)(x+y+z)\geqslant 3\sqrt[3]{\dfrac{1}{xyz}}\cdot 3\sqrt[3]{xyz}=9.$

法 4　$\left(\dfrac{1}{x}+\dfrac{1}{y}+\dfrac{1}{z}\right)(x+y+z)=\dfrac{x+y+z}{x}+\dfrac{x+y+z}{y}+\dfrac{x+y+z}{z}$

$$=3+\left(\dfrac{y}{x}+\dfrac{x}{y}\right)+\left(\dfrac{z}{x}+\dfrac{x}{z}\right)+\left(\dfrac{z}{y}+\dfrac{y}{z}\right)$$

$$\geqslant 3+2+2+2$$

$$=9.$$

推广 2　若 $x_i>0$，$i=1$，2，$\cdots$，n，则 $\dfrac{1}{x_1}+\dfrac{1}{x_2}+\cdots+\dfrac{1}{x_n}\geqslant$

$$\frac{n^2}{x_1+x_2+\cdots+x_n}.$$（归纳推广）

推广 3 若 a，b，x，$y>0$，则 $\dfrac{a}{x}+\dfrac{b}{y}\geqslant\dfrac{(\sqrt{a}+\sqrt{b})^2}{x+y}$.

证明：因为 $\left(\dfrac{a}{x}+\dfrac{b}{y}\right)(x+y)\geqslant\left(\sqrt{\dfrac{a}{x}}\cdot\sqrt{x}+\sqrt{\dfrac{b}{y}}\cdot\sqrt{y}\right)^2$

$$=(\sqrt{a}+\sqrt{b})^2.$$

推广 4 若 a，b，c，x，y，$z>0$，则 $\dfrac{a}{x}+\dfrac{b}{y}+\dfrac{c}{z}\geqslant$

$\dfrac{(\sqrt{a}+\sqrt{b}+\sqrt{c})^2}{x+y+z}$.

推广 4′ 若 a，b，c，x，y，$z>0$，则 $\dfrac{a^2}{x}+\dfrac{b^2}{y}+\dfrac{c^2}{z}\geqslant$

$\dfrac{(a+b+c)^2}{x+y+z}$.

推广 5 若 $f(x)=\dfrac{1}{x}$，x，$y>0$，则 $f(x)+f(y)\geqslant$

$2f\left(\dfrac{x+y}{2}\right)$.

推广 6 若 $f(x)=\dfrac{1}{x}$，$x_i>0$，$i=1$，2，$\cdots$，n，则

$$\frac{\sum\limits_{i=1}^{n}f(x_i)}{n}\geqslant f\left(\frac{\sum\limits_{i=1}^{n}x_i}{n}\right).$$

3 问题的推广

计算 $\dfrac{1}{1\times2}+\dfrac{1}{2\times3}+\cdots+\dfrac{1}{9\times10}$.

推广 1 $\dfrac{1}{1\times2}+\dfrac{1}{2\times3}+\cdots+\dfrac{1}{n(n+1)}$.

推广 2 $\dfrac{1}{1\times2\times3}+\dfrac{1}{2\times3\times4}+\cdots+\dfrac{1}{n(n+1)(n+2)}$.

推广是数学研究性学习的好方法．数学家都做过推广的工作．推广是理解数学、发现数学、创造数学的重要方法，是获得数学知

识、掌握数学方法、体会数学思想的重要途径. 古今中外的数学家都重视推广，推广是培养创新意识、实践能力的基本途径.

推广法案例 2：一个无理式条件最小值问题的推广

问题　设非负实数 x，y，z 满足 $x+y+z=1$，求 $f(x，y，z)=\sqrt{2-x}+\sqrt{2-y}+\sqrt{2-z}$ 的最小值.[①]

这个问题形式对称优美，有一定推广价值.

推广 1　设 x，y，$z\geqslant0$，$x+y+z=1$，$a>1$，$b\geqslant c>0$，且

$$u=\sqrt{a-x}+\sqrt{a-y}+\sqrt{b-cz}.$$

（1）若 $b\leqslant ac^2-c^2$，则当 $z=1$，$x=y=0$ 时，$u_{\min}=2\sqrt{a}+\sqrt{b-c}$.

（2）若 $b\geqslant ac^2+c$，则当 $x=1$，$y=z=0$，或 $y=1$，$x=z=0$ 时，$u_{\min}=\sqrt{a-1}+\sqrt{a}+\sqrt{b}$.

（3）若 $ac^2-c^2<b<ac^2+c$，则 $u_{\min}=\min\{\sqrt{a-1}+\sqrt{a}+\sqrt{b}，2\sqrt{a}+\sqrt{b-c}\}$.

证　$x+y=1-z$，$xy\geqslant0$.

$$\sqrt{a-x}+\sqrt{a-y}$$
$$=\sqrt{2a-x-y+2\sqrt{(a-x)(a-y)}}$$
$$=\sqrt{2a-x-y+2\sqrt{a^2-ax-ay+xy}}$$
$$\geqslant\sqrt{2a+bx+by+2\sqrt{a^2+abx+aby}}$$
（等号成立当且仅当 $x=0$ 或 $y=0$）
$$=\sqrt{a-1+z+2\sqrt{a-1+z}\cdot\sqrt{a}+a}$$
$$=\sqrt{a-1+z}+\sqrt{a}，$$

从而

$$u\geqslant\sqrt{a}+\sqrt{a-1+z}+\sqrt{b-cz}=\varphi(z).$$

---

①　叶军. 一类含根式的新不等式及应用 [J]. 数学通报，2001，40（1）：36.

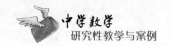

因为 $a-1+z+\dfrac{b}{c}-z=\dfrac{ac+b-c}{c}$，

所以，可令 $a-1+z=\dfrac{ac+b-c}{c}\sin^2\theta$，$\dfrac{b}{c}-z=\dfrac{ac+b-c}{c}\cos^2\theta$，其中 θ 为锐角.

由 $0\leqslant z\leqslant 1$，得 $\sin\theta\in\left[\sqrt{\dfrac{ac-c}{ac+b-c}},\sqrt{\dfrac{ac}{ac+b-c}}\right]=$ $[\sin\alpha,\sin\beta]$，其中 α，β 均为锐角. 易知，$\theta=\alpha\Leftrightarrow z=0$，$\theta=\beta\Leftrightarrow$ $z=1$. 又令 $\cos\varphi=\sqrt{\dfrac{1}{c+1}}$，$\varphi$ 为锐角，则有

$$\varphi(z)=\sqrt{\dfrac{ac+b+c}{c}}\left(\sin\theta+\sqrt{c}\cos\theta\right)$$
$$=\sqrt{\dfrac{ac+b+c}{c}}\cdot\sqrt{1+c}\sin(\theta+\varphi)=h(\theta).$$

由 $a>1$，$b\geqslant c>0$ 知，$ac-c>0$，$ac+b-c>0$.

(1) $\varphi+\alpha\geqslant\dfrac{\pi}{2}\Leftrightarrow\alpha\geqslant\dfrac{\pi}{2}-\varphi\Leftrightarrow\sin\alpha\geqslant\cos\varphi\Leftrightarrow\sin^2\alpha\geqslant\cos^2\varphi\Leftrightarrow$ $\dfrac{ac-c}{ac+b-c}\geqslant\dfrac{1}{c+1}\Leftrightarrow b\leqslant ac^2-c^2$. 所以 $h(\theta)$ 在 $[\alpha,\beta]$ 上单调递减，所以当 $\theta=\beta$，即 $z=1$ 时，$g(z)$ 取最小值，故当 $x=y=0$，$z=1$ 时，$u_{\min}=2\sqrt{a}+\sqrt{b-c}$.

(2) $b\geqslant ac^2+c\Leftrightarrow\dfrac{ac-c}{ac+b-c}\leqslant\dfrac{1}{c+1}\Leftrightarrow\sin^2\beta\leqslant\cos^2\varphi\Leftrightarrow\sin\beta\leqslant\cos\varphi$ $\Leftrightarrow\beta\leqslant\dfrac{\pi}{2}-\varphi\Leftrightarrow\beta+\varphi\leqslant\dfrac{\pi}{2}$，所以 $h(\theta)$ 在 $[\alpha,\beta]$ 上单调递增，所以当 $\theta=\alpha$，即 $z=0$ 时，$g(z)$ 取最小值，故当 $x=1$，$y=z=0$，或 $y=1$，$x=z=0$ 时，$u_{\min}=\sqrt{a-1}+\sqrt{a}+\sqrt{b}$.

(3) 若 $ac^2-c^2<b<ac^2+c$ 时，则由（1）和（2）的证明可知，$\varphi+\alpha<\dfrac{\pi}{2}$ 且 $\beta+\alpha>\dfrac{\pi}{2}$，所以当 $h(\alpha)\geqslant h(\beta)$ 时，$\varphi(z)$ 在 $z=1$ 时取最小值；当 $h(\alpha)<h(\beta)$ 时，$\varphi(z)$ 在 $z=0$ 时取最小值. 因此总有 $u_{\min}=\min\{\sqrt{a-1}+\sqrt{a}+\sqrt{b},2\sqrt{a}+\sqrt{b-c}\}$.

推广 1 是将对称的问题推广到非对称的情形.

推广 2 设 $x_i \geq 0$，$i = 1, 2, 3$，$r \in \mathbf{N}$，$r \geq 2$，$x_1 + x_2 + x_3 = s$，$p > s$，则

$$\sqrt[r]{p - x_1} + \sqrt[r]{p - x_2} + \sqrt[r]{p - x_3} \geq 2\sqrt[r]{p} + \sqrt[r]{p - s}. \qquad ①$$

证 先证②：

设 $x \geq 0$，$y \geq 0$，$p > x + y$，$r \in \mathbf{N}$，且 $r \geq 2$，则

$$\sqrt[r]{p - x} + \sqrt[r]{p - y} \geq \sqrt[r]{p} + \sqrt[r]{p - x - y} \qquad ②$$

当且仅当 $x = 0$ 或 $y = 0$ 时，②取等号.

事实上，当 $x = 0$ 时，②取等号，所以②成立.

当 $x > 0$ 时，$0 < p - x - y \leq p - x$，$0 < p - y \leq p$，从而

$$\sqrt[r]{(p - x)^{r-1-i} p^i} \geq \sqrt[r]{(p - x - y)^{r-1-i}(p - y)^i},$$

所以 $\displaystyle\sum_{i=0}^{r-1} \sqrt[r]{(p - x)^{r-1-i} p^i} \geq \sum_{i=0}^{r-1} \sqrt[r]{(p - x - y)^{r-1-i}(p - y)^i}.$

对上式两边运用等比数列求和公式，可得

$$\frac{\sqrt[r]{(p - x)^{r-1}}\left(1 - \dfrac{p}{p - x}\right)}{1 - \sqrt[r]{\dfrac{p}{p - x}}}$$

$$\geq \frac{\sqrt[r]{(p - x - y)^{r-1}}\left(1 - \dfrac{p - y}{p - x - y}\right)}{1 - \sqrt[r]{\dfrac{p - y}{p - x - y}}}$$

即 $\dfrac{-x}{\sqrt[r]{p - x} - \sqrt[r]{p}} \geq \dfrac{-x}{\sqrt[r]{p - x - y} - \sqrt[r]{p - y}},$

亦即 $\sqrt[r]{p - x} - \sqrt[r]{p} \geq \sqrt[r]{p - x - y} - \sqrt[r]{p - y},$

移项便得②.

下面我们证明①：

连续两次应用②，可得

$$\sqrt[r]{p - x_1} + \sqrt[r]{p - x_2} + \sqrt[r]{p - x_3}$$
$$\geq \sqrt[r]{p} + \sqrt[r]{p - x_1 - x_2} + \sqrt[r]{p - x_3}$$

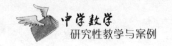

$$\geq 2\sqrt[r]{p} + \sqrt[r]{p - x_1 - x_2 - x_3}$$
$$\geq 2\sqrt[r]{p} + \sqrt[r]{p - s}.$$

推广 2 是将其根指数推广到更一般的情形.

推广 3 设 $x_i \geq 0$，$i = 1, 2, \cdots, n$，$r \in \mathbf{N}$ 且 $r \geq 2$，$x_1 + x_2 + \cdots + x_n = s$，$p > s$，则

$$\sqrt[r]{p - x_1} + \sqrt[r]{p - x_2} + \cdots + \sqrt[r]{p - x_n} \geq (n-1)\sqrt[r]{p} + \sqrt[r]{p - s}.$$

推广 3 是对推广 2 中的项数进行推广.

上面的推广可以解决一些疑难问题，请看下面二例.

例 1 设 x，y，$z \geq 0$，$x + y + z = 1$，求下列三元函数的最小值：

① $u = \sqrt{7 - x} + \sqrt{7 - y} + \sqrt{18 - 13z}$；

② $u = \sqrt{2 - x} + \sqrt{2 - y} + \sqrt{64 - 5z}$.

解 ①由命题 1 可得，当 $x = y = 0$，$z = 1$ 时，$u_{\min} = 2\sqrt{7} + \sqrt{5}$.

②由命题 1 可得，当 $y = 1$，$x = z = 0$，或 $z = y = 0$，$x = 1$ 时，$u_{\min} = \sqrt{2} + 1 + 8 = 9 + \sqrt{2}$.

设非零负实数 x，y，z 满足 $x + y + z = 2$，求证

$$\sqrt[7]{5 - x^2} + \sqrt[7]{5 - y^2} + \sqrt[7]{5 - z^2} \geq 2\sqrt[7]{5} + 1.$$

证 $\because xy + yz + zx \geq 0$，$\therefore x^2 + y^2 + z^2 = 4 - 2xy - 2yz - 2xz \leq 4$. 由命题 2，得

$$\sqrt[7]{5 - x^2} + \sqrt[7]{5 - y^2} + \sqrt[7]{5 - z^2} \geq 2\sqrt[7]{5} + \sqrt[7]{5 - x^2 - y^2 - z^2} \geq 2\sqrt[7]{5} + \sqrt[7]{1} = 2\sqrt[7]{5} + 1.$$

推广法案例 3：一个三角最小值问题的推广

问题 设 a，$b \in \mathbf{R}^+$，x 为锐角，不用导数方法，如何求函数 $y = \dfrac{a}{\sin x} + \dfrac{b}{\cos x}$ 的最小值.

对这个问题，怎样推广？

推广 1　设 a，$b \in \mathbf{R}^+$，x 为锐角，求函数 $y = \dfrac{a}{\sin^2 x} + \dfrac{b}{\cos^2 x}$ 的最小值.

推广 2　设 a，$b \in \mathbf{R}^+$，x 为锐角，求函数 $y = \dfrac{a}{\sin^3 x} + \dfrac{b}{\cos^3 x}$ 的最小值.

推广 3　设 a，$b \in \mathbf{R}^+$，x 为锐角，求函数 $y = \dfrac{a}{\sqrt{\sin x}} + \dfrac{b}{\sqrt{\cos x}}$ 的最小值.

推广 4　设 a，$b \in \mathbf{R}^+$，x 为锐角，$n \in \mathbf{N}_+$，求函数 $y = \dfrac{a}{\sin^n x} + \dfrac{b}{\cos^n x}$ 的最小值.

推广 5　设 a，$b \in \mathbf{R}^+$，x 为锐角，$n > 1$，求函数 $y = \dfrac{a}{\sin^n x} + \dfrac{b}{\cos^n x}$ 的最小值.

推广 6　设 a，$b \in \mathbf{R}^+$，x 为锐角，$n \in \mathbf{N}_+$，求函数 $y = a \sin^n x + b \cos^n x$ 的最小值.

推广 7　设 a，$b \in \mathbf{R}^+$，x 为锐角，求函数 $y = a \sqrt{\sin x} + b \sqrt{\cos x}$ 的最小值.

推广 8　设 a，$b \in \mathbf{R}^+$，x 为锐角，$n \in \mathbf{N}_+$，求函数 $y = a \sqrt[n]{\sin x} + b \sqrt[n]{\cos x}$ 的最小值.

推广 9　设 a，$b \in \mathbf{R}^+$，x 为锐角，$0 < n < 1$，求函数 $y = a \sin^n x + b \cos^n x$ 的最小值.

如果不用导数法，除推广 1 外，上述推广都有较高的技巧和难度.

如果用导数法，上述推广可以得到统一的解决. 这足见导数法是解决最值问题的通性通法.

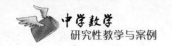

第六节 "研究性学习"与信息技术的整合

Internet 得天独厚的信息传递优势不仅仅是一种学习工具，也是一种交流工具. 研究性学习中教师和学生之间、学生和学生之间的交流和讨论可以利用网上便捷的电子论坛. 个别的辅导可以在教师和学生之间通过电子邮件实现，利用 QQ、E-mail，学生可以随时向老师汇报情况或请教问题. 倡导学生课内阅读与课外阅读相结合，精读、泛读与快速阅读相结合.

利用数学软件、几何画板、图形计算器和张景中院士的超级画板等工具进行数学探究是数学研究的重要方法. 一些数学教师把几何画板、图形计算器等工具用于课堂教学，让学生经历数学探究的过程，收到了极好的效果，值得重视. 近年来高考中的一些函数、解析几何等新颖题目就是用几何画板探索出来的.

第四章　数学研究性教学模式

学习目标：通过数学研究性教学案例的学习，掌握数学研究性教学的三角形模式和"四点一心"模式，经历数学研究性学习的过程，理解数学研究性教学的理论，能选择或开发数学研究性学习教学的案例.

研究性教学对激活数学思维、生成问题意识、发展创新意识、训练探究能力、提高综合素质无疑是重要的和有益的.

第一节　数学研究性教学三角形模式

研究性教学的基本模式由"问题""阅读""探究""总结"四个基本阶段或环节构成. 首先由教师或学生提出问题，经过学生自己的分析和筛选，优选出适合自己学习和探究的问题；学生选定问题后，自学教材中的相关内容，阅读有关文献资料，弄清欲探究的问题与所需的知识，使问题的探究有较扎实的基础；在阅读自学的基础上，学生对问题经过观察、比较、简化、抽象、概括、转化、类比、猜想、验证等一系列探究过程，学生可提出新的问题，教师引导学生进行思考、探究、讨论；教师针对学生探究的情况进行必要的精辟讲解或评价，最后让学生对"问题""阅读""探究"进行总结，使"问题"深化，"阅读"内化，"探究"强化.

研究性教学的基本循环是"问题—阅读—探究—总结"，由此

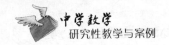

形成了研究性教学的三角形模式."问题""阅读""总结"构成正三角形的三个顶点,"探究"是"问题""阅读""总结"等各个环节的桥梁和纽带,因此,"探究"是正三角形的中心,有统揽研究性教学的全局作用,如图4—1所示.

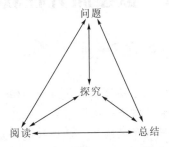

图4—1　研究性教学三角形模式

(一) 问题

一切思维活动都是由问题引起的. 数学思维就是解决数学问题的心智活动,思维过程总是不断地提出问题、分析问题和解决问题,因此数学问题是数学思维目的性的体现,也是数学思维活动的核心动力. 美国数学家哈尔莫斯认为,问题是数学的心脏,数学的真正的组成部分是问题和解.[①] 数学的历史发展反复证明了这一科学论断.

问题作为数学的灵魂,也是研究性教学的逻辑起点. 数学教学过程实质上就是数学问题解决的认知过程.[②] 研究性教学特别强调问题在教学活动中的重要性. 一方面我们要强调师生通过问题来进行学习,把问题看作是教学的动力、起点和贯穿教学过程的主线;另一方面通过教学来生成问题,把教学过程看成是发现问题、提出问题、分析问题和解决问题的过程. 研究性教学所涉及的问题不能

---

① HALMOS P R. 数学的心脏 [J]. 数学通报, 1982, 22 (4): 27.

② 朱德全. 处方教学设计原理——基于问题系统解决学习的数学教学设计 [M]. 重庆:西南师范大学出版社,2002:36.

仅仅是教师提出来的，可以是学生阅读期刊文献发现的，也可以是在探究过程中出现的，不管是从哪个渠道获得的，只要有研究价值，都可以作为教学的素材. 研究性教学通过问题来展现教学目标，激活教学对象，活化教学过程，评价教学效果.

问题与阅读、探究、总结有着密切的关系. 学生在学习过程中遇到了问题，就会产生强烈的好奇心，就想把问题搞清楚，这样学生就会带着问题主动地去阅读和自学相关知识. 当然，学生在阅读和自学的过程中也会认识和发现新的问题. 问题的解决离不开探究，探究是解决问题的基本途径，问题是探究的焦点，探究因问题而存在，基于问题的探究是有效探究，基于探究的问题是有效问题，问题既是探究的内容也是探究的手段. 数学问题的提出、问题的抽象简化、问题的系统化等都离不开总结，总结可以帮助学生发现问题、筛选问题、优化问题.

（二）阅读

阅读的本质是文献学习，这里的文献包含教材、教学参考书、期刊、专著、影像、视频等. 阅读是自学的主要形式，自学能力的核心是阅读理解能力. 一些成功的数学教学改革经验，都得益于重视数学阅读，譬如中科院心理研究所卢仲衡先生的"自学辅导法"，上海育才中学的"读议讲练"法及"青浦经验"等.[①] 提高学生的阅读能力必须重视阅读教学. 当前数学阅读已越来越受到重视，数学阅读被写进了《标准》.《标准》强调"倡导积极主动、勇于探索的学习方式. 学生的数学学习活动不应只限于接受、记忆、模仿和练习，高中数学课程还倡导自主探索、动手实践、合作交流、阅读自学等学习数学的方式. 这些方式有助于发挥学生学习的主动性，使学生的学习过程成为在教师引导下的'再创造'过程."

苏联数学教育家斯托利亚尔曾说过："数学教学也就是数学语

---

① 涂荣豹，宋晓平. 中学数学教学的若干特点 ［J］. 课程·教材·教法，2006，26（2）：43-46.

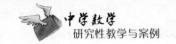

言的教学".① 数学是一种工具性的语言,是一种高度概括、简洁精要、甚至有时常常是精心设计的语言. 既然数学也是一种语言,那么语言的学习就自然而然离不开阅读了. 数学资料既有文字语言、图式语言,又有符号语言等. 所以数学的教与学离不开阅读,于是就产生了数学阅读. 阅读成为我们研究性教学基本模式的第二个环节,这也是我们在借鉴中学习优秀教学方法的基础上设计的. 不管是教师提出的问题还是学生自己发现的问题,既然是问题,那么对学生而言就是困惑,要解决困惑,就需要检索相应的文献资料,这是关键的一步. 对学生查阅期刊文献的指导应贯穿研究性教学的始终,是研究性教学的重要内容,也是课题研究的起点.

资料检索出来后,需要指导学生进行阅读,怎样才能高效率地阅读呢? 针对不同的材料以及不同的阅读要求,学习者需要采用不同的方式来阅读:如果材料较难或注重阅读理解的精度,需要进行精读;如果材料较容易或注重阅读理解的广度,需要进行泛读;如果注重阅读的速度,要求在短时间内获取大量信息,则需要进行快速阅读. 在此阶段,教师重点指导学生有针对性地搜集研究文献,指导学生精读几本与课题研究相关的代表著作和综述,查阅与研究问题相关的核心期刊,使用检索工具,也可以指导学生利用引文追踪文献等方法,来提高阅读速度和质量.

阅读与问题、探究、总结关系密切. 阅读可以帮助学生发现问题,深化对问题本质的理解,阅读期刊文献可以帮助学生学习和借鉴他人的探究思路、探究方法、探究经验,探究所需要的新知识、新方法需要通过阅读自学而获得. 数学式阅读可以培养学生的元认知和总结的能力,总结可以使阅读自学获得的知识经验形成新的知识网络.

---

① 斯托里亚尔 A A. 数学教育学 [M]. 丁尔陞, 王慧芬, 钟善基, 等, 译. 北京:人民教育出版社,1984:224.

（三）探究

数学活动有三类：数学研究活动，这是数学发现和发明的过程；数学认识活动，即数学学习活动，这是一个再创造的过程；数学实践活动，即用数学解决问题的创造性活动。[①] 这些活动都要经历发现问题、提出假设、验证猜想的阶段，都离不开探究。安德森在他主编的《教学和教育百科全书》中认为研究性教学的本质是不直接把构成教学目标的有关概念或认知策略告诉学生，取而代之，教师创造一种智力和社会交往环境，让学生通过探索发现有利于开展这种探索的学科内容要素和认知策略。[②] 通过探究可以提高学生学习数学的兴趣，更好地培养学生的问题意识与创新意识。探究的过程是学生自学的过程，也是师生、生生交流的过程，在交流过程中必定能碰撞出火花。

由于数学是以理性思维见长的学科，这就决定了数学探究学习不同于实验性学科的探究学习偏重于动手操作，也不同于一般理解的科学探究偏重于调查取证，而是以一种以独立思考、深入钻研数学问题为主的思维探究活动。[③] 既可以对一定的问题展开探究，也可以针对数学某个内容由学生形成自己的活动意向，形成自己的假设，然后通过直观思维、逻辑推理、准确计算等检验假设，直至解决问题，从而建构起对相关数学知识的理解。在探究的过程中，教师要具体指导学生从以下几个方面来探索：指导并帮助学生制订探究的目标；指导学生了解课题相关背景知识；指导学生选择较好的研究方法；指导学生快捷有效地获取有价值的课题信息；及时了解学生在研究中出现的问题，有针对性地进行指导；指导学生调整研究方案；创建学习小组，开展合作学习与探究。学生结合问题来思

① 涂荣豹. 新编数学教学论［M］. 上海：华东师范大学出版社，2006：19.

② ANDESON L W. National encyclopedia of teaching and teacher education［M］. Elervier Service Ltd.，Second Education，1995：109.

③ 涂荣豹. 新编数学教学论［M］. 上海：华东师范大学出版社，2006：60.

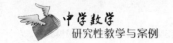

考、探究,对相关问题的阅读学习,能加深了解该问题的背景材料、扩展材料,还可根据实际情况调整探究方向. 学生在相互交流、合作时,教师要注意观察、倾听,了解学生的需要,把握他们的思路等,应避免马上下结论或给学生提供答案. 必要时,教师应该向学生提出需要仔细探究的问题以改变学生的研究思路. 教师不宜给学生提供回答问题的信息. 教师只能充当协助者、教练或顾问的角色,不必领着学生一步一步地解决问题.

探究是问题、阅读、总结的核心. 探究是发现问题和问题解决的基本途径,探究能推动学生的阅读自学,探究过程需要及时反馈和调节,这离不开总结.

(四)总结

学生围绕提出的问题展开阅读、探究,然后进行归纳与分析,使之系统化、理论化,这就是我们所说的总结. 总结既能帮助学生深化问题系统的认知,也能促进学生内化阅读材料,还能使学生强化探究过程的体验. 通过《初等代数研究》的学习,结合本科毕业论文,要使学生了解教育科研的基本原理,掌握教育科学研究的一些常用方法(如选题、观察、教学实验、申报课题、问卷、经验总结、教育调查、理论探讨等),掌握论文撰写的基本技巧,养成现代教师必备的科研能力与素质. 学生通过阅读、探究等活动,加深对该问题的理解,学习相关知识和方法,在学习的过程中可能会遇到困难,通过探究可能获得了一些结论,也可能发现了新的问题,这些都需要学生做及时的归纳和总结. 当一个问题解决后,要引导学生对问题解决的思路和方法、涉及的知识、数学思想方法等进行回顾和反思,还应指导学生撰写小论文. 小论文撰写的训练可以提高学生组织、描述、分析、解释、概括数学规律的能力. 正如美国教育心理学家加涅所说:"学习者在学习过程中,学会了如何学习、如何记忆、如何进行导致更多学习的反省思维和分析思维. 很明显，随着个体学习的继续，他们变得越来越能自学或甚至是独立学习."①

第二节　数学研究性教学"四点一心"模式②

学习的目的在于运用. 数学知识、数学方法和数学思想的应用是数学探究或研究的重要内容. 所以，数学研究性教学模式可以看成由"问题""阅读""探究""总结""应用"五个基本要素构成，从而可得到研究性教学"四点一心"模式，如图4-2所示.

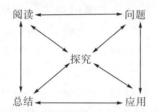

图4-2　数学研究性教学"四点一心"模式

数学研究性教学"四点一心"模式就是以阅读、问题、总结与应用作为四边形的四个顶点，探究作为该四边形的中心，统揽研究性教学的全局. 其中阅读是基础，问题是起点，探究是中心，总结是升华，应用是目的.

---

① 加涅 R M. 学习的条件和教学论 [M]. 皮连生，王映学，郑葳，等，译. 上海：华东师范大学出版社，1999：138.

② 吴立宝，赵思林. 高师初等数学研究性教学的"四点一心"模式 [J]. 教育探索，2009（3）：55-56.

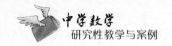

第三节　数学研究性教学"四点一心"模式的应用

数学研究性教学模式有"问题""阅读""探究""总结""应用"五个基本要素. 五个基本要素的每一个要素都具有相对独立性, 都可以看成一个相对独立的研究性教学模式, 可以独立使用. 如"问题"的研究性教学模式, 可以从问题的发现、问题的简化、问题的提出、问题的分析、问题的评价等角度开展研究. "阅读"的研究性教学模式, 可以从文献的搜集、文献的整理、文献的研读、文献的分析、文献的综述、文献的评价等角度开展研究. "探究"的研究性教学模式可以分为"探"和"究"两个方面, 并且每个方面又可以从多个角度开展"探"或"究"的工作, 如"探"包括数学规律的探索、数学结论的探求、数学方法的探寻、数学问题的探讨等, "究"包括数学规律的证实、数学猜想的证明、数学背景的追查、数学关系的内在逻辑等. "总结"的研究性教学模式可以从数学知识的梳理、数学方法的归纳、数学思想的凝练、研究成果的撰写等方面展开. "应用"的研究性教学模式可以从数学知识的应用、数学方法的应用、数学思想的应用、综合性应用等方面展开, 又如公式的运用可以分为顺用、逆用、变用（用变形形式）、重用（一个公式反复运用）、联用（几个公式联合运用）、创用（创造公式运用）. 如果把每一个要素都看作一个相对独立的研究性教学的子模式, 这就得到 $A_5^1 = 5$ 个研究性教学的子模式.

五个基本要素中的任意两个要素都可以组成一个相对独立的研究性教学的子模式. 如"阅读"与"探究"可以构成两种子模式："阅读"—"探究"，"探究"—"阅读". 在阅读文献时, 对文献中的知识、方法、问题要弄清楚, 这需要探究, 可以是边读边探, 也可以是边读边究, 还可以是先阅读后探或后究, 从而形成"阅读"—"探究"子模式. 在探究时需要必要的知识、方法、思想和经验，这需要研读文献，可以是边探究边阅读，也可以是先探究后阅读，从而形成"探究"—"阅读"子模式．其余情况是类似的，不再分析．如果用任意两个要素构建研究性教学的子模式，就可得到 $A_5^2 = 5 \times 4 = 20$ 个研究性教学的子模式．

如果在五个基本要素中任取三个要素组成研究性教学的子模式，可得到 $A_5^3 = 5 \times 4 \times 3 = 60$ 个研究性教学的子模式．

如果在五个基本要素中任取四个要素组成研究性教学的子模式，可得到 $A_5^4 = 5 \times 4 \times 3 \times 2 = 120$ 个研究性教学的子模式．如"阅读"—"问题"—"探究"—"总结"—"应用"，"问题"—"阅读"—"探究"—"总结"—"应用"，"探究"—"总结"—"应用"—"问题"—"阅读"，"应用"—"阅读"—"问题"—"探究"—"总结"，"问题"—"探究"—"应用"—"阅读"—"总结"，等等．

如果把五个基本要素全部取出来，可得到 $A_5^5 = 5 \times 4 \times 3 \times 2 \times 1 = 120$ 个研究性教学的子模式．

综上，由数学研究性教学"四点一心"模式及子模式可以演绎出 $A_5^1 + A_5^2 + A_5^3 + A_5^4 + A_5^5 = 325$ 个子模式，这实在是太复杂了．这很可能是研究性教学不容易把握的重要原因．

关于数学研究性教学，我们提出片段探究的教学策略．片段探究的好处是灵活机动，节省时间，易于操作，可以大大降低研究性教学的难度．普通的一节课只有 40 多分钟，受教学容量和时间限制，一般不可能把五个基本环节（基本要素）都走完，怎么办呢？我们大力提倡搞片段探究，就是一节课可以选择一个或两个基本要素进行研究性教学．对一节课，根据内容难度和时间安排的情况，可以只探不究，可以只究不探，可以既探又究．这样做可以大大增强研究性教学的灵活性和操作性．需要说明的是，在中学不可能每节课都可以或者适合开展研究性教学．

对一个有一定研究价值的数学问题进行研究性教学，一般可遵循以下步骤：

提出问题——研究的起点；

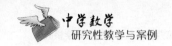
解决问题——研究的重点；

推广问题——研究的难点；

提炼总结（撰写论文）——研究的成果.

研究性教学一般可分课前、课堂、课后三个阶段才能完成. 课前应提出问题，教师大约在上课前的两周左右提出问题，先让学生思考并做一些知识方面的准备，教师可作必要的提示，如指出几个探究的方向和一些探究的方法；课堂教学是研究性教学的核心环节，课堂上教师组织并以未知者的身份参与问题解决和问题推广的过程，课堂研究的重点是引导学生多角度开展思路分析与探索，课堂研究应让学生主动参与问题解决的探索过程、思维过程，课堂上教师应留足时间让学生交流和分享各自的探究成果，在问题基本解决后，教师应引导学生对问题进行推广或拓展，这样学生的思维就有了更大的空间，在课堂上教师还应关注现场产生的新问题，对于新问题及其解决是学生很感兴趣的；课后应让学生对研究成果进行总结和反思，并让学生对课堂上产生的新问题进行一些思考与探究，在教师的指导下还可让部分学生写出研究的心得体会或小论文.①

---

① 赵思林. 一个不等式问题的研究性教学［J］. 中学数学（高中），2011（2）：17-19.

第五章　中学数学研究性教学案例

　　学习目标：通过数学研究性教学案例的学习，掌握数学研究性教学"四点一心"模式的应用，经历数学研究性学习的过程，理解数学研究性教学的理论，能选择或开发数学研究性学习的案例.

　　教学案例是在教学过程中针对某一问题，设计教学方案，进行课堂教学实践、教学反思等活动的一个实际场景，它是对某一教学内容的施教活动或具体的教学情境真实的描述. 好的教学案例应具有典型性、启发性、可操作性、创造性等特点. 高师初等代数研究性教学应重视优秀案例的创造和积累，因为这有利于研究性教学的开展.

案例 1　　$\sqrt{13}$ 的研究性学习[①]

　　《国家中长期教育改革和发展规划纲要（2010—2020）》提出"着力提高学生的学习能力、实践能力、创新能力". 为落实规划纲要，提高学生的研究能力，可以借鉴国外一些有益的研究性学习的经验，尤其是国外中小学教材的编写经验，找到开展研究性学习的思路. 本文以澳大利亚 *Heinemann Maths Zone 8 VELS Enhanced*

---

　　① 本文刊登在《中学数学教学参考（初中版）》2013 年第 4 期，作者为吴立宝、赵思林.

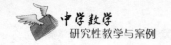

教科书一道课后习题为例，分析其设计理念和意图，以供国内数学教科书编写及初中数学研究性学习借鉴与参考，并更好地引导研究性学习活动的开展．

一、案例

(1) 用计算器计算 $\sqrt{13}$ 的值（精确到 8 位小数）；

(2) 用计算器计算 $3+\dfrac{4}{6+\frac{4}{6}}$ 的值；

(3) 用计算器计算 $3+\dfrac{4}{6+\dfrac{4}{6+\frac{4}{6}}}$ 的值；

(4) 用计算器计算 $3+\dfrac{4}{6+\dfrac{4}{6+\dfrac{4}{6+\frac{4}{6}}}}$ 的值；

(5) 对于这个计算结果，你观察到什么？如果按照这种方式继续进行下去，你认为会有什么发现？

二、背景溯源

澳大利亚是一个实行联邦制的多元文化移民国家，共有六个州两个领地，没有全国统一的数学教科书．维多利亚州是澳大利亚人口最为密集、工业化程度最高的一个州，也是教育最发达的一个州，维多利亚的教育比较发达，教材具有一定的代表性，培生（Pearson）出版集团 2008 年出版的 *Heinemann Maths Zone* 7 −10

VELS Enhanced[①] 颇具代表性. 该教科书把习题分为技能 (Skills)、应用（Applications）、分析（Analysis）三类. 此例是 *Heinemann Maths Zone 8 VELS Enhanced* 第二章"数字技术 (number techniques)"第 5 节"some other calculator functions"的课后习题分析类. 在该部分的习题，一般有 3~6 个小问，层层递进，螺旋上升，在某种程度上降低了其难度，但增加了学生探究问题的力度. 此题以连分数知识为基础进行设计，含有 5 问，层层递进，暗含研究性学习设计理念.

三、探究过程

（一）直观呈现

第（1）问属于操作性问题，比较简单. 只要学生会操作图形计算器，就可以借助其顺利计算出保留 8 位小数的 $\sqrt{13}$ 的近似值，如 $\sqrt{13}=3.60555128$. 在澳大利亚，中小学的学生几乎人手一部"图形计算器"[②]，在该教材前言说明部分，也明确介绍了 TI-Nspire CAS 或 Classpad 图形计算器的操作步骤以及在"数与代数""测量与几何""统计与概率"三个部分的使用说明.

在这个过程中，学生头脑中形成一个对于 $\sqrt{13}$ 的大略估计值，初步获得一个对于无理数 $\sqrt{13}$ 的感性认识，可以使用有限小数近似代替.

（二）逐步探究

在第（2）问，学生继续使用 TI-Nspire CAS 或 Classpad 图形

---

① COFFTY D. Heinemann Maths Zone 7－10 VELS Enhanced ［M］. Port Melbourne：Pearson，2008.

② 张伟平. 澳大利亚 Mathsquest 教材呈现方式：体验式隐喻的视角 ［J］. 全球教育展望，2012，41（1）：72-76.

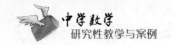
计算器计算 $3+\dfrac{4}{6+\dfrac{4}{6}}$ ，得到 3.59999999999997（近似数），与第一

次计算得出的 $\sqrt{13}$ 近似值比较，发现个位数字是准确的．如果对该计算结果进行四舍五入（保留 4 位以上的有效数字的前提下），十分位、百分位是准确的．

  在第（3）问，学生继续使用 TI-Nspire CAS 或 Classpad 图形

计算器计算 $3+\dfrac{4}{6+\dfrac{4}{6+\dfrac{4}{6}}}$ ，得到计算数值 3.6060606060606，与第

一次计算得出的 $\sqrt{13}$ 近似值相比，发现在十分位、百分位的数字不是四舍五入而得到的，而是通过计算精确获得，相比第（2）问的 3.59999999999997，精度扩大 100 倍，计算更为精确．

  在第（4）问，学生继续借助图形计算器，使用 TI-Nspire

CAS 或 Classpad 图形计算器计算 $3+\dfrac{4}{6+\dfrac{4}{6+\dfrac{4}{6+\dfrac{4}{6}}}}$ ，得到

3.6055458715596，与第一次计算得出的 $\sqrt{13}$ 近似值相比，发现这次精确到万分位．相比第（3）问的结果 3.6060606060606，精度再次提高 100 倍，在十万分位才有 0.00001 的差距．

  学生通过连续（2）（3）（4）三问，逐步与开始直接计算出来的保留 8 位小数的 $\sqrt{13}$ 数值进行比对，发现计算结果更为逼近 $\sqrt{13}$ 的数值．在这个过程中，表达式所算出的数值越来越接近 $\sqrt{13}$ 的数值，其精度越来越高．于是在学生潜意识中，懵懵懂懂产生一种冲动，好像发现了点什么，似乎想表达点什么，但是似乎又说不清楚，于是产生进一步验证探究的欲望，继续构造算式来检验．在这个过程中驱使学生再次观察第（2）（3）（4）问的算式形式，根据规则思考构造下一个算式，这实际上已经初步达到设计之

目的，有效促进学生积极主动思考．已经从最初按照给定规则计算，到初步掌握规则并能够模仿构造规则，进而产生想表达的冲动，有所发现．毕竟按照规则进行计算，是一种程序化工作，思维含量比较低．在这个过程中，学生初步体验到数学的结构之美、奇异之美，一个无理数竟然可以使用这样奇妙的分数来表达，从而对数学产生了一些亲近感，获得积极的情感．

（三）合理猜想，抽象概括

在第（1）问结果与第（2）（3）（4）问的计算结果比较的过程中，学生进一步产生探究的欲望与冲动，如果构造出下一个算式

$$3+\cfrac{4}{6+\cfrac{4}{6+\cfrac{4}{6+\cfrac{4}{6+\cfrac{4}{6}}}}}$$

是不是更为精确？精度是否提高 100 倍？该步骤是否可以继续进行下去？如果能，是有限还是无限？最终结果是否更加逼近 $\sqrt{13}$ 的值？

通过对上式计算，得到 3.60555177085699，并进行检验，发现与 $\sqrt{13}=3.60555128$ 相比，精确度又提高了 100 倍，这在某种程度上验证了学生的猜想，并且这种猜想进一步明晰化：随着这个过程每进行一次，其精度提高 100 倍，越来越接近 $\sqrt{13}$ 的值；如果继续进行下去，其精度越来越高，可以达到我们预想的精确度；如果无限进行下去，这个算式 $\sqrt{13}=3+\cfrac{4}{6+\cfrac{4}{6+\cfrac{4}{6+\cdots+\cfrac{4}{6+\cfrac{4}{6}}}}}$ 可以近似

代表 $\sqrt{13}$ 的值．实际上就回答了第（5）问的问题．有经验的老师还可以继续引导学生发现：你是如何发现的？能用语言表达吗？是否还可以举出类似的例子（譬如$\sqrt{5}$）？是不是所有的无理数都可以

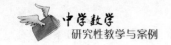
用类似的这种形式来表示？

通过这个案例系列问题的解答，学生获得了新知识——连分数（continued fraction），并初步了解了这种方式可以逼近无理数．当然对于这一系列问题学生未必能够圆满回答，但是在这个过程中引发了学生思考，使其带着问题来学习数学．学生如果还有更大的兴趣，可以继续深入学习连分数的相关知识，教师可以指出相应的参考书，学生课外进行阅读自学，譬如闵嗣鹤、严士键先生编写的《初等数论》第七章"连分数"[①] 内容知识，以充实自己，并锻炼学生的自学能力．在这个过程中，实际在某种程度上构造了一个算法，利用有理数（一切有理数皆可表示成分数的形式）来有效逼近无理数的问题．可以利用该算法，编写程序，利用计算机来实现．

四、启发

（一）注重借助工具——计算器

计算器作为一个云梯[②]，帮助学生更便捷地登上现代数学这棵参天大树，踏上高科技"云端"；作为工具，可以为学生的数学探究学习插上腾飞的翅膀，使其把有限的精力尽量花在思维含量高的问题上，而不是在繁杂数字运算上下功夫．随着数字技术的发展，它不仅对数学思想的发展有所贡献，还为数学中的探究活动提供了新的工具支持，这个案例形象说明了这一点．在《义务教育数学课程标准（2011 年版）》中明确提出"把现代信息技术作为学生学习数学和解决问题的有力工具""使学生乐意并有可能投入到现实的、探索性的数学活动中去"[③]．这说明在中国数学教育也在逐步引起

---

① 闵嗣鹤，严士键．初等数论［M］．3 版．北京：高等教育出版社，2003：9.

② 曹一鸣．让技术成为学数学用数学的"云梯"［J］．中国电化教育，2010（5）：78-80.

③ 中华人民共和国教育部．义务教育数学课程标准（2011 年版）［M］．北京：北京师范大学出版社，2011：3.

重视，但是教材需要进一步优化设计，使其更具开放性、研究性，使数字技术切实成为学生探究问题的工具，成为解决问题的助手．

（二）注重设问阶梯性

该习题以 5 个连续问题来呈现，层层递进，尽量以低台阶呈现．在连续 5 个问题的逐步解决过程中使得学生学会思考、学会发现、学会表达、学会探究．其习题的编写，尤其是分析类习题，充分考虑学生的认知基础，体现出以下特点：低起点，小坡度，循序渐进，逐步拔高，螺旋上升．这个问题若单看最后一问，难度很大，学生掌握是困难的，但是在层层铺垫下觉得导出这样的结果是顺其自然的，这种案例在该教材中比比皆是，有不少数学问题涉及高中甚至大学内容，如欧拉公式、握手定理、邮路问题等，这些小步子设计原理确保"所有学生能在经历数学推理的过程中受益，并能够创造性地、高效地运用他们的理解力"[①].

（三）注重发现过程性

该习题充分体现了知识形成的过程性，学生探究的递进性，利于引导学生的学习．学生在解决过程中，逐步逼近新知，逐步感悟新知，慢慢发现新知，达到"呼之欲出"之境界，就像本题内隐的一样，步步逼近．尤其是结果产生的惊奇之美，使得学生产生惊诧之感，唤起学生对数学学习的兴趣，从而顺利解决利用有理数来逼近无理数的问题，启迪学生思维．在这个过程中培养学生的问题意识、发现意识，逐步培养发现能力．心理学家认为，人人都有创造力．联合国教科文组织国际教育发展委员会在《学会生存》报告中指出："教育可以培养创造性，也可以扼杀创造性."毕竟无理数能够用有理数来近似代替，对学生来说是一个新知识、未知领域，人都有好奇心，利用学生的好奇心和求知欲，来引导学生探究发现新知，是可行的，也是必需的，从而初步积累起基本活动经验．作为

①　曹一鸣．十三国数学课程标准评介［M］．北京：北京师范大学出版社，2012.

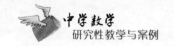

承载教学内容的教科书必须具备吸引学生主动探究、发现的品质.①

（四）注重对无理数的过程理解

促进学生对于所要学习内容的数学理解是教学的关键，也是教材设计的关键. 作为工具的数学教科书，需要体现数学知识和方法的产生、发展和应用过程，而这个不单单在教科书的正文中体现，作为教科书重要内容组成部分的习题也担负其责，使得习题有利于引导学生进行自主探索和合作交流，有利于培养学生的创造性思维. 此例为学生提供了观察、操作、归纳、类比、猜测的机会，发展了学生的推理能力. 一方面培养了学生的数学推理能力，毕竟数学推理能力的培养，不单单仅靠几何证明，更需要进一步渗透于代数知识的学习过程中，让学生慢慢欣赏到数学推理的美；另一方面，通过构造一个模型，来逼近一个无理数的数值，使得学生能有效沟通知识之间的关系，能够领悟到数学知识之间的联系，体会数学知识的整体性. 该案例的实质是以连分数为背景，渗透无理数的有理逼近思想.

把探究学习理念渗透于教科书编写中，让一些习题成为学生学会学习的助推器，使得"学会探究"不是一句空话. 作为学生学习重要载体的教科书，必须进行更加合理的设计，使其成为研究性学习的重要载体，使学生在探究练习中积累经验、提高能力、学会探究、学会创新.

思考与研究：
仿照本案例，以问题串的形式编拟三道研究性学习题目.

---

① 吴立宝. 中澳数学教科书习题比较研究——以人教版和 HMZ 8 年级教科书为例［J］. 数学教育学报，2013，22（2）：58-61.

案例 2　平面几何中横 "M" 模型的探究性教学设计^①

　　《义务教育数学课程标准（2011 年版）》中明确提到 "四基"，即数学基础知识、基本技能、基本思想和基本活动经验. "新四基" 这一概念提出以后，得到了教育界的广泛关注. 其中张奠宙教授提出，在数学教育过程中，对基本活动经验积累的研究是十分重要的. ^②同时胡典顺指出，掌握数学基本活动经验的积累方法对于学生未来的发展也会产生巨大的推动作用. ^③而当代美国数学家哈尔莫斯说过："数学真正的组成部分应该是问题和解，问题才是数学的心脏." 仔细琢磨这些理论后认为，应该将两者有机地结合起来. 因为解题是最基本的数学活动形式，解题学习不仅是接受一种方法和思想，更是认识的补充、完善、提高与通俗化解读的过程. 通过这样的一个过程，也就完成了一个解题模型的凝练，无形之中也积累了数学基本活动经验.

---

　　① 本文选自 2015 年 8 月四川大学出版社出版，由潘超、李红霞、赵思林编著的《初中数学教学研究与微课教学设计》. 本案例作者：四川省安岳县通贤镇初级中学蒋昌英，四川省安岳县通贤镇初级中学喻登平. 本案例难度适中，方法很多，教学效果极好.

　　② 张奠宙，赵小平. 需要研究什么是 "基本数学活动经验"[J]. 数学教学，2007（5）：47-49.

　　③ 胡典顺. 数学经验：内涵、价值及启示 [J]. 中国教育学刊，2011（2）：44-46.

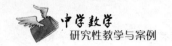

一、几个相关概念

（一）数学基本活动经验

张奠宙教授在"'基本数学经验'的界定与分类"一文中明确指出，所谓基本数学经验，是指在数学目标的指引下，通过对具体事物进行实际操作、考察和思考，从感性向理性飞跃时所形成的认识. [①]因此，数学活动经验的积累过程是学生主动探索的过程.

王新民等在"数学'四基'中'基本活动经验'的认识思考"中指出，数学活动经验是一种过程性知识，是在数学活动中所形成的一种"活动图式"，主要由感性知识、情绪体验和应用意识三种成分构成. [②]朱德全教授指出，应用意识的生成便是知识经验形成的标志. [③]他们认为可以把演绎活动经验和归纳活动经验称为数学基本活动经验. [④]

（二）数学解题模型

数学模型是针对或参考数学对象的特征或数量关系，采用形式化数学语言，概括地或近似地表述出来的一种数学结构. 数学解题模型是对同一类数学题本质属性的表达. 数学解题模型的实质是一个数学问题在剔除无关信息后的本质特征. 数学模型方法是处理数学理论问题的一种重要方法，也是处理各种实际问题的一般数学

---

① 张奠宙，竺仕芬，林永伟. "基本数学经验"的界定与分类 [J]. 数学通报，2008（5）：4-7.

② 王新民，王富英，王亚雄. 数学"四基"中"基本活动经验"的认识思考 [J]. 数学教育学报，2008（3）：17-20.

③ 朱德全. 知识经验获取的心理机制与反思型教学 [J]. 高等教育研究，2005，26（5）：76-79.

④ 王新民，王富英，王亚雄. 数学"四基"中"基本活动经验"的认识思考 [J]. 数学教育学报，2008（3）：17-20.

方法.

（三）积累数学基本活动经验与凝练数学解题模型相互作用

解题学习不仅是接受一种方法和思想，更是认识的补充、完善、提高与通俗化解读的过程，它是一种主动参与的活动. 在解题学习过程中，通过识别、提炼基本模型，积累数学基本活动经验. 通过以模型解题，可以实现相关问题的情境的有效沟通，达到解题过程中知识、方法的正向迁移，打破思维定式，化陌生为熟悉，化非常规为常规，让学生体验数学基本活动经验在解决实际问题中的价值和作用，强化应用意识. 由此可见，积累数学基本活动经验与凝练数学解题模型是相互依存的，你中有我，我中有你. 以下面的例子进行说明.

二、平面几何模型——横"M"型的凝练

（一）问题呈现

例　（2011 年湖南怀化）如图 1，直线 $a \parallel b$，$\angle 1 = 40°$，$\angle 2 = 60°$，则 $\angle 3$ 等于（　　）.

A. 100　　　　　B. 60°　　　　C. 40°　　　　D. 20°

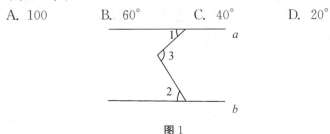

图 1

设计说明：

（1）以典型试题为载体研究解题，是数学学习中不可或缺的内容.

（2）中考试题是经过命题专家千锤百炼而成的，一般都渗透了

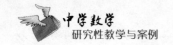

某些数学思想，涵盖了某些重要结论，蕴含了一些提升解题技能的基本图形，具有较高的开放度和探究价值．选好历年中考陈题，挖掘其与课本、生活的联系，可以较大程度地提高学生的学习兴趣，使其自觉参与数学学习，从而积累数学基本活动经验．

（3）教材是数学基础知识的载体，是学生学好数学的重要依据之一．教材中的例题、练习题是编者精心设置的，具有典型性和代表性．纵观近年各地中考试题，大部分试题的原型取自教材，即使是中考的"综合题""压轴题"，其基本解题思路和方法也能在教材上找到影子．通过课本例题、习题丰富的内涵，让学生既落实双基，提炼数学思想方法，又训练思维，还积累数学基本活动经验．

（二）模型提炼

可以提炼横"M"型模型．① 横"M"型模型的本质特征如下：

（1）图形语言：如图2．

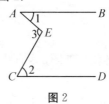

图2

（2）符号语言：若 $AB /\!/ CD$，则 $\angle 1 + \angle 2 = \angle 3$．

（3）文字语言：横"M"型，凸角和等于凹角．

设计说明：

数学解题模型的实质是一个数学问题在剔除无关信息后的本质特征．它可以帮助学生轻松、愉快地学会数学知识，在培养学生的能力、促进学生思维的发展的同时，积累数学基本活动经验．

————————

① 刘波．横"M"型图形的探究与应用［J］．中学数学教学参考（中旬），2012（3）：26-27．

（三）模型探究

康托尔说过："在数学的领域中，提出问题的艺术比解答问题的艺术更为重要."在本模型的凝练过程中，笔者密切关注学生的学习动态，通过引导、启发、指导、点拨、提炼、升华等，让师生、生生对话得以继续，最后师生共同提出并完成了如下的探究活动.

探究1 多种解法

(1) 探究提示：你能找到多少种添加辅助线的办法？

(2) 归纳：横"M"型的证明方法很多；辅助线作法分以下四类：

①横截，如图3.

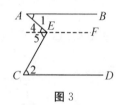

图3

②纵截，如图4.

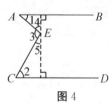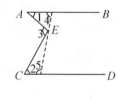

图4

③延折，如图5.

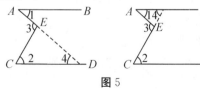

图5

④平折，如图6.

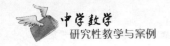

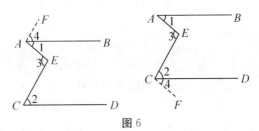

图 6

探究说明:

正如波利亚所言:"没有任何问题是可以解决得十全十美的,总剩下些工作要做,经过充分的探讨与钻研,我们能够改进这个解答,而且在任何情况下,我们总能提高自己对这个解答的理解水平."因此,引导学生深入地研究问题,培养学生思维的深刻性、批判性,提高学生驾驭知识的能力,积累数学基本活动经验.

探究 2 特殊化

探究提示:如果 E 点是动点,E 点跑到什么地方,横"M"型就特殊了?如图 7.

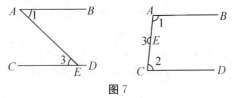

图 7

探究说明:

数学家希尔伯特曾讲过:"在讨论数学问题时,我相信特殊化比一般化起更为重要的作用."通过本探究活动,感受由一般到特殊思考问题的方法,积累数学基本活动经验.

探究 3 逆向探究

1. 交换命题的题设与结论

逆命题:如图 8,若 $\angle 1 + \angle 2 = \angle 3$,则 $AB \parallel CD$.

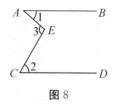

图 8

2. 变图——凹变凸

任务提示：横"M"型中，点 E 凹在两条平行线段间，若点 E 凸出平行线段外，你能得到什么结论？你有多少种方法来证明？

如图 9，若 $AB /\!/ CD$，则 $\angle 1+\angle 2+\angle 3=$ _____°.

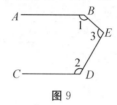

图 9

探究说明：

（1）数学教学中，逆向思维对于基础知识的理解、解题技巧的发现、学生想象空间的开拓、思维迟滞性的克服都能起到意想不到的效果. 数学教学中，通过逆用公式法则，逆用常规解题规律，从问题反面求解，以及交换命题中的题设与结论，可以培养学生的逆向思维.

（2）所谓逆向思维原则，就是在解题过程中有意去做与初步结果方向完全相反的探索. 如本探究活动中的"凹变凸"，可以提高学生的思维能力和创新意识，增强学生思维的主动性和积极性，积累数学基本活动经验.

探究 4 由特殊到一般

1. 凹凸多次数

探究提示：横"M"型中，当凹凸次数增加，如图 10，凹凸多次数呢？如图 11，你能得到什么结论？

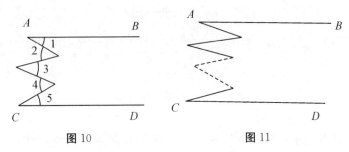

图 10   图 11

2. 凸多次数

探究提示：横"M"型中，当凸次数增加，如图 12，凸多次数呢？如图 13，你能得到什么结论？

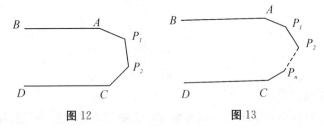

图 12   图 13

探究说明：

（1）由浅入深，从现象到本质，由局部到整体，这些由特殊到一般的思想方法，是初中数学中重要的思想方法之一．数学教学不仅要传授知识，更要注重学生的数学思想方法的培养．由特殊到一般的思想，不仅是数学研究的一种方法，也是我们中学数学中的一种学习方法．

（2）本探究活动充分借助学生的原有知识经验，引导学生由特殊到一般，从具体到抽象，提高概括能力、知识迁移能力和创新思维能力，积累由特殊到一般寻找数学规律的数学基本活动经验．

模型探究小结：

（1）如果图形复杂，我们可以把它拆成模型．

（2）横"M"型模型的本质属性：若 $AB /\!/ CD$，则：

①如图 14，有凸有凹，凸角和等于凹角和．

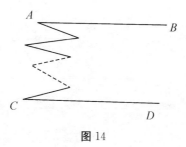

图 14

②如图 15，全凸时，$\angle A + \angle P_1 + \angle P_2 + \cdots + \angle P_n + \angle B = (n+1) \times 180°$.

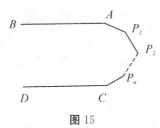

图 15

设计说明：

建构主义强调学生对知识的主动探索、主动发现和对所学知识意义的主动建构. 因此，很有必要对探究活动进行高度的梳理和概括，让不同的学生都能在原有的学习水平上得到提高，都能体验到数学活动中创造的乐趣和成功的喜悦，使学生更加坚定学习数学的信心.

（四）模型应用

（1）如图 16，$a \parallel b$，$\triangle ABC$ 是直角三角形，$\angle C = 90°$，$\angle CBF = 25°$，则 $\angle CAE = $ _____.

（2）（2012 年长沙）如图 17，$AB \parallel CD \parallel EF$，那么 $\angle BAC + \angle ACE + \angle CEF = $ _____°.

（3）（第 16 届"希望杯"初一试题）如图 18，两条直线 AB，CD 平行，则 $\angle B + \angle E + \angle F + \angle G + \angle H + \angle D = ($ _____).

A. 630° B. 720° C. 800° D. 900°

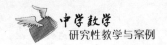

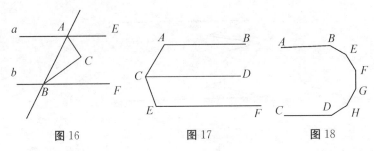

图 16　　　　　　　　图 17　　　　　　　　图 18

设计说明：

有了"横 M 型"基本图形及其结论的发现，学生以模型解题，实现化陌生为熟悉，化非常规为常规，求解自然快速、便捷.

波利亚说："数学问题的解决仅仅只是一半，更重要的是解题的回顾与反思."而解题后反思就是要凝练出解题模型，实践证明，凝练出解题模型是解题活动中不可缺少的一环，是"画龙点睛"的一笔，是提升数学思维创新能力的"催化剂"，也是积累数学基本活动经验的有效途径. 因此，积累数学基本活动经验与凝练数学解题模型是相互依存的共同体.

案例3 勾股定理的探究教学设计[①]

2011 年版数学课程标准在解读"创新意识"时,指出:"学生自己发现和提出问题是创新的基础;独立思考、学会思考是创新的核心;归纳概括得到猜想和规律,并加以验证是创新的重要方法."[②] 对于勾股定理,其要求是"探索勾股定理,并能运用它解决简单的实际问题".因此,勾股定理的教学多用"探究式"教学,但由于勾股定理存在发现难、证明难的问题,常有"伪探究"之嫌.能否进一步探索,获得更能体现探究特点的教学设计呢?研究者在反思的基础上,以问题支架理论为指导,就华东师范大学版《义务教育课程标准教科书·数学八年级上册》"14.1 勾股定理——1. 直角三角形三边的关系"的教学作了整体的改进设计.

一、勾股定理教学设计反思

目前,关于探索勾股定理的教学设计主要有两种方式:一是按教材的呈现方式(各版本教材大同小异),即"网格图中,以等腰直角三角形三边为边的正方形的面积之间的关系→在网格图中,以直角三角形三边为边的正方形的面积之间的关系→以一般直角三角形三边为边的正方形的面积之间的关系→简单运用";二是以三角形三边不等关系为基础探索勾股定理[③].我们认为,上述两种设计

---

① 本案例作者:刘之兵(四川省资中市铁佛初级中学).本案例获资中市中学数学教专会第十五次年会优秀论文评选一等奖.刘之兵系四川省中学数学省级名师,省级骨干教师.

② 中华人民共和国教育部.义务教育数学课程标准(2011 年版)[M].北京:北京师范大学出版社,2012.

③ 沈仁广.论中学数学探究学习的价值取向:以勾股定理教学设计的改进为例[J].数学通报,2012(9):47-50.

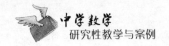
存在以下不足.

（一）问题提出不自然

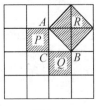

图 1

如图 1，教材直接在网格中给出以等腰直角三角形三边为边的正方形图，并指出其面积关系，提出"一般直角三角形中，两直角边的平方是否等于第三边的平方呢？"这里尽管有"正方形瓷砖铺成的地面"为背景，这个图形的出现仍感觉比较勉强，问题的提出似乎很自然，但重要的是，之前怎样想到去探寻 Rt△ABC 三边的平方关系．也许谁也说不清勾股定理到底是怎样被发现的，但能否设计有利于学生发现问题的问题设计呢？

（二）探究过程指导不足

沈仁广指出：按现行教材呈现方式设计教学过程，缺少了培养学生发现问题、形成问题和提出问题的过程，问题的目标指向过于直白和单一，弱化为一种验证过程．然后呈现了由学生提出问题"三角形中任意两边的平方和大于第三边的平方"，通过质疑、矫正，进而提出"有的三角形两边的平方和大于第三边的平方，有的三角形两边的平方和小于第三边的平方"的教学设计思路．但问题是同一个三角形中两种情况都可能出现，由于八年级的学生分析问题的能力还不强，这时候思维目标指向不明，会直接影响归纳、概括结论，因而达不到进一步发现结论的目的．那么能否设计适当的问题帮助学生发现结论呢？

（三）猜想与证明衔接不紧密

按教材的呈现方式设计教学，猜想表明"以直角边为边的两个正方形的面积和，等于以斜边为边的正方形的面积"，但证明又是通过弦图来证明的，即是直接证明 $a^2 + b^2 = c^2$，学生没有直接看到"以直角边为边的两个正方形的面积和，等于以斜边为边的正方形的面积"，客观上造成了猜想体现的思路与证明的思路脱节，这种对猜想进行的等价变更，学生理解起来是生硬的，从而产生困惑、失落感. 能否设计问题达到学生的心理预期，获得满足感，并理解不同典型证明之间的内在联系呢？

基于上述思考，合理整合有利于改进勾股定理教学设计.

二、问题支架理论的基本认识

问题支架就是指那些对学生解决数学学习困惑能起建构意义和辅助作用的问题框架. 它区别于普通数学问题的根本点在于是否体现了"桥梁性""纽带性"的过渡作用，是否给予了学生跨越"已知区"到"最近发展区"，甚至"未知区"的支持作用.

问题支架理论整合了"问题化教学理论""伍德（Wood，Rruner&Ross）的学习支持理论""维果斯基（Vrgotsky）的'最近发展区'理论"三者所长，大大地化解了三种理论独自运用于实践中出现的困难，其设计办法既实用又有一定的操作性. 特别是在面临重要而又困难的数学教学问题时，进行问题支架设计有简明扼要、直入思维主题的特点.

问题支架设计的基本步骤：问诊"已知区"与"最近发展区"间的差距—设计适度问题支架—评价修改问题支架.[①]

下面以问题支架理论为指导，通过设计适当的问题支架解决反思中提出的问题.

---

① 商庆平. 中学数学教学中的问题支架设计研究［J］. 中学数学教学参考：中旬刊，2012（5）：20-22，25.

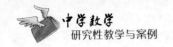

三、勾股定理教学过程的改进设计

(一) 创设情境，提出问题

问题 1[①]：（1）任何三角形的三边之间都有怎样的不等关系？若设三角形的三边长为 a，b，c，则可以写出几个不等式？

（2）三个不等式结构相同，以 $a+b>c$ 为例，从字母指数的角度可以理解为 $a^1+b^1>c^1$，从这个新的视角出发，你能提出新的问题吗？

设计说明　通过让学生回顾任意三角形三边之间的数量关系创设问题情境，起点低，学生容易进入课堂状态．引导学生从 "$a+b>c$" 的组成元素 a，b，c 的 "指数" 入手，以新的视角重新审视，提出崭新的问题．为学生研究 "三角形两边的平方和与第三边的平方的关系" 这一最近发展区建立了良好的支架．且沿着这一思路，学生可能还会提出 a^n+b^n 与 c^n 的比较，甚至延伸到费马大定理问题，亦或脱离三角形，一般性地研究 $a_1^2+a_2^2+a_3^2$ 与 $b_1^2+b_2^2$，$a_1^2+a_2^2+a_3^2+a_4^2$ 与 $b_1^2+b_2^2+b_3^2$，…之间的关系，等等，这是学生发展的未知区．

(二) 数学探究，验证假设

同学们提出：三角形任何两边的平方和大于第三边的平方，三角形任何两边的立方和大于第三边的立方，……

问题 2　我们今天研究三角形任何两边的平方和与第三边的平方的大小关系．

（1）你赞成 "三角形任何两边的平方和大于第三边的平方"

---

① 问题 1 和问题 2 是由彭家寅教授在 2014 年的 "国培计划" 教学名师到攀枝花市送教的评课时首次提出的．问题 1 和问题 2 是基于数学内部矛盾的分析、联想、猜想、推理自然获得的．

吗？无论赞成与否，请举出例子与同伴交流.

（2）假设三边为 a，b，c，且 $a \leqslant b \leqslant c$，① $a^2 + b^2$ 与 c^2；② $c^2 + b^2$ 与 a^2；③ $a^2 + c^2$ 与 b^2. 三组式子大小关系确定的是哪些？不确定的是哪一个？由此我们研究的问题可以进一步明确，为什么？你有何猜想？

设计说明　第（1）问难以做出一个明确的回答，通过"举出例子与同伴交流"让学生"退到具体"，使得不同层次的学生都容易做，并有话可说，体现"人人都能获得良好的数学教育，不同的人在数学上得到不同的发展"的基本理念. 通过举例做出判断，经历了自我发问，自我否定、肯定的过程，培养了学生的问题意识、合情推理能力和理性精神. 但由于三角形三边可能会出现"两边的平方和大于第三边的平方，两边的平方和小于第三边的平方，两边的平方和等于第三边的平方"三种情况，造成学生归纳概括遇阻，因此有必要设计一个适当的问题支架，增强思维目标的指向性，这就是第（2）问，它使数量关系有序化，并为后面的探究奠定基础，避免无序探究.

问题 3　（1）刚才我们用举例验证的方法发现 $a^2 + b^2$ 与 c^2 可能有某种关系. 但三角形的形状千奇百怪，形态各异，我们举得完吗？能够选代表吗？

（2）请同学们想一想，大家怎样分工更有利于发现结论？

（3）请拿出老师课前发给大家的方格纸，画出自己需要的格点三角形，请第一、二、三组分别画锐角三角形、直角三角形、钝角三角形，并测量、计算结果（可以运用计算器），其他组可随意选择，将结果填写在下方的表格中，并写出你的结论.

三角形种类	较短两边的长度	第三边的长度	较短两边的平方和	第三边的平方	较短两边的平方和与第三边的平方的大小关系

（4）让我们来统计全班的结果，由此你们获得了什么结论？你

们确信它是正确的吗？说说自己的看法．下面老师用几何画板软件
来帮助大家进一步检验刚才的结论.

设计说明　引导学生"退到具体"，并由学生讨论如何分工合
作，培养学生的公共精神和合作意识．设计表格的目的是为了给学
生搭建发展统计意识、分类意识、合情推理意识的有效支架．由于
学生在测量中难免会产生误差，从而导致直角三角形两直角边的平
方和不等于斜边的平方，要引导学生分析原因，通过合情推理提出
猜想，并通过几何画板软件验证，使学生认为猜想是可信的.

（三）数学证明，感悟历史

问题4　（1）我们现在有理由确信刚才得到的三个结论是正
确的．但是无论验证多少次都不能说明所有情况是正确的，所以必
须通过证明，猜想才会变成真理．下面我们来证明"直角三角形两
直角边的平方和等于斜边的平方"（其余两个结论也都是正确的，
以后我们会学到它们）．我们学过的几何量有线段的长、角的大小、
周长、面积等，哪个量与平方有关呢？由此你想到了什么图形，它
可能帮助我们找到证明思路吗？

（2）如图2，a，b，c 分别是 $\triangle ABC$ 的三边，且 $\angle C = 90^\circ$.
这样，证明 $a^2 + b^2 = c^2$ 就是证明 $S_{正方形 P} + S_{正方形 Q} = S_{正方形 R}$.

①验证　假设 $a = 3$，$b = 4$，$S_{正方形 P} = $ _____，

$S_{正方形 Q} = $ _____，

$S_{正方形 R} = $ _____.

可见，$S_{正方形 P} + S_{正方形 Q}$ _____ $S_{正方形 R}$.

图2　　　　　　　　　图3

方法小结：

你是怎样计算正方形 R 的面积的？

你割或补的三角形与 $\triangle ABC$ 有何关系？

设计说明 由特征式 a^2，b^2，c^2 联想正方形面积，使所作辅助正方形 P，Q，R 顺理成章，并很好地为学生示范了如何由"数"到"形"实现数形转换．但由于勾股定理的证明对于学生来说是困难的，因此必须寻求一个合理的支架，使得学生能做，但又不失一般性．再次"退到具体"，将 a，b，c 具体化，但蕴含实质（面积割补），这就形成了一个良好的方法支架．问题"你割或补的三角形与 $\triangle ABC$ 有何关系？"为下一步一般化做出证明做好准备．

②证明 如图 3，去掉图 2 中网格，BC 的长就是 a，AC 的长就是 b，AB 的长仍为 c，凭直觉，你觉得刚才的方法还适用吗？下面我们采用割的办法来研究，请在正方形 R 中画出来，然后跟同伴交流你的做法．

$S_{\text{正方形 } P} = $ _____，

$S_{\text{正方形 } Q} = $ _____，

$S_{\text{正方形 } R} = c^2 = $ _____．

可见，$S_{\text{正方形 } P} + S_{\text{正方形 } Q}$ _____ $S_{\text{正方形 } R}$．

归结为 Rt$\triangle ABC$ 的边就有：

$$BC^2 + AC^2 = AB^2.$$

这就是著名的勾股定理，你能用自己的话叙述一下吗？

设计说明 去掉网格，数据一般化，就是让学生对前面的特例进行推广，体会方法的不变性，培养学生探究问题的能力．但毕竟这个证明是比较困难的，因此设计了填空式的问题支架．有了特例计算的经历，使学生在流畅、自然的思维中完成推广，满足了学生的求知欲，并产生心灵上的震撼．

问题 5 （1）在西方这个定理叫毕达哥拉斯定理．事实上，我国的数学名著《周髀算经》（约成书于公元前 1 世纪）里，商高与周公关于"勾三股四弦五"的对话，表明我国已发现了勾股定理，可惜并未给出严格的逻辑证明，直至三国时期赵爽给出"弦

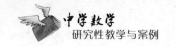

图",采用拼图的方法才给出了证明. 2002 年在北京召开的第 24 届国际数学家大会（ICM—2002）的会标正是弦图,标志着我国古代数学的成就. 这段关于勾股定理的历史,对你有何启发?

（2）如图 4 就是著名的赵爽弦图,显然它正是我们刚才的证明中割正方形 R 的结果. 实质上是将 $a^2+b^2=c^2$ 变形为 $a^2+b^2-2ab+2ab=c^2$, 即 $(a-b)^2+4\times\dfrac{1}{2}ab=c^2$, 然后向以 c 为边长的大正方形内,拼出 4 个直角边为 a, b 的直角三角形,

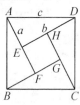

图 4

中间形成一个边长为 $a-b$ 的小正方形,利用面积法中"割"的方法证明. 类比此法,你能向以 c 为边长的大正方形外,拼出 4 个直角边为 a, b 的直角三角形,进一步利用"补"的方法证明吗? 这个问题留给大家课后完成.

设计说明　回顾勾股定理的历史,从中外对勾股定理命名的不同进行爱国主义教育,进一步了解数学抽象严谨的特点. 在理性分析赵爽弦图证明勾股定理的基础上,再设问题支架"类比此法,你还能构造出新的图形给出证明吗?"引导学生类比、赋予数式几何意义、创造新的证法.

（四）运用知识,加深理解

问题 6　在 Rt△ABC 中,已知 ∠B = 90°, AB = 6, BC = 8. 求 AC.

提问　（1）能运用什么知识将已知和要求的 AC 联系起来? 运用什么方法可求 AB?

变式练习　教材第 111 页练习题.

（2）通过例题学习和变式练习,运用勾股定理可以解决什么样的问题? 你认为运用勾股定理要注意什么?

设计说明　通过设计两个策略型问题支架引导学生进行简单的数学建模,在变式练习中让学生自己总结:运用勾股定理求边长,可以列式（知二求一）,也可以列方程求解,但要注意哪条边是

斜边.

（五）及时小结，布置作业

略.

四、教后反思

教学实践表明，设计适当的问题支架确实能减缓教学坡度，突破教学难点，取得良好的教学效果. 下面是两点反思.

（一）丰富对问题支架的认识，更好地发挥问题支架的作用

营造良好的课堂氛围，把握好给出问题支架的时机. 学生的学习必须"在状态、在思维"才是有效的，思维的活动水平又与课堂氛围有密切的关系. 因此，必须营造宽松自在的课堂氛围，创设富有启发性的问题情境，促成学生形成愤悱状态，形成"攀越"的态势，此时给出问题支架，学生就会沿着支架自觉攀登.

根据问题难度和学生认知能力，合理选择问题支架. 按照问题支架性质，可分为策略性问题支架、方法型问题支架、知识型问题支架. 如果问题很难，学生从"已知区"到"最近发展区"的距离则很长. 此时，需要综合设计多种问题支架，以便帮助学生顺利达到"最近发展区". 如果问题的难度一般，则设计适当的方法型问题支架或知识型问题支架即可.

根据教学需要和客观条件，灵活选择问题支架的呈现形式. 问题支架的呈现形式有整体提问式、填空式、表格式、动态式（动画演示、教具演示、学具操作）等. 当然，有时需要多种形式相互配合才能更好地发挥问题支架的作用.

（二）要培养学生自己寻求解决问题的支架

问题支架对于学生而言起到了突破难点，明确思维方向，找到解决问题的办法的作用. 但从培养学生的创新精神和实践能力的角

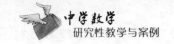

度看，如果总是教师给出问题支架，这将不利于学生学习．因此，我们要引导学生自己发现思考问题的角度、方法，自己提出指向解决问题的问题支架．有时复杂问题需要多个问题支架，问题支架之间可能是递进关系，也可能是并列关系，或兼而有之，要引导学生自己由此及彼去建立联系，探寻问题支架之间的关系，搭建解决问题的跳板．应做到对学生既"牵手"又"放手"，既教"知识"又教"学习"．

如何引导学生自己发现思考问题的角度、方法呢？美籍匈牙利数学家波利亚给了我们很好的建议：如果你不能解决所提出的问题，可先解决一个与此有关的问题．你能不能想出一个更容易着手的有关问题？一个更普遍的问题？一个更特殊的问题？一个类比的问题？……让学生在这样的主动思考过程中积累探索问题的经验，体会问题变更前后的关系，总结寻求解决问题的支架的方法，形成大胆思考、勇于创新的良好品质．

思考与研究：
勾股定理适合探究教学吗？

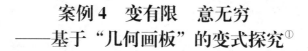

案例4 变有限 意无穷
——基于"几何画板"的变式探究①

一、"变"的缘起

中学数学教学中大多数的问题形式是计算、求解和证明，这些形式已成了学生理解和探索数学问题的范式．这种范式的训练很大程度地培养了学生分析和解决问题的能力，但对于学生发现问题和提出问题的能力的培养就显得略有欠缺．爱因斯坦曾说："提出一个问题往往比解决一个问题更为重要，因为解决一个问题也许只是一个数学上或实验上的技巧问题．而提出新的问题、新的可能性，从新的角度看旧问题，却需要创造性的想象力，而且标志着科学的真正进步．"因此，在数学教学中我们要有意培养学生发现和提出问题的能力．面对一些问题，我们要让学生不仅有"见招拆招"的"应变之力"，更要举一反三而有"制变之道"．"应变之力"侧重于面对已知和明确问题的能力，侧重于问题的分析和求解方面；"制变之道"是侧重于面对未知和不确定问题的策略，侧重于问题的发现和提出方面．这里的"变"是事物中可变和不变的因素，"制"是探求、寻找和创造，"制变"则是找到事物中变化的和不变的因素和关系，以及在一定条件下衍生出的新的关系．这里的"制变之道"实为数学问题中的变式探究的方法和策略，它对于学生探究意识、合情推理和创造能力的培养具有重要意义．那么，对于一个数学问题，我们如何来实施变式探究呢？下面我们从数学问题中"变"的机理开始，结合几何画板工具来探讨这个问题．

---

① 潘超. 变有限 意无穷——谈基于"几何画板"的变式探究 [J]. 中学数学教学参考（中旬），2012（2）：17-19.

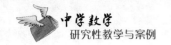

二、"变"的机理

（一）变因可变

数学中的"形"和"量"中总是蕴含着变的因素和变的机理，存在着各种"形"和"量"的可变性，因此，数学中具有多"变"关系也就成了可能和必然．变可以有形变和量变．形变与量变是事物变化的两个维度，或两个侧面，二者相互为因果关系．形变，即图形的变化，有大小、高低、宽窄、厚薄等之变，有渐变和突变，反映了空间维度的变化；量变，即数量的变化，有长短、多少、先后、快慢等之变，有标量和矢量，反映了序列维度的变化．

（二）变有不变

变与不变是孪生关系，变是基于不变，不变才会有变．因此，数学中形变和量变中，总是变中有不变关系．比如，平面几何中，中垂线、角平分线上的动点，动点是"变"，蕴含位置的变化，但前者到线段两端的距离不变，后者到两边的距离不变．

（三）变中有变

变中有不变，同样的，变中还有变．在同一个问题系统中，各因素往往是相互关联和相互影响的，一个因素的变化，将导致另一个因素的变化．数学中变中有变的例子比比皆是．如几何体的形变中，点动致线动，线动致面动，面动致体动．

三、"变"的类型

"变"即变式，一般指不断变更问题的情境或改变问题的角度，在保持事物的本质特征不变的情况下，使事物的非本质属性不断变

化的方式①. 而本文中的变式泛指不断变更问题的情境或改变问题
的角度，在保持事物的主要特征不变的情况下，使事物的部分属性
不断变化的方式. 变式探究就是借鉴科学家发明创造的思想方法和
数学问题的编拟手法，通过观察、实验、猜测、验证、推理等方式
对数学问题进行多角度、多方面的改变，从"变"的现象中发现
"不变"的本质，从"不变"中探求规律，由一个问题转变为新的
问题的探究方法和过程. 这里，我们把探索的最初那个问题称为本
原问题，而把改变本原问题而得到的新问题称为变式问题. 因此，
简单地说，变式探究就是从本原问题探索出变式问题的方法和
过程.

　　根据一个具有题目条件、题目结论的完整数学本原问题，通过
条件变式和结论变式两个基本途径可以得到不同的变式问题，我们
称由改变题目条件而得到的，为条件变式问题，称由改变题目结论
而得到的变式问题为结论变式问题. 条件变式的基本方式有三种，
即变"元素状态"、变"构造元件"和变"关联结构"，结论变式的
基本方式也有三种，即变"考察对象"、变"探索深度"和变"设
问方式". 从本原问题到变式问题的转变类型，可以用一个简图来
表示（见图1）.

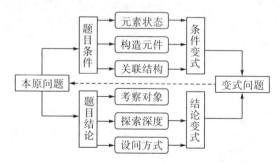

图1　数学问题变式探究的类型

---

　　① 邵潇野. 例谈几何习题教学的变式策略 [J]. 中学数学教育（初中版），2009
(6)：30-33.

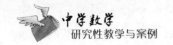
一个变式问题的获得，若是通过改变本原问题的元素状态、构造元件、关联结构、考察对象、探索深度、设问方式六个方面之一而得到的，就称为单一变式（或称串行变式）；若是通过改变两个或两个方面以上而得到的，就称为复合变式（或称并行变式）. 若变式过程是从本原问题而得到的变式问题，则称这种变式类型为顺向变式；若再从变式问题逆推本原问题，则称这个变式类型为逆向变式；若从本原问题变式得到相关问题，则称这个变式类型为横向变式；若由变式问题继续纵深探究再得到新变式问题，这个变式类型又称为纵向变式.

四、"变"的策略

几何画板是探究平面几何问题的一个有力工具，我们常常借助它强大的功能来实施变式探究. 下面我们以一道普通的几何题作为本原问题并结合变式探究的类型来探讨变式探究策略. 限于文章篇幅，我们探讨的变式策略以单一变式方式为主，并且将略去探究结论的论证过程，读者若有兴趣可以加以论证，另外，也略去了几何画板用于变式探究的具体操作过程的描述.

本原问题：如图 2，已知点 C 为线段 AB 上的一点，分别以线段 AC，BC 为边向线段 AB 的同侧作等边 $\triangle ACD$ 和等边 $\triangle BCE$，连接 AE，BD，求证：$S_{\triangle ACE} = S_{\triangle DCB}$.

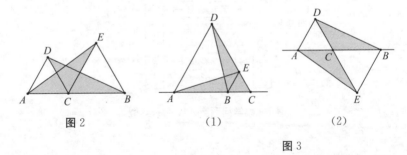

图 2   (1)   (2)

图 3

评注：解决本问题并不难，只需找出图 2 中边、角关系，利用三角形全等的判定定理即可证明.

（一）变"元素状态"

变"元素状态"是指改变本原问题中涉及的定点、动点等的位置，线段、角度等元素的长短、大小，而探索原结论或相关结论的变化情况. 在本原问题中动点 C 是可变因素，其运行轨迹是线段 AB 内. 如果我们把动点 C 的运动状态改变，即对轨迹范围作改变，则可得到以下三个变式问题：

变式 1 如图 3（1）（2），已知点 C 为直线 AB 上的一点，分别以线段 AC，BC 为边作等边 $\triangle ACD$ 和等边 $\triangle BCE$，连接 AE，BD，求证：$S_{\triangle ACE} = S_{\triangle DCB}$.

评注：变式 1 的元素有两点变化：①点 C 的运行轨迹从线段 AB 上，变到了直线 AB 上；②所作的等边三角形不一定在直线 AB 的同侧，异侧也可 [见图 3（2）]. 此时，变式 1 的结论不改变.

如果我们把动点 C 的轨迹脱离于线段 AB，也即动点 C 在异于点 A，B 的平面中，则有如下变式 2：

变式 2 如图 4，已知点 C 为线段 AB 外一点，连接 AC，BC，并分别以线段 AC，BC 为边作等边 $\triangle ACD$ 和等边 $\triangle BCE$，连接 AE，BD，求证：$S_{\triangle ACE} = S_{\triangle DCB}$.

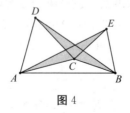

图 4

评注：在"几何画板"中，度量 $\triangle ACE$ 和 $\triangle DCB$ 的面积，将点 C 设置为平面中的"动画点". 并考察在动点 C 运动下 $\triangle ACE$ 和 $\triangle DCB$ 面积的变化情况.

如果将变式 2 作为本原问题，将叙述"已知点 C 为线段 AB 外

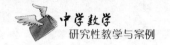
一点，连接 AC，BC"简化，将△ABC 改为特殊三角形，再改变一些元素状态，进行纵向变式又可得到变式 3：

变式 3 如图 5，△ABC 是以∠C 为顶角，且大小为 $120°$的等腰三角形，分别以 AC，BC 为边向外侧作△ACD，△BCE，并使得 $CD = CE$，∠$DCE = 120°$，连接 AE，BD. 求证：$S_{\triangle ACE} = S_{\triangle DCB}$.

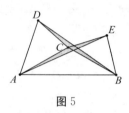

图 5

（二）变"构造元件"

变"构造元件"是指通过添加（去除）、替换等方式改变本原问题条件中的某些元件，而探索原结论或相关结论的变化情况. 如在本原问题中，"等边△ACD"和"等边△BCE"就是两个"元件"，如果两个三角形分别替换成两个"一般三角形"，则结论就不成立. 但如果抓住这两个元件的特征，从特殊到一般逐步进行改造，则结论或许成立. 我们将变式 2 中的△ACD 和△BCE 变为两个相似三角形，从而对变式 2 进行纵向变式可以得到如下变式 4：

变式 4 如图 6，已知△ACD 和△BCE 是△ABC 外侧的两个相似三角形（∠$CAD = ∠CBE$，∠$ACD = ∠BCE$），连接 AE，BD，求证：$S_{\triangle ACE} = S_{\triangle DCB}$.

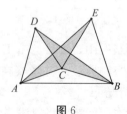

图 6

评注：变式 3 是比变式 1 和变式 2 更为一般的命题，点 C 只需异于 A，B 两点即可，它们的结论也都是相同的，且都为真命题（证略）．但本变式要注意两点：①$\triangle ACD$ 和 $\triangle BCE$ 是两个反向相似三角形（三组对应角须严格按图 5 形式）；②构造 $\triangle ACD$ 和 $\triangle BCE$ 时，顶点 D，E 取点方向须同时往 $\triangle ABC$ 的外侧或内侧．

在变式 4 的基础上，将元件——两个"相似三角形"又换为两个"正方形"，则得到如下变式 5：

变式 5 如图 7，分别以 $\triangle ABC$ 的边 BC，AC 为一边向外作正方形 $BCEF$ 和正方形 $ACDG$，连接 AE，BD．求证：$S_{\triangle ACE}=S_{\triangle DCB}$．

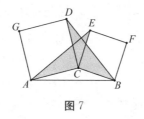

图 7

（三）变"关联结构"

变"关联结构"是指在变"元素状态"或在变"构造元件"的基础上，把条件之间的关系或结构进行改造，而探索原结论或相关结论的变化情况．前文中的变式 2 和变式 3 就是两个具有关联结构的问题，它们的图形结构相似，求证结论相同，因此，我们不妨将两个变式的题设进行整合，并改变图形的逻辑构造顺序，则得到变式 6：

变式 6 如图 8，已知 $\triangle ACD$ 是以 $\triangle ABC$ 的边 AC 为边向外作的等边三角形，$\triangle ABF$ 是以 $\triangle ABC$ 的边 AB 为底边向同侧作的顶角为 $120°$ 的等腰三角形，连接 DF，再以 $\triangle ADF$ 的边 DF 为腰，F 为顶点，向外侧作顶角为 $120°$ 的等腰三角形 $\triangle DEF$，连接 CE，AE，BD．求证：$S_{\triangle ACE}=S_{\triangle DCB}$．

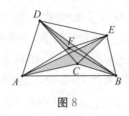

图 8

评注：变式 6 是改变了本原问题的基本结构和逻辑关联，并进行了多重变式的问题．本题略同于 2004 年 ICMO 中国国家集训队的一道训练题①.

（四）变"考察对象"

变"考察对象"是指对本原问题的条件不变或在改变条件的基础上，探索蕴含的新结论的情况，即在背景大致相同的情况下，从考察一个问题转向考察另一个问题．几何问题中的考察对象包括线段长度、角度大小、位置关系、运动轨迹等．比如在本原问题中［见图 9（1）］，还可以探索等长线段问题，显然有结论：$AE = BD$，$AP = DQ$（$EP = BQ$），此外，还可以得到 $PQ \parallel AB$，$\triangle PQC$ 为等边三角形等结论；而如果连接 DE，并取其中点 R，考察点 R 的运动轨迹［见图 9（2）］，则可以得到变式 7：

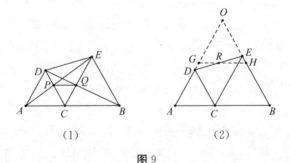

（1）　　　　（2）

图 9

①　刘培杰. 最新世界各国数学奥林匹克中的平面几何试题［M］. 哈尔滨：哈尔滨工业大学出版社，2007.

变式 7 如图 9（2），已知点 C 为线段 AB 内的一点，分别以线段 AC，BC 为边向线段 AB 的同侧作等边 $\triangle ACD$ 和等边 $\triangle BCE$，连接 DE，并取其中点 R．求证：若点 A，B 是定点，则动点 C 在线段 AB 上运动时，点 R 的运动轨迹为等边 $\triangle ABO$ 的一条中位线 GH．

评注：事实上，更一般地，动点 C 在直线 AB 上运动时，点 R 的运动轨迹是平行于直线 AB 的一条直线，并且点 R 的运动速度是动点 C 运动速度的一半．

（五）变"探索深度"

变"探索深度"是指在不改变或略微改变原有条件下对原问题进行探究时体现思路的层次性或思维的渐进性，逐渐深入探索结论的方式．

如果将上述变式 7 中的动点 C 的运动路径分离于线段 AB（或直线 AB），此时点 R 的运动轨迹又是如何呢？经考察可以得到更为一般的命题，见变式 8：

变式 8 如图 10，以 $\triangle ABC$ 的边 AC，BC 分别为一边向外作等边 $\triangle ACD$ 和等边 $\triangle BCE$，连接 DE，并取其中点 R．求证：若点 A，B 是定点，则动点 C 在平面上运动时所形成的轨迹与点 R 运动轨迹是相似形，并且相似比为 $2 : 1$．

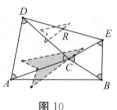

图 10

类似地，如果在变式 5 中，连接 FG，并取中点 H（见图 11），设置点 C 为任意动点，考察点 H 的位置特征，可以得到 1979 年一道四川省数学竞赛题的推广形式[1]，见变式 9：

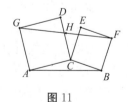

图 11

---

① 张奠宙，邹一心. 现代数学与中学数学 [M]. 上海：上海教育出版社，1990.

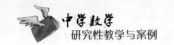

变式 9   如图 11，分别以△ABC 的边 BC，AC 为一边向外作正方形 BCEF 和正方形 ACDG，连接 FG，并取其中点 H．求证：若点 A，B 是定点，则无论点 C 处于平面内的何处位置，点 H 的位置不变．

总结变式 7～9 的情况，容易抓住各图形中都具有一对顶角为 60°或 90°的等腰三角形的本质特征．若将顶角变为一般角度 α，则可尝试作进一步的推广：

变式 10   如图 12，分别以△ABC 的边 AC，BC 为腰，顶角都为 $\alpha(0°<\alpha<180°)$ 向外作等腰△CAD 和等腰△CBE，连接 DE，并取其中点 R．求证：若点 A，B 是定点，则动点 C 在平面上运动时所形成的轨迹与点 R 的运动轨迹是相似形，并且（1）当两等腰三角形的顶点分别为 D，E 时，相似比为 2∶1［见图 12（1）］．（2）当两等腰三角形的顶点分别为 A，B 时，相似比为 1∶$|\cos\alpha|$（见图 12（2））．

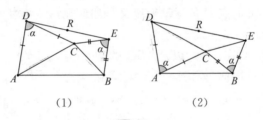

（1）   （2）

图 12

变式 10 中的两组等腰三角形更为一般的特点是"相似"，因此，又可以尝试再进行变式：

变式 11   如图 13，分别以△ABC 的边 AC，BC 为边向外作△ACD 和△BCE，使得 △ACD 与 △BCE 为反向相似三角形 （∠CAD = ∠CBE = α，∠ACD = ∠BCE = β），连接 DE，并取其中点 R．求证：若点

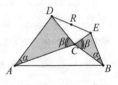

图 13

A，B 是定点，则动点 C 在平面上运动时所形成的轨迹与点 R 的运动轨迹是相似形，并且相似比为 $\sin(\alpha+\beta)∶|\cos\alpha\cdot\sin\beta|$．

评注：变式 8～11 是一个逐渐推广的过程. 实际上，变式 11 中还隐藏着更本质的结论，可以进一步挖掘出更多值得探索的问题和有意思的结论，留给读者思考.

（六）变"设问方式"

变"设问方式"是指将本原问题或相关问题进行"改头换面"，以新的提问方式来呈现问题. 设问的方式包括证明、计算、判断、论述、设计等形式，也包含开放型（含半开放型）、非开放型形式. 如将变式 2 中求证的问题"$S_{\triangle ACE} = S_{\triangle DCB}$"改为"可以得出哪些结论"就可以得到一个开放型变式题[①]；再如 2010 年四川省内江市的一道中考试题对比变式 4 就是改变了一种问题的呈现形式（当然该题也另外添加了考察对象成了一道新题），见变式 12.

变式 12　如图 14，$\triangle ACD$ 和 $\triangle BCE$ 都是等腰直角三角形，$\angle ACD = \angle BCE = 90°$，$AE$ 交 DC 于 F，BD 分别交 CE，AE 于点 G，H. 试猜测线段 AE 和 BD 的位置和数量关系，并说明理由.

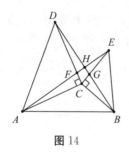

图 14

五、"变"的结语

变式探究，对一个题目而言，具有多样的维度和广阔的空间，

---

①　闽艳. 在初中数学课堂中开展开放题训练的实践与思考 [J]. 上海中学数学，2009（4）：35-37.

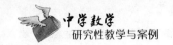

微观至题目的数字、线条、角度、位置、关系等的变化；中观至题目的条件、结论关联的变化，包括横向的、纵向的，顺向的、逆向的变化；宏观至问题呈现的形式、探索的方法、教学的策略等的变化. 前文中对本原问题的实施的变式探究得到的一系列问题仅是一些简单的情况，事实上，该题还可以沿更多的线路进行变式，譬如费马"三村短路"问题、拿破仑三角形问题[①]、勾股定理证明等. 然而，"变"是有限的，在教学中不可能无以穷尽地实施下去，但是，变的神奇、变的蕴含、变的意味却是无穷无尽的. 它为发现问题、提出问题、分析问题和解决问题形成循环问题链注入了活力，使得发现问题与解决问题二者互为起点与终点. 在数学教学中，我们要有效利用典型的问题素材，创设多维度、多形式的探索情境，让"多变"的情境和"多样"的问题激发学生主动的学习热情，启发学生活跃的数学思维，点燃学生灵动的智慧火花，打通学生宽阔的创新之路.

思考与研究：

选择一个几何题目，仿照本案例用几何画板将其进行变式与推广.

---

① 左宗明. 世界数学名题选讲［M］. 上海：上海科学技术出版社，1990.

案例5 "半角"模型的构建、纵横迁移、推广与应用①

在几何习题中，30°与60°、45°与90°、60°与120°等倍角关系被广泛应用，亦常被各地中考精彩演绎，本课以一道关于"45°与90°"的经典题目为例，通过经典解析、纵向迁移、横向联想、变式拓展，让经典题目逐渐丰腴.

一、经典解析——"半角"模型的构建

（一）经典呈现

如图1，在正方形 $ABCD$ 中，点 E，F 分别是边 BC，DC 上的点，且 $\angle EAF = 45°$，求证：$EF = BE + DF$.

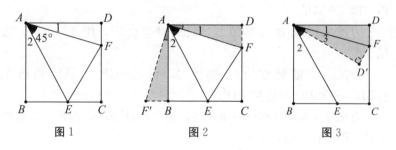

图1   图2   图3

① 唐芬. 半角模型的纵横迁移［J］. 中学数学教学参考（中旬），2014（5）：42-44.

唐芬系永川中学高级教师，重庆市名师，重庆市学科带头人.

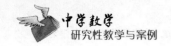

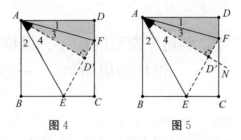

图4　　　　　　图5

（二）试题简析

此例是以正方形为载体的经典题目. 若从所证的结论"$EF = BE + DF$"看，是典型的 $a = b + c$ 型的式子，容易联想到"截长补短法"；若从已知条件"$\angle EAF = 45°$"看，则 $\angle 1 + \angle 2 = 45°$，于是可将 $\angle 1$ 与 $\angle 2$ 拼合成一个角，或将 $\angle EAF$ 分割成两个角等.

方法1（旋转法）：如图2，将 $\triangle ADF$ 绕点 A 顺时针旋转 $90°$ 得 $\triangle ABF'$.

方法2（小角拼合法）：如图2，将 $\angle 1$，$\angle 2$ 拼合为一个 $45°$ 的角，即 $\angle F'AE$.

方法3（补短法）：如图2，延长 CB 至点 F'，使 $BG = DF$，连接 AF'.

方法4（轴对称法）：如图3，将 $\triangle ADF$ 沿 AF 翻折至 $\triangle AD'F$；如图4，连接 ED'.

方法5（大角分割法）：如图5，将 $\angle EAF$ 即 $45°$ 的角分割成两个角，即 $\angle 1 = \angle 3$，则 $\angle 2 = \angle 4$.

（三）模型构建

本题用旋转、轴对称等全等变换思想重组全等三角形，用截长补短法重组线段，用割补方法重组角. 无论哪种重组，都紧扣条件 $\angle EAF = 45°$，虽然点 E，F 在"动"，$\angle EAF$ 的位置也随之而"动"，但始终保持不变的是三线段的数量关系"$EF = BE + DF$". 因为此题的关键条件是"直角夹半角"，故将此几何模型称为"半角"模型.

二、纵向迁移——"半角"模型的扩容

在图 1 中，若点 E，F 分别是直线 BC，DC 上的动点，其他条件不变，$EF = BE + DF$ 还成立吗？

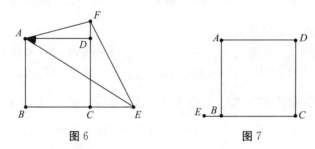

图 6   图 7

结论 "半角"模型扩容为：在正方形 $ABCD$ 中，点 E，F 分别是直线 BC，DC 上的点，且 $\angle EAF = 45°$，则线段 EF，BE，DF 之间的数量关系分三种情况：

（1）如图 1，当点 E 在边 BC 上时，＿＿＿＿＿＿＿．

（2）如图 6，当点 E 在边 BC 的延长线上时，＿＿＿＿＿＿＿．

（3）如图 7，当点 E 在边 BC 的反向延长线上时，＿＿＿＿＿．

三、横向联想——"半角"模型的推广

联想 1 改变条件 $\angle EAF = 45°$：如图 10，在四边形 $ABCD$ 中，$AB = AD$，$BC = CD$，$\angle B = \angle D = 90°$，点 E，F 分别是直线 BC，DC 上的动点，且 $\angle DAB = 60°$，$\angle EAF = 30°$，线段 EF，BE，DF 之间又有怎样的数量关系？

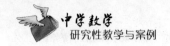

研究性教学与案例

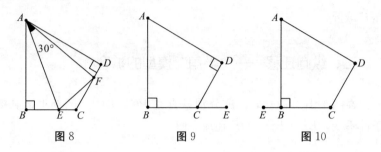

| 图 8 | 图 9 | 图 10 |

结论：学生总结.

联想2 弱化一个条件（∠*EAF* 是任意锐角 α）：如图 13，在四边形 *ABCD* 中，*AB* = *AD*，*BC* = *CD*，∠*B* = ∠*D* = 90°，点 *E*，*F* 分别是直线 *BC*，*DC* 上的动点，且 ∠*EAF* = α = $\frac{1}{2}$∠*DAB*（0< α <90°），线段 *EF*，*BE*，*DF* 之间又有怎样的数量关系？

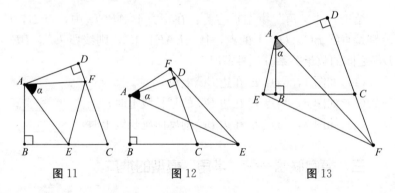

| 图 11 | 图 12 | 图 13 |

结论：学生总结.

联想3 弱化两个条件（∠*EAF* 是任意锐角 α，∠*B* + ∠*D* = 180°）：如图 16，在四边形 *ABCD* 中，*AB* = *AD*，∠*B* + ∠*D* = 180°，点 *E*，*F* 分别是直线 *BC*，*DC* 上的动点，且 ∠*EAF* = α = $\frac{1}{2}$∠*DAB*（0< α <90°），线段 *EF*，*BE*，*DF* 之间又有怎样的数量关系？

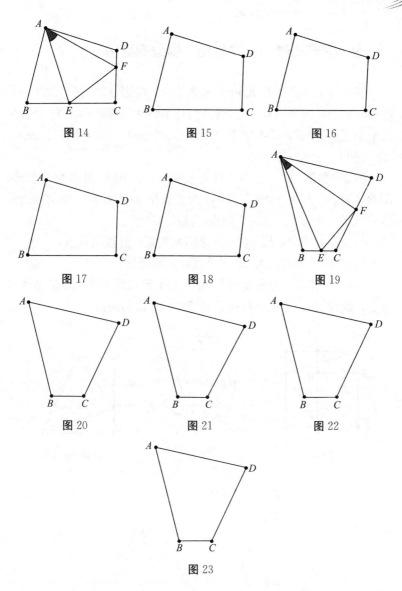

图 14　　　　　图 15　　　　　图 16

图 17　　　　　图 18　　　　　图 19

图 20　　　　　图 21　　　　　图 22

图 23

结论：学生总结.

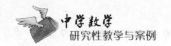

四、变式拓展——"半角"模型的应用

例 1 （2009 年广州市中考题第 25 题第（2）问）如图 24，边长为 1 的正方形 $ABCD$ 被两条与边平行的线段 EF，GH 分割为四个小矩形，EF，GH 交于点 P. 若 $\angle FAH = 45°$，证明：$AG + AE = FH$.

例 2 如图 25，$\triangle ABC$ 是正三角形，$\triangle BDC$ 是等腰三角形，$BD = CD$，$\angle BDC = 120°$，以 D 为顶点作一个 $60°$ 角，角的两边分别交 AB，AC 边于 M，N 两点，连接 MN.

（1）探究 BM，MN，NC 之间的关系，并说明理由；

（2）ABC 的边长为 2，求 $\triangle AMN$ 的周长；

（3）点 M，N 分别是线段 AB，CA 延长线上的点，其他条件不变，此时（1）中的结论是否还成立？并说明理由.

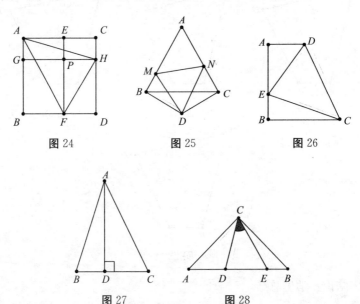

图 24　　　　图 25　　　　图 26

图 27　　　　图 28

例 3 （2012 山东省东营市中考题第 23 题第（3）问）如图

26，在梯形 $ABCD$ 中，$AD /\!/ BC$（$BC > AD$），$\angle B = 90°$，$AB = BC$，点 E 是 AB 上一点，且 $\angle DCE = 45°$，$BE = 2$，$DE = 10$，求梯形 $ABCD$ 的面积.

例 4 如图 27，在 $\triangle ABC$ 中，AD 是高，且 $\angle BAC = 45°$，$BD = 4$，$DC = 6$，求 AD 的长.

例 5 （2012 年江苏宿迁第 27 题第（2）小题改编）如图 28，在 $\triangle ABC$ 中，$AC = BC$，$\angle ACB = 90°$，点 D，E 在边 AB 上，且 $\angle DCE = 45°$.

（1）求证：$AD^2 + BE^2 = DE^2$.

（2）若点 D，E 在直线 AB 上，上述结论还成立吗？请说明理由.

思考与研究：

本案例如何用于初三的复习课？

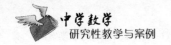
案例6　三元重要不等式的研究性学习①

三元重要不等式现安排在高中选修系列 4 专题 5 中，曾安排在人教社 2003 年 12 月第 2 版高中数学教材第二册（上）第六章的阅读材料（"n 个正数的算术平均数与几何平均数"）中. 三元重要不等式是：若 a，b，$c \in \mathbf{R}^+$，则 $a^3 + b^3 + c^3 \geqslant 3abc$ [以下记此不等式为（※）] 的证明、应用及其推广是这个阅读材料的核心内容. 通过对不等式（※）的证明方法、应用、加强等方面的研究，谈谈怎样进行研究性教学.

一、证明方法的研究

培养学生学习数学的兴趣是数学教学的重要任务. 实践表明，一题多解的教学有利于提高学生的解题能力，有利于培养学生数学思维的灵活性和深刻性，也有利于培养学生学习数学的兴趣. 不等式（※）有多种证明方法，（※）是一题多解的好素材，通过对（※）的证明方法的研究，可以使学生开拓证明不等式的思路，下面给出几个不同于教材的证明，可供研究性学习参考. 以下约定：a，b，c，x，y，z，t 全为正数.

　　证明 1　（利用 $x + y \geqslant 2\sqrt{xy}$）

$$a^3 + b^3 + c^3 = (a^3 + b^3) + (c^3 + abc) - abc$$
$$\geqslant 2\sqrt{a^3 b^3} + 2\sqrt{c^3 \cdot abc} - abc$$
$$\geqslant 2\sqrt{2\sqrt{a^3 b^3} \cdot 2\sqrt{c^3 \cdot abc}} - abc = 3abc.$$

　　证明 2　（利用 $|\vec{m}|^2 \geqslant \dfrac{(\vec{m} \cdot \vec{n})^2}{|\vec{n}|^2}$ 及 $(a + b + c)^2 \geqslant 3(ab + bc +$

---

①　赵思林. 关于一个阅读材料的研究性学习 [J]. 中学数学（高中），2007 (12)：4-5.

ca))

令 $\vec{m}=\left(\dfrac{a}{\sqrt{bc}},\ \dfrac{b}{\sqrt{ca}},\ \dfrac{c}{\sqrt{ab}}\right)$，$\vec{n}=(\sqrt{bc},\ \sqrt{ca},\ \sqrt{ab})$，则

$|\vec{m}|^2=\dfrac{a^2}{bc}+\dfrac{b^2}{ca}+\dfrac{c^2}{ab}$，$\vec{m}\cdot\vec{n}=a+b+c$，$|\vec{n}|^2=bc+ca+ab$.

$a^3+b^3+c^3=abc\cdot|\vec{m}|^2\geqslant abc\cdot\dfrac{(\vec{m}\cdot\vec{n})^2}{|\vec{n}|^2}=abc\cdot\dfrac{(a+b+c)^2}{bc+ca+ab}$

$\geqslant 3$.

证明 3 　（利用 $x^3\geqslant 3x-2$）

因为 $x^3-3x+2=(x-1)^2(x+2)\geqslant 0$，所以 $x^3\geqslant 3x-2$.

$a^3+b^3+c^3\geqslant 2\sqrt{a^3b^3}+\sqrt{a^3b^3}\left(\dfrac{c}{\sqrt{ab}}\right)^3\geqslant 2\sqrt{a^3b^3}+\sqrt{a^3b^3}$

$\left(3\cdot\dfrac{c}{\sqrt{ab}}-2\right)=3abc$.

证明 4 　（利用 $x+y+z+t\geqslant 4\sqrt[4]{xyzt}$）

先证：$x+y+z+t\geqslant 4\sqrt[4]{xyzt}$. 事实上，

$x+y+z+t=(\sqrt{x}-\sqrt{y})^2+(\sqrt{z}-\sqrt{t})^2+2(\sqrt{xy}-\sqrt{zt})^2+$

$4\sqrt[4]{xyzt}\geqslant 4\sqrt[4]{xyzt}$.

$a^3+b^3+c^3=(a^3+b^3+c^3+abc)-abc\geqslant 4\sqrt[4]{a^3\cdot b^3\cdot c^3\cdot abc}-$

$abc=3abc$.

证明 5 　用配方法.

$a^3+b^3+c^3=(\sqrt{a^3}-\sqrt{b^3})^2+(\sqrt{c^3}-\sqrt{abc})^2+$

$2(\sqrt[4]{a^3b^3}-\sqrt[4]{abc^4})^2+3abc\geqslant 3abc$，

当且仅当 $\sqrt{a^3}=\sqrt{b^3}$，$\sqrt{c^3}=\sqrt{abc}$，$\sqrt[4]{a^3b^3}=\sqrt[4]{abc^4}$，即 $a=b=c$ 时取 "="．

所以 $a^3+b^3+c^3\geqslant 3abc$.

学生在研究不等式（※）的证明方法之前，教师应指导学生阅读涉及不等式（※）证明方法的参考文献，教师还应给出必要的提示，如能不能利用 $x+y\geqslant 2\sqrt{xy}$ 证明（※），能不能利用 $|\vec{m}|^2\geqslant$

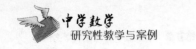

$\dfrac{(\vec{m}\cdot\vec{n})^2}{|\vec{n}|^2}$ 证明（※），能不能利用 $x+y+z+t\geqslant 4\sqrt[4]{xyzt}$ 证明（※）等，这样可降低研究性学习的难度，提高学生研究性学习的兴趣.

二、（※）与其他不等式的关系

上面的证明 1 表明，应用两次 $x+y\geqslant 2\sqrt{xy}$（x，$y>0$），即可证明（※）. 反过来，我们可以用（※）证明 $x+y\geqslant 2\sqrt{xy}$（x，$y>0$）. 事实上，

$$x+y=x+y+\sqrt{xy}-\sqrt{xy}\geqslant 3\sqrt[3]{xy\sqrt{xy}}-\sqrt{xy}=2\sqrt{xy}.$$

因此，不等式 $x+y\geqslant 2\sqrt{xy}$（x，$y>0$）与（※）是等价的.

上面的证明 2 表明，利用柯西不等式的变形形式 $|\vec{m}|^2\geqslant\dfrac{(\vec{m}\cdot\vec{n})^2}{|\vec{n}|^2}$，即 $\dfrac{a_1^2}{b_1}+\dfrac{a_2^2}{b_2}+\dfrac{a_3^2}{b_3}\geqslant\dfrac{(a_1+a_2+a_3)^2}{b_1+b_2+b_3}$（$b_1$，$b_2$，$b_3>0$）可以证明（※）. 因此，三元柯西不等式是不等式（※）成立的充分条件. 这说明，凡能用（※）解决的问题都可以用三元柯西不等式予以解决.

三、（※）的应用

（※）的应用非常广泛，对学生而言，研究（※）的应用相对要容易一些，这可作为研究性学习的重点. （※）的应用研究可从不等式的证明、求多元函数的最值等方向展开，可以通过比较典型的高考题或竞赛题的研究让学生体会（※）的应用价值.

例 1　（2006 年四川卷理科 22 题）已知函数 $f(x)=x^2+\dfrac{2}{x}+a\ln x$（$x>0$），$f(x)$ 的导函数是 $f'(x)$，对任意两个不相等的正数 x_1，x_2，证明：

（Ⅰ）当 $a \leqslant 0$ 时，$\dfrac{f(x_1)+f(x_2)}{2}>f\left(\dfrac{x_1+x_2}{2}\right)$；

（Ⅱ）当 $a \leqslant 4$ 时，$|f'(x_1)-f'(x_2)|>|x_1-x_2|$.

分析 此题（Ⅰ）小题较简单，这里不再证明，（Ⅱ）小题若用（※）来证明，则显得巧妙，比标准答案更加简洁明快. 下面我们仅给出第（Ⅱ）小题的解答.

（Ⅱ）**证明** $|f'(x_1)-f'(x_2)|=\left|2x_1-\dfrac{2}{x_1^2}+\dfrac{a}{x_1}-2x_2+\dfrac{2}{x_2^2}-\dfrac{a}{x_2}\right|$

$=|x_1-x_2|\left|2+\dfrac{2(x_1+x_2)}{x_1^2 x_2^2}-\dfrac{a}{x_1 x_2}\right|.$

记 $(x_1 x_2)^{-\frac{1}{2}}=t$，则由 $a \leqslant 4$，得

$2+\dfrac{2(x_1+x_2)}{x_1^2 x_2^2}-\dfrac{a}{x_1 x_2}>2+\dfrac{4\sqrt{x_1 x_2}}{x_1^2 x_2^2}-\dfrac{a}{x_1 x_2}=2+4t^3-at^2=$

$1+(1+2t^3+2t^3)-at^2\geqslant 1+3\sqrt[3]{4}\,t^2-at^2=1+(\sqrt[3]{108}-a)t^2>1.$

故 $|f'(x_1)-f'(x_2)|>|x_1-x_2|$.

例2 （1993年全国高考题）如果圆柱轴载面的周长为定值，那么圆柱体积的最大值是（　　）.

A. $\left(\dfrac{l}{6}\right)^3\pi$　B. $\left(\dfrac{l}{3}\right)^3\pi$　C. $\left(\dfrac{l}{4}\right)^3\pi$　D. $\dfrac{1}{4}\left(\dfrac{l}{4}\right)^3\pi$

解 设圆柱底面半径为 r，高为 h，则 $2h+4r=l$，即 $h+2r=\dfrac{l}{2}$.

所以 $V=\pi r^2 h=\pi r\cdot r\cdot h\leqslant\pi\left(\dfrac{r+r+h}{3}\right)^3=\left(\dfrac{l}{6}\right)^3\pi$，故选 A.

四、（※）的加强

不等式（※）的加强形式有很多，下面仅给出一个"加强链"：

$$a^3+b^3+c^3\geqslant\overset{①}{\dfrac{(a^2+b^2+c^2)^2}{a+b+c}}\geqslant\overset{②}{\dfrac{(a+b+c)^3}{9}}\geqslant\overset{③}{\dfrac{(a+b+c)^2}{bc+ca+ab}}.$$

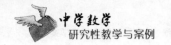

④

$$abc \geqslant 3abc.$$

先证①：由柯西不等式，得

$$a^3 + b^3 + c^3 = \frac{(a^3 + b^3 + c^3)(a + b + c)}{a + b + c}$$

$$\geqslant \frac{(\sqrt{a^3 \cdot a} + \sqrt{b^3 \cdot b} + \sqrt{c^3 \cdot c})^2}{a + b + c} = \frac{(a^2 + b^2 + c^2)^2}{a + b + c}.$$

次证②：因为 $a^2 + b^2 + c^2 \geqslant \dfrac{(a + b + c)^2}{3}$，所以

$$\frac{(a^2 + b^2 + c^2)^2}{a + b + c} \geqslant \frac{\left[\dfrac{(a + b + c)^2}{3}\right]^2}{a + b + c} \geqslant \frac{(a + b + c)^3}{9}.$$

下面证③：

$$③ \Leftrightarrow (a + b + c)(bc + ca + ab) \geqslant 9abc$$

$$\Leftrightarrow (a + b + c)\left(\frac{1}{a} + \frac{1}{b} + \frac{1}{c}\right) \geqslant 9 \qquad ⑤$$

$$⑤ \text{之左边} \geqslant \left(\sqrt{a \cdot \frac{1}{a}} + \sqrt{b \cdot \frac{1}{b}} + \sqrt{c \cdot \frac{1}{c}}\right)^2 = 9,$$

从而⑤成立，故③成立.

最后证④：因为

$$(a + b + c)^2 = a^2 + b^2 + c^2 + 2bc + 2ca + 2ab$$

$$= \frac{b^2 + c^2}{2} + \frac{c^2 + a^2}{2} + \frac{a^2 + b^2}{2}$$

$$\geqslant bc + ca + ab + 2bc + 2ca + 2ab = 3(bc + ca + ab),$$

所以④成立.

上面介绍了不等式（※）的证明方法、应用、加强等方面的研究性教学，此外，还可从等角度进行更广泛的研究性教学. 在进行研究性教学时，教师首先应选好研究性学习的素材（包括研究的问题和学习的材料），可选择教材中的一些阅读材料或例题、习题作为研究性学习的素材. 教师应精心设计研究性教学的计划和方案，由于研究性教学具有较高的操作难度，因此教师准备应非常充分，可多考虑几种教学预案，以增加研究性教学的实效. 研究性学习应

与学生的自主学习和合作学习结合起来，学生可根据自己的情况确定1~3个研究方向，采用边学习边研究或边研究边学习的方式逐步开展工作，注意课堂与课外相结合，学生独立研究学习与小组集体研究学习相结合．教师应根据学生的不同情况进行个别指导，教师可以参加学生的小组讨论，经过一段时间的学习与研究之后，教师应组织学生交流学习的体会，汇报研究的成果，教师要鼓励学生大胆参与，要保护好学生研究性学习的积极性，不断提高研究性教学的教学效率．

思考与研究：

（※）的几何意义，（※）的推广的证明与应用，（※）的变形形式的证明与应用，（※）蕴涵的数学思想方法．

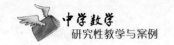

案例7　一个高考最小值问题的研究①

2010 年高考数学四川卷文科（11）题：

设 $a>b>0$，则 $a^2+\dfrac{1}{ab}+\dfrac{1}{a(a-b)}$ 的最小值是（　　）.

A. 1　　　　B. 2　　　　C. 3　　　　D. 4

此题立意深远，解法较多，富含思维价值，对教学有诸多启示. 本文拟从设计意图探析、考试结果分析、解题思路探索、问题推广、教学启示等方面，对此题进行一番研究.

一、设计意图探析

通过分析和揣摩，本题的设计意图可能有下面几点：

（1）此题以教材为背景. 本题是以人教社高中教科书《数学》第二册（上）（2004 年版）复习参考题六 B 组第 3 题（已知 $a>b>0$，求 $a^2+\dfrac{16}{(a-b)b}$ 的最小值）为背景而编拟的，显然有引导高中数学教学回归教材、研究教材的意图.

（2）为什么不直接考教材上的原题？直接考原题不符合高考命题的"原创"精神，因为"原创"题更能体现高考的公平、公正.

（3）为什么不是"求 $a^2+\dfrac{16}{ab}+\dfrac{16}{a(a-b)}$ 的最小值"的形式？其原因可能有二：一是数字 16 不太简单，而数字 16 对解题的思维方法没有实质影响，所以将数字 16 换成 1 更简单、更好些；二是 $a^2+\dfrac{16}{ab}+\dfrac{16}{a(a-b)}$ 的最小值是 16，容易乱猜并猜对.

---

① 本文刊登在《中学数学研究》（广州）2012 年第 5 期. 作者：赵思林，李建军（四川省泸州老窖天府中学，正高级中学高级教师）.

（4）为什么不是"求 $a^2+\dfrac{1}{ab}+\dfrac{1}{a^2-ab}$ 的最小值"的形式？其原因可能是：此形式容易看出两个分式的分母之和为 a^2. 这对于参加过竞赛培训的考生可能会"占便宜"，他们会直接利用熟知的不等式 $\dfrac{1}{x}+\dfrac{1}{y}\geqslant\dfrac{4}{x+y}$（$x$，$y>0$）来解，即有

$$a^2+\frac{1}{ab}+\frac{1}{a^2-ab}\geqslant a^2+\frac{4}{ab+a^2-ab}=a^2+\frac{4}{a^2}\geqslant 4.$$

这个解法恐怕是最简单的，但对绝大多数未参加过竞赛培训的考生有失公平.

二、考试结果分析

从考试结果来看，本题难度系数为 0.27. 这个结果是相当不理想的. 排除乱猜都有 25% 的人答对，真正会做本题的考生可能极少. 分析多数考生答得不好的原因，可能有以下几点：一是高中教学对教材的教学与研究的力度不够；二是考生缺乏分析问题的能力；三是考生缺乏数学问题解决的策略性知识.

三、解题思路探索

分析 1：考虑到出现的分式有两个，自然的想法是能否先将两个分式化成一个分式.

$$a^2+\frac{1}{ab}+\frac{1}{a(a-b)}=a^2+\frac{1}{(a-b)b}.$$

又注意到 $0<(a-b)b=-b^2+ab=-\left(b-\dfrac{a}{2}\right)^2+\dfrac{a^2}{4}\leqslant\dfrac{a^2}{4}$，

所以 $a^2+\dfrac{1}{(a-b)b}\geqslant a^2+\dfrac{4}{a^2}=\left(a-\dfrac{2}{a}\right)^2+4\geqslant 4.$

当且仅当 $b-\dfrac{a}{2}=0$，$a-\dfrac{2}{a}=0$ 时等号成立，即 $a=\sqrt{2}$，$b=$

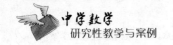

$\dfrac{\sqrt{2}}{2}$ 时等号成立. 故选 D.

评注：这样看来，本题用初中学过的配方法就能解答，也可以说，本题对于一些数学成绩优秀的初中生也可能做出来，或者说，少数初中生可以理解上述解法. 对于 $(a-b)b$，考生并不是将它看成是关于 b 的二次函数. 如果将 $(a-b)b$ 写成 $(a-x)x$ 的形式，多数考生很容易想到用二次函数的理论来解决问题，本题的难度会有所降低. 也就是说，本题若改成：设 $a>x>0$，求 $a^{2}+\dfrac{1}{ax}+$ $\dfrac{1}{a(a-x)}$ 的最小值. 其难度就可能会低一些.

分析 2：仍想先将两个分式化成一个分式，接着用两次基本不等式.

$$a^{2}+\frac{1}{ab}+\frac{1}{a(a-b)}=a^{2}+\frac{1}{(a-b)b}\geqslant a^{2}+\frac{1}{(a-b)b}$$

$$\geqslant a^{2}+\frac{1}{\left[\dfrac{(a-b)+b}{2}\right]^{2}}=a^{2}+\frac{4}{a^{2}}\geqslant 4,$$

当且仅当 $a-b=b$，$a^{2}=2$ 时等号成立，即 $a=\sqrt{2}$，$b=\dfrac{\sqrt{2}}{2}$ 时等号成立. 故选 D.

说明：以下不再批注等号成立的条件，也不再说"故选 D".

分析 3：考虑到两个分式 $\dfrac{1}{ab}$，$\dfrac{1}{a(a-b)}$ 的分母都比较繁，可以考虑同时对它们进行换元，即令 $ab=x$，$a(a-b)=y$，则 $x>0$，$y>0$，且 $a^{2}=x+y$，从而

$$a^{2}+\frac{1}{ab}+\frac{1}{a(a-b)}=x+y+\frac{1}{x}+\frac{1}{y}.$$

问题就转化为求 $u=x+y+\dfrac{1}{x}+\dfrac{1}{y}$ 的最小值（可以看出：问题另一背景是 $x+\dfrac{1}{x}\geqslant 2$). 这个优美的最小值问题有很多求解方

法，现列举几个：

法 1：$u \geqslant 2\sqrt{xy} + 2\sqrt{\dfrac{1}{x} \cdot \dfrac{1}{y}} = 2\sqrt{xy} + 2 \cdot \dfrac{1}{\sqrt{xy}} \geqslant 4.$

法 2：$u = \left(x + \dfrac{1}{x}\right) + \left(y + \dfrac{1}{y}\right) \geqslant 2 + 2 = 4.$

法 3：$u \geqslant x + y + \dfrac{2}{\sqrt{xy}} \geqslant x + y + \dfrac{4}{x+y} \geqslant 4.$

法 4：$u = (x+y)\left(1 + \dfrac{1}{xy}\right) \geqslant 2\sqrt{xy}\left(1 + \dfrac{1}{xy}\right)$

$\qquad = 2\left(\sqrt{xy} + \dfrac{1}{\sqrt{xy}}\right) \geqslant 4.$

法 5：$u = (x+y)\left(1 + \dfrac{1}{xy}\right) \geqslant 2\sqrt{xy} \cdot 2\sqrt{\dfrac{1}{xy}} = 4.$

法 6：$u \geqslant 4\sqrt[4]{x \cdot y \cdot \dfrac{1}{x} \cdot \dfrac{1}{y}} = 4.$

评注：从形式上来看，$a^2 + \dfrac{1}{ab} + \dfrac{1}{a(a-b)}$ 既不对称，也不简单，更不优美，甚至可以说它有点丑，但 $x + y + \dfrac{1}{x} + \dfrac{1}{y}$ 集对称、简单、优美于一身．由此看来，丑的形式可变成美的结构．现在需要思考的问题是，高考题有可能（很可能）以丑陋的形式出现，如何将丑陋的形式转化为简单的结构、优美的形式呢？这自然应想到换元，因为换元有时能将复杂的式子简单化，将非对称问题对称化．

分析 4：上面的分析和解法都是着手于对两个分式进行"处理"，现在我们不去管分式，即让分式"不动"．基于观察 a^2，ab，$a(a-b)$ 之间的关系，可知 $a^2 = ab + a(a-b)$，现着手将 a^2 代换掉，有下面的解法：

$a^2 + \dfrac{1}{ab} + \dfrac{1}{a(a-b)} = a^2 - ab + ab + \dfrac{1}{ab} + \dfrac{1}{a(a-b)}$

$\qquad = \left(ab + \dfrac{1}{ab}\right) + \left[a(a-b) + \dfrac{1}{a(a-b)}\right] \geqslant 2 + 2 = 4.$

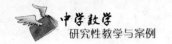
分析 5：注意到 $a^2 = ab + a(a-b)$，由柯西不等式，可得

$$a^2 + \frac{1}{ab} + \frac{1}{a(a-b)} = a^2 + \left[\frac{1}{ab} + \frac{1}{a(a-b)}\right][ab + a(a-b)] \cdot \frac{1}{a^2}$$

$$\geqslant a^2 + \left[\sqrt{\frac{1}{ab}} \cdot \sqrt{ab} + \sqrt{\frac{1}{a(a-b)}} \cdot \sqrt{a(a-b)}\right]^2 \cdot \frac{1}{a^2}$$

$$= a^2 + \frac{4}{a^2} \geqslant 4.$$

四、问题的推广

将一个数学问题（命题）的某些条件或结论一般化，从而得到更为普遍的结论（命题），这个过程就称为数学问题（命题）的推广. 数学问题（命题）的推广，对培养学生的观察洞察能力、类比联想能力、归纳猜想能力、问题探究能力等，无疑是有益的.

推广 1：设 $a > b > 0$，$n \in \mathbf{N}_+$，求 $a^n + \dfrac{1}{ab} + \dfrac{1}{a(a-b)}$ 的最小值.

推广 2：设 $a > x_i > 0$，$i = 1, 2, \cdots, n$，求 $a^2 + \dfrac{1}{ax_1} + \dfrac{1}{ax_2}$ $+ \cdots + \dfrac{1}{ax_n} + \dfrac{1}{a(a-x_1)} + \dfrac{1}{a(a-x_2)} + \cdots + \dfrac{1}{a(a-x_n)}$ 的最小值.

推广 3：设 a，$x_i > 0$，$i = 1, 2, \cdots, n$，$a > x_1 + x_2 + \cdots + x_n$，求 $a^2 + \dfrac{1}{ax_1} + \dfrac{1}{ax_2} + \cdots + \dfrac{1}{ax_n} + \dfrac{1}{a(a-x_1-x_2-\cdots-x_n)}$ 的最小值.

推广 1 仅要求了解 $n = 1, 2, 4, 6$ 即可. 推广 2 貌似困难，实则不难. 推广 3 需要用到 n 元均值不等式或柯西不等式，这已超过了中学的范围，不应要求. 如果让学生从特殊的事例看出或提出一般性的问题，这实质上是培养学生的问题意识和提出问题的能力.

五、教学启示

此题对教学的启示是多方面的：①不管是新课教学还是高三复习，都应重视教材中例题、习题、复习题的研究．这里并不是指对教材中所有题目都进行研究，而是指对教材中部分富含思维价值的题目进行一些研究，研究包括观察与思考、分析与探究、变式与拓展、反思与提高等．②应大力提倡立足于教材编拟高考题．唯有如此，才能给教师和学生吃一颗"定心丸"，才能真正使高中数学教学重视教材、回归教材、研究教材．从本题可以看出，教材中的问题经过变式、推广、改编、包装后，其难度可以变得很高，这说明"教材并不简单""教材值得研究"．③数学解题教学的核心是解题分析的教与学．解题分析的教学既需要老师的指导与示范，更需要学生的尝试与领会，尝试可以获得经验，领会可以感悟解题规律．④数学解题应追求美．在数学思想的阳光下，以数学方法为手段，化繁为简、变丑为美的过程，就是数学解题对美的追求．⑤数学教学应淡化例题和练习题的数量，应以"通过有限道题的学习去领悟那种解无限道题的数学机智"为依归．

思考与研究：

本案例的"教学启示"对解题教学有什么启示？

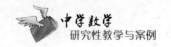

案例8　钻研数学教材的几个视角①

教材是连接课程方案与教学实践的枢纽，是教师教和学生学的载体. 研究者普遍认为，教师在他们的日常教学中相当依赖于教材，在很大程度上依据所使用的教材而决定教什么、怎么教以及给学生布置哪些习题等.② 正因如此，在过去20年里，教材在教师教和学生学数学中所扮演的角色越来越引起研究者的关注.③ 但是教师在实际使用过程中，未真正认识领悟教材价值，流于表面，甚至出现脱离教材的现象，出现过度注重知识和技能，忽视隐藏的数学思想方法；过度注重事实性知识和概念性知识，忽视方法性知识和价值性知识；过度重视结果，忽视过程；过度注重对考试有用的例、习题，忽视阅读材料等.《学记·尚书》记载："既知教之所由兴，又知教之所由废，然后，可以为人师也." 为此，需要教师进行多角度解读，钻研教科书的隐性价值，切实提高自身的教育教学水平，促进学生的发展.

一、数学的视角

教育是传递知识，这好像是天经地义，毋庸在这个问题上吹毛求疵.④ 数学专业知识是数学教材的骨架，数学思想方法是数学教

---

① 吴立宝，曹一鸣，秦华. 钻研数学教材的几个视角 [J]. 中学数学教学参考（高中版），2013（4）：2-4，8.

钻研数学教材是数学教师的基本功，本案例的几个视角值得学习.

② 姜美玲. 教师实践性知识研究 [M]. 上海：华东师范大学出版社，2008：132.

③ BALL D L，COHEN D K. Reform by the book：What is-or might be-the role of curriculum materials in teacher learning and instructional reform？ [J]. Educational Researcher，1996，25（9）：6-8，14.

④ 陈元晖. 中国教育学七十年 [J]. 北京师范大学学报（社会科学版），1991（5）：52-94.

材的灵魂，从数学学科视角挖掘教材是首要的，也是必需的．美国著名学者布鲁纳说："不论我们选教什么学科，务必使学生理解学科的基本结构."[①] 对数学而言，就是务必使学生理解数学学科的基本结构．教师讲好数学、学生学好数学的前提是教师要理解数学，弄清楚教材中数学知识的基本结构、基本思想方法．教师虽不是数学家，但是讲授的是数学知识，需要从数学的角度，从纯数学的视角来看教材，弄清楚数学概念、命题的来龙去脉，弄清楚教材中哪些是数学事实性知识、原理性知识、策略性知识，尤其是原理性知识与策略性知识．作为一个数学教师，"要想给学生一杯水，自己先要有一桶水"，正如苏联教育家马卡连柯所认为的："学生可以原谅教师严厉、刻板甚至吹毛求疵，但不能原谅他们不学无术."[②] 教师应深入钻研数学教材，把其承载的数学知识提取出来，还原为学术形态，掌握其精髓，把握其本质，理解其内涵．试想一下，如果没有教师对于教科书数学知识的本质把握，哪有可能站得高，看得远，高屋建瓴，游刃有余地处理教材内容？合作学习也好，探究学习也罢，如果没有扎实的数学知识作为铺垫，那么如何有效开展？现在，一些小学数学教师的公开课、示范课，引起评课者（或专家）的质疑："你们上的是数学课？"这在一定程度上说明现在教师对数学知识的忽视或者重视程度不够，重点不够突出，在本书中有作者谈到这个问题，防止去数学化．

　　从数学学科的视角来分析教材，弄清楚知识的来龙去脉，并非要求教师一定去学大量的纯数学知识，教师可从纵向上了解中小学数学中每个主要概念和定理的来龙去脉和直观意义，从史学的角度了解，力争做到中小学数学与高等数学的对接，以切实把握蕴含在其中的数学思想方法和数学精神．唯有如此，才能知道数学概念从何处来，到哪里去，把知识连成线，串成网，构成体．如用函数的思想处理方程、不等式的相关问题，方程、不等式本质上都是函数

① 布鲁纳. 教育过程［M］. 邵瑞珍，译. 北京：文化教育出版社，1982：47.

② 吴式颖. 马卡连柯教育文集［M］. 北京：人民教育出版社，2005.

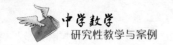

的特定状态，这样使得方程、不等式与函数紧密联系在一起．目前，数学教学中一味去形式化是不可取的，毕竟形式化是数学的基本特征之一，容易出现"捡了芝麻，丢了西瓜"的后果．近两年教育部实施的"国培计划"中更是明确要求加大教师对于数学专业知识、数学思想方法的理解与领悟．

二、教的视角

教师对教材理解要体现教者本色，对教材内容按照教的视角进行重构．在《数学教与学研究手册》中，Elizabeth Fennema 和 Megan Loef Franke 说道："另一类与内容并不完全分离的知识是应该如何在教学中表达数学．这牵涉到取出复杂的教材内容，并将它转化成学生能理解的表达形式，这种从数学到可理解的表达形式的转变正是区分数学教师与数学家的地方．""数学是由一大群高度有关联的抽象概念所组成的，如果教师不知道如何把这些抽象概念转换化能使学习者把数学与他已经知道的联系起来的方式，那么他们就不可能理解地学会这一切."① 需注意，教师是"用教材教"而不是"教教材".

首先，教师整体把握教材．浏览整套教材、整册教材，宏观了解其编写体例与说明、要求及教材的基本特点，形成对教材的宏观认识．清楚各个知识单元组块之间的安排次序，明确单元之间的前后联系，进一步明确单元内每一概念与命题的地位与作用．反过来，再把每一概念与命题放到整节课、整个单元、整章、整册书、整个学段进行通篇考虑．教材呈现的静态的知识隐藏什么数学思想方法？蕴含什么情感因素？是直线式还是螺旋式编排？知识衔接如何？关联度有多大？后续知识是前面的加深还是其应用？等等．

其次，教师从细微之处入手．教师需要仔细推敲教材中的每一

---

① 格劳斯 D A. 数学教与学研究手册［M］. 陈昌平，王继延，陈美廉，等，译. 上海：上海教育出版社，1999：235-236.

字，每一句话，每一幅图，每一个例题，每一个练习，每一个备注．只有反复推敲打磨，才能有效确定重难点，毕竟有的新知识可能在练习中出现．然后对教材中的主题图、概念、命题、例题、习题进行教学法的加工，使之符合自己的风格，按照教学逻辑来设计教学，根据自己班级具体情境进行更改，形成自己的特色．教材从内容呈现方式来看，是由自然语言、符号语言、图表语言等混合编排的，这三种语言是如何转换的？三种语言承载的教材内容在培养学生中担负何种职能？这些需要教师从教的角度思考，如例题中的插图是告诉学生一个情节，一些生活原型，是培养学生想象力的地方，切不可将插图变成文字，而是让学生自由地发挥、理解、想象．

三、学的视角

学生的学习是建立在已有的知识技能、活动经验、生活背景等基础上的．奥苏贝尔认为："影响学习最主要的因素是学生已知的内容，弄清了这一点之后，进行相应的教学．"[①] 只有当学习的新内容与学生头脑中的原有的认知结构相联系，才会产生有意义的学习，从而产生新的认知结构．从学生学的视角来看待教材，务必考虑学生的现有认知水平以及潜在的认知水平，教师需要换位思考，"把自己放在学生的位置上，他应当看到学生的情况，应当努力去理解学生心里正在想什么，然后提出一个问题或是指出一个步骤，而这正是学生自己原本应想到的．"[②] 教材虽然在编写时考虑了学生的身心发展，此一时彼一时，随着时代发展，教材未必能紧随改版．教师需考虑学生的需要、学生的基础，从学生的认知逻辑来挖掘教材，使其服务于学生的学习．"模拟"学生学习的过程，回顾以前自己学习时的困惑．概念呈现是否从学生的需要出发？出发点

① 施良方．学习论［M］．北京：人民教育出版社，2000：221．
② 乔治·波利亚．怎样解题：数学思维的新方法［M］．涂泓，冯承天，译．上海：上海科技教育出版社，2007：1．

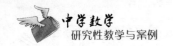

是否合适？是否符合自己班级学生实际？学生如何理解教材呈现的主题图（包括插图）、备注、例题、习题？有没有困难？如果有的话，困难在什么地方？这些困难是如何产生的？如何引导学生解决困难？解决路径是否唯一？等等. 1994 年，Sfard 在第 18 届数学教育心理学大会上提出，如果要洞察学生的学习过程以及学习困难，历史无疑是一个极佳的视角. 不仅如此，他还说："这种相似性在同化或创造或学习新概念的特别关头是非常显著的，已经建构的知识要经受彻底的再组织，整个认识论基础也要重新建构."此外还依靠自己过去的教学经验，有效地但不露痕迹和自然地帮助学生，为此教师需要一遍一遍问同样的问题.

　　基于学生，为了学生，有效促进学生发展始终是教师钻研教材的落脚点. 钻研教材还需要具有发展性，具有一定的超前性，使教材内容真正成为促进学生个体自由和谐发展的载体、工具. 教材内容是学生学会的，而不是教师教会的. 教师唯有站在学生的角度思考教材，挖掘教材，才能更好地理解教材，提高教师与学生课堂对话的深度与有效性，才能真正提高自己的教学效率. 教材承载的数学科学知识体系同中小学生认知能力发展的现有水平是矛盾的，年龄越小，知识越少，矛盾越尖锐. 因此，钻研教材务必思考学生的心理发展水平，需要教师充分考虑学生的认知发展起点，使得"跳一跳，摘到桃子". 再者，教师面对的学生不同，其学习路径不同，遇到的困难也不同，需要教师灵活根据学生群体的不同，采取灵活多样的处理方式. 此外，还需要思考学生在学习相关知识过程中对态度、理想、情感和兴趣的习得，使学生产生愉快的心理体验，这就是伴随学习或者附带学习.

四、考的视角

　　教材是中、高考各类考试试题的来源，"问渠那得清如许，为有源头活水来". 对教材的例题或习题进行改编，获得较为新颖的高考数学试题. 但是试题并不是完全出自于教材，而是基于教材，高于教材. 那么教师为了更好地提高学生的成绩与能力, 也应该具备命题者的视角, 从考的角度来挖掘教材, 为考而教未必都是坏事. 2010 年高考数学四川卷文理科第 19 题, 直接考察教材中最基本的两角和的余弦公式的推导; 2012 年高校自主招生考试试题 "证明内角相等的圆内接五边形必为正五边形", 就源自于人教版《数学 (九年级上册)》第 24 章 "圆" 第 3 节 "正多边形和圆" 的练习第 2 题 "各边相等的圆内接多边形是正多边形吗? 各角相等的圆内接多边形呢? 如果是, 说明为什么; 如果不是, 举出反例"①. 这些来自于教材的试题得分比较低, 从一个角度说明了教师对教材的忽视. 教师钻研教材不能脱离中、高考, 这是中国目前教育必须面对的现实问题, 在一定程度上可以避免师生共同陷在学生解题和教师讲题的 "题海". 有大学教授曾建议: "中学数学教学应该重视教材的利用与开发、重数学本质的揭示与思维过程的暴露、重知识的形成过程与知识间的逻辑关系、重数学概念的理解与内化、重数学思想方法的总结与提炼."② 譬如在复习概率知识的时候, 不是简单对学过知识的重复, 而是要帮助学生整体宏观建构起概率知识网络, 从而更好地促进学生认知结构的完善, 这样记忆才能牢靠, 提取才能快速, 应用才能灵活. 在梳理知识网络的过程中, 一定要注意注重数学思想方法的提炼, 强化随机思想. 随机思想是高中数学课程的核心思想之一, 贯穿于高中数学课程始终, 也是高中数学的一条主要脉络. ③

五、生活的视角

英国教育家怀特海曾说: "教育只有一种教材, 那就是生活的

---

① 吴立宝, 秦华. 2012 年大学自主招生考试一道平面几何题分析 [J]. 中国数学教育 (高中版), 2013 (5): 36-38.

② 赵思林. 一道公式推导试题引发的争论与思考 [J]. 数学通报, 2011, 50 (9): 16-18.

③ 吴立宝, 邵珍红. 一道 2012 年大学自主招生考试概率问题分析 [J]. 数学通报, 2012 (7): 44-46, 48.

一切方面."① 强调数学与现实生活的联系是我国第八次基础教育课程改革的一个重要特征. 中国的数学教师对数学的应用意识普遍重视不够②,应从学生的生活经验出发,更好地理解与掌握抽象的数学概念与知识,把抽象出来的数学概念与知识应用于新的情境中. 数学的应用越来越广泛,正在不断地渗透到社会生活的方方面面,有力地推动着社会生产力的发展. 教材里的主题图、例题、习题的背景,都是来自社会生活的各个方面,既有个体的生活背景,又有社会群体的公共生活背景、科学背景等,如中学教材方程中的引入、应用等都密切联系了学生生活的实际. 要培养学生数学应用意识,必须密切与现实生活的联系,在应用过程中进行培养. 现实生活是数学知识的原型,可以有效锻炼学生"举三反一"的数学归纳能力,掌握知识之后,训练学生"举一反三"的数学应用能力,把学到的新知识应用于新的情境之中."学校应该关心学生毕业离校时世界将要发生的情况,要据此来培养青少年,使他们善于适应做成人时将要遇到的情况."③ 当然凡事都要有个度,这个需要处理好"生活化"的度④,不是"去数学化",不是以"生活化"取代"数学味".

六、研究的视角

教师拥有研究者的视角,进行全方位研究,在这里特指课后反思. 如教师对方程的课后反思,通过自己的教学实践,从多个层面、多个角度反思,以研究者的角色查找自己在钻研教材时,是否存在有待进一步改进的问题? 教学存在的问题是什么? 学生学习的

---

① 华东师范大学,杭州大学教育系. 现代西方资产阶级教育思想流派论著选[M]. 北京:人民教育出版社,1981:116.

② 郑毓信. 数学教育:动态与省思[M]. 上海:上海教育出版社,2005:97.

③ BROODY H S. What knowledge is of most worth? [J]. Educational leadership, 1982, 39 (8):574-578.

④ 曹一鸣,许莉花. 数学与现实生活联系的度是什么——基于中国 4 位数学教师与 TIMSS 1999 录像研究的比较 [J]. 中国教育学刊,2007 (6):60-62,68.

困难在哪里？为什么会有这样的问题？解决的办法是否合适？哪些方法取得了好的教学效果？有没有更好的教学方法？有没有更好的解题策略？通过一系列这样的思考，找到自己在教学中存在的优点、缺点，通过不断地摸索，扬长避短，多次反复，逐渐形成自己独特的教学风格. 通过回归自我，凝神拷问，梳理归纳出一个较为完整的钻研数学教材的方案，再实施，再反思，再修改. 教育没有最好，只有更好，尽量超越自己，把"追求卓越"作为自己的奋斗目标和追求，正如摩根·尼斯（Mogens Niss）所说："理想的数学教师是一个美好的事物. 这样的教师，应是一位纯粹数学家、应用数学家；一位历史学家、社会学家、教育社会学家；一位教育家、数学教育家、数学哲学家；一位心理学家、政治家、有魅力的演讲家和领导者；甚至是一位医生、神父、作家."① 这是每一位数学教师的最高境界. 教师应多角度、多层次研读教材，切实把握教材，更好地组织教材，更有效地提高教学质量，走出一条适合个人特色的钻研教材的道路.

"用教材教"而不是"教教材"，教师只有吃透教科书的精神与实质，才能更加灵活、更富有创造性地使用教科书资源，不断提高教科书的"附加值"."钻入教材"是基础，"跳出教材"是拓展和深化，前者重在理解，后者重在反思应用. 无论设计怎样科学，怎样完美，怎样利于学生，最终一定要落实到课堂教学中，以课堂教学实践来检验效果.

思考与研究：
仿照本案例，举例说明如何确定研究的角度（视角）.

---

① 张奠宙，唐瑞芬. 数学教育国际透视［M］. 杭州：浙江教育出版社，1995：7.

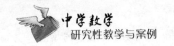

中学数学
研究性教学与案例

案例9 2012年高考数学四川卷（理）16题探究①

2012年高考数学四川卷（理）16题：

记 $[x]$ 为不超过实数 x 的最大整数. 例如，$[2]=2$，$[1.5]=1$，$[-0.3]=-1$. 设 a 为正整数，数列 $\{x_n\}$ 满足

$$x_1=a，x_{n+1}=\left[\frac{x_n+\left[\frac{a}{x_n}\right]}{2}\right]（n\in\mathbf{N}^*）.$$ 现有下列命题：

①当 $a=5$ 时，数列 $\{x_n\}$ 的前3项依次为5，3，2；

②对数列 $\{x_n\}$ 都存在正整数 k，当 $n\geqslant k$ 时总有 $x_n=x_k$；

③当 $n\geqslant 1$ 时，$x_n>\sqrt{a}-1$；

④对某个正整数 k，若 $x_{k+1}\geqslant x_k$，则 $x_k=[\sqrt{a}]$.

其中的真命题有_____. （写出所有真命题的编号）

此题以数论中的高斯函数为载体，以寻找平方根的算法为背景，意在考查考生的阅读理解能力、数学探究能力、直觉思维能力. 命题①的判断，只需通过几次运算即可获得；命题②的判断，需要举反例即知其假；命题③、④的判断，首先需要对一些特殊的 a 的值，通过计算得到一些特殊结论，然后将特殊结论予以推广而获得一般结论的猜想，最后对猜想给出严格证明. 但命题③、④的严格证明比较困难，况且本题作为填空题是不需要写出证明过程的. 因此，命题③、④的判断，实际上是考查学生的探究意识和直觉思维（猜出结论）.

高考后出现了一个怪现象，就是老师普遍认为该题很难，甚至还有老师认为本题有"超纲"之嫌，但有一些考生觉得本题不是太难. 老师认为该题难，其原因是证明③、④的技巧较高，不容易想

---

① 赵思林，邓才明. 2012年高考数学四川卷（理）16题探究［J］. 中学数学研究（江西），2012（12）：10-12.

146

到. 考生看到命题③、④后，感到无从下手，根本不会去想如何证明，只好从特殊下手，通过猜想直接得到结论，这就比较巧妙地回避了证明③、④的困难. 再深入地想一想，在中学，教师不怕证明，学生普遍怕证明，也就是说，数学教师的证明功底比学生深厚得多，对于本题，数学教师总想去证明，而学生在较短时间内一般不会去想③、④的证明. 因此，教师和学生对这个问题的思维方向是相反的. 从而，上述怪现象就不难理解了.

下面我们给出分析与解答.

分析：对命题 ①：$x_1 = 5$，$x_2 = \left[\dfrac{5+1}{2}\right] = 3$，$x_3 = \left[\dfrac{3+\left[\dfrac{5}{3}\right]}{2}\right] = 2$. 所以①正确.

对于命题②的判断，需要举反例说明. 事实上，取 $a = 3$，则 $x_1 = 3$，$x_2 = 2$，$x_3 = \left[\dfrac{2+\left[\dfrac{3}{2}\right]}{2}\right] = 1$，$x_4 = \left[\dfrac{1+3}{2}\right] = 2$，$x_5 = \left[\dfrac{2+\left[\dfrac{3}{2}\right]}{2}\right] = 1$. 所以②不正确.

命题③、④的判断，首先对一些特殊的 a 的值，通过计算得到一些特殊的数列，然后从特殊的数列将其推广而获得一般结论的猜想，最后对猜想给出严格证明.

当 $a = 1$ 时，$x_1 = 1$，$x_2 = \left[\dfrac{1+1}{2}\right] = 1$，$x_3 = 1$，$x_4 = 1$，所以 $x_n = 1$.

当 $a = 2$ 时，$x_1 = 2$，$x_2 = \left[\dfrac{2+1}{2}\right] = 1$，$x_3 = \left[\dfrac{1+\left[\dfrac{2}{1}\right]}{2}\right] = 1$，所以 $x_n = 1$（$n \geqslant 2$）.

当 $a = 3$ 时，$x_1 = 3$，$x_2 = 2$，$x_3 = 1$，$x_4 = 2$，$x_5 = 1$.

当 $a = 4$ 时，$x_1 = 4$，$x_2 = \left[\dfrac{4+1}{2}\right] = 2$，$x_3 = \left[\dfrac{2+\left[\dfrac{4}{2}\right]}{2}\right] = 2$，

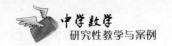
所以 $x_n = 2$ $(n \geq 2)$.

当 $a = 5$ 时，$x_1 = 5$，$x_2 = 3$，$x_3 = 2$，$x_4 = \left[\dfrac{2 + \left[\frac{5}{2}\right]}{2}\right] = 2$，所以 $x_n = 2$ $(n \geq 3)$.

······

由上经过观察，可得猜想：命题③正确，命题④正确.

解：由分析可知，命题①正确，②不正确. 下面证明③、④的正确性.

对命题③：因为 $[x]$ 为不超过实数 x 的最大整数，所以恒有 $x - 1 < [x] \leq x$.

因为 a 为正整数，$x_1 = a$，所以 $x_n \geq 1$，因此 x_n 为正整数.

当 $n = 1$ 时，$x_1 = a \geq \sqrt{a} > \sqrt{a} - 1$，所以③成立.

当 $n = 2$ 时，$x_2 = \left[\dfrac{a+1}{2}\right] > \dfrac{a+1}{2} - 1 \geq \sqrt{a} - 1$，所以③成立.

当 $n \geq 2$ 时，

$$x_n\left[\dfrac{x_{n-1} + \left[\frac{a}{x_{n-1}}\right]}{2}\right] \geq \dfrac{x_{n-1} + \left[\frac{a}{x_{n-1}}\right] - 1}{2} > \dfrac{x_{n-1} + \frac{a}{x_{n-1}} - 1 - 1}{2}$$

$$= \dfrac{1}{2}\left(x_{n-1} + \dfrac{a}{x_{n-1}}\right) - 1 \geq \sqrt{a} - 1,$$

综上，总有 $x_n > \sqrt{a} - 1$. 所以命题③成立.

对命题④：$2x_k \leq 2x_{k+1} = 2\left[\dfrac{x_k + \left[\frac{a}{x_k}\right]}{2}\right] \leq x_k + \left[\dfrac{a}{x_k}\right]$，

所以 $x_k \leq \left[\dfrac{a}{x_k}\right] \leq \dfrac{a}{x_k}$.

所以 $x_k^2 \leq a$，即 $x_k \leq \sqrt{a}$.

再由③的结论，有 $\sqrt{a} - 1 < x_k \leq \sqrt{a}$.

故 $[x_k] = [\sqrt{a}]$.

注：在命题③的证明过程中用了不等式：$\left[\dfrac{x}{2}\right] \geq \dfrac{x-1}{2}$（其中

x 为正整数).

从③、④的证明可以看出，其技巧比较高，难度比较大. 这说明，充分运用直觉思维（如猜想），是对付一些比较难的高考题的好办法.

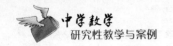

案例 10 2012 年高考数学四川卷理科 12 题研究^①

2012 年高考数学四川卷理科 12 题：

设函数 $f(x) = 2x - \cos x$，$\{a_n\}$ 是公差为 $\dfrac{\pi}{8}$ 的等差数列，

$$f(a_1) + f(a_2) + \cdots + f(a_5) = 5\pi,$$

则 $[f(a_3)]^2 - a_1 a_3 = (\quad)$.

A. 0   B. $\dfrac{1}{16}\pi^2$ C. $\dfrac{1}{8}\pi^2$ D. $\dfrac{13}{16}\pi^2$

此题立意高远，背景深刻，综合性强，思维量大，值得探究．本文拟从解题思路探索、问题的几何背景、问题的推广等角度，对此题进行一番研究．

一、解题思路探索

分析：由于 $\{a_n\}$ 是公差为 $\dfrac{\pi}{8}$ 的等差数列，所以本题的关键是求出该等差数列的前 5 项中的任何一项，比如 a_1 或 a_3．又注意到，$f(a_1) + f(a_2) + \cdots + f(a_5) = 5\pi$ 是一个 5 元不定方程，要从这个方程中解出数列的前 5 项，一般来说是困难的，因此，只能另辟蹊径．

由 $f(a_1) + f(a_2) + \cdots + f(a_5)$

$= 2(a_1 + a_2 + a_3 + a_4 + a_5) - \cos\left(a_3 - \dfrac{2\pi}{8}\right) -$

$\cos\left(a_3 - \dfrac{\pi}{8}\right) - \cos a_3 - \cos\left(a_3 + \dfrac{\pi}{8}\right) - \cos\left(a_3 + \dfrac{2\pi}{8}\right)$

---

① 赵思林，赵晓林. 2012 年高考数学四川卷理科 12 题研究［J］. 中学数学杂志（高中），2012（9）：55-56.

$$=2\times5a_3-2\cos a_3\cos\frac{2\pi}{8}-2\cos a_3\cos\frac{\pi}{8}-\cos a_3$$

$$=10a_3-\left(\sqrt{2}+2\cos\frac{\pi}{8}+1\right)\cos a_3,$$

所以 $10a_3-\left(\sqrt{2}+2\cos\dfrac{\pi}{8}+1\right)\cos a_3=5\pi$.

这是一个超越方程,用常规方法是难以求解的,只能靠猜想.比较自然的想法是希望 $\left(\sqrt{2}+2\cos\dfrac{\pi}{8}+1\right)\cos a_3=0$,这样就可回避超越运算. 欲使 $\left(\sqrt{2}+2\cos\dfrac{\pi}{8}+1\right)\cos a_3=0$,由于 $\sqrt{2}+2\cos\dfrac{\pi}{8}+1\neq0$,所以必须 $\cos a_3=0$.

由此可猜想: $\cos a_3=0$,即 $a_3=\dfrac{\pi}{2}$. 剩下的事情是证明猜想的正确性.

解:由计算可知, $f(a_1)+f(a_2)+\cdots+f(a_5)=10a_3-\left(\sqrt{2}+2\cos\dfrac{\pi}{8}+1\right)\cos a_3.$

又 $f(a_1)+f(a_2)+\cdots+f(a_5)=5\pi$,

所以 $10a_3-\left(\sqrt{2}+2\cos\dfrac{\pi}{8}+1\right)\cos a_3=5\pi$.

构造函数 $h(x)=10x-\left(\sqrt{2}+2\cos\dfrac{\pi}{8}+1\right)\cos x$,并注意到 $0<\sqrt{2}+2\cos\dfrac{\pi}{8}+1<5$,则有 $h'(x)=10+\left(\sqrt{2}+2\cos\dfrac{\pi}{8}+1\right)\sin x>0$,从而 $h(x)$ 在 $(-\infty,+\infty)$ 上单调递增.

又 $h(a_3)=5\pi=h\left(\dfrac{\pi}{2}\right)$,

所以必有 $a_3=\dfrac{\pi}{2}$.

从而 $a_1=\dfrac{\pi}{2}-2\cdot\dfrac{\pi}{8}=\dfrac{\pi}{4}$, $a_5=\dfrac{\pi}{2}+2\cdot\dfrac{\pi}{8}=\dfrac{3\pi}{4}$,

所以 $\left[f(a_3)\right]^2-a_1a_5=\left[f\left(\dfrac{\pi}{2}\right)\right]^2-\dfrac{\pi}{4}\cdot\dfrac{3\pi}{4}=\pi^2-\dfrac{3\pi^2}{16}=\dfrac{13\pi^2}{16}$.

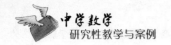

故选 D.

评注：（1）做到 $10a_3 - \left(\sqrt{2} + 2\cos\dfrac{\pi}{8} + 1\right)\cos a_3 = 5\pi$ 时，就用了先猜后证的方法，其证明需要先构造辅助函数，然后用导数判断此辅助函数是增函数，进而解出 $a_3 = \dfrac{\pi}{2}$.

（2）更简便的方法是，当化到 $f(a_1) + f(a_2) + \cdots + f(a_5) = 10a_3 - \cos\left(a_3 - \dfrac{2\pi}{8}\right) - \cos\left(a_3 - \dfrac{\pi}{8}\right) - \cos a_3 - \cos\left(a_3 + \dfrac{\pi}{8}\right) - \cos\left(a_3 + \dfrac{2\pi}{8}\right) = 5\pi$ 时，就可以猜想：5 个余弦值的和必等于 0. 从而可得猜想 $a_3 = \dfrac{\pi}{2}$. 这样做，可以回避对 5 个余弦值的和的化简. 但此时构造的辅助函数就会比较复杂.

二、问题的几何背景

因为 $f'(x) = 2 + \sin x > 0$，所以 $f(x)$ 在 $(-\infty, +\infty)$ 上单调递增.

易知，$f(\pi - x) = 2\pi - f(x)$，

所以函数 $f(x)$ 的图像关于点 $\left(\dfrac{\pi}{2}, \pi\right)$ 成中心对称.

又 $f\left(\dfrac{\pi}{2}\right) = \pi$，$f(a_1) + f(a_2) + \cdots + f(a_5) = 5\pi$，

所以 $f(a_1) + f(a_2) + \cdots + f(a_5) = 5f\left(\dfrac{\pi}{2}\right)$.

即 $f\left(a_3 - 2 \cdot \dfrac{\pi}{8}\right) + f\left(a_3 - \dfrac{\pi}{8}\right) + f(a_3) + f\left(a_3 + \dfrac{\pi}{8}\right) + f\left(a_3 + 2 \cdot \dfrac{\pi}{8}\right) = 5f\left(\dfrac{\pi}{2}\right)$.

再注意到 $f(x)$ 在 $(-\infty, +\infty)$ 上单调递增，则有 $f(a_3) = f\left(\dfrac{\pi}{2}\right)$，

从而有 $a_3 = \dfrac{\pi}{2}$. 以下从略.

评注：此方法充分利用了问题的几何背景（函数图像成中心对称），回避了烦琐运算，解答过程简洁明快，显示了数形结合的强大威力.

三、问题的推广

将本题推广，可得以下命题.

命题 1：设函数 $f(x) = 2x - \cos x$，$\{a_n\}$ 是公差为 $\dfrac{\pi}{8}$ 的等差数列，$f(a_1) + f(a_2) + \cdots + f(a_{2n-1}) = (2n-1)\pi$，则 $a_1 = \dfrac{\pi}{4}$，$a_n = \dfrac{\pi}{2}$.

命题 2：设函数 $f(x) = kx - \cos x$，$|k| > 1$，$\{a_n\}$ 是公差为 $\dfrac{\pi}{8}$ 的等差数列，$f(a_1) + f(a_2) + \cdots + f(a_{2n-1}) = \left(n - \dfrac{1}{2}\right)k\pi$，则 $a_1 = \dfrac{\pi}{4}$，$a_n = \dfrac{\pi}{2}$.

命题 3：设函数 $f(x) = kx - \cos x$，$|k| > 1$，$\{a_n\}$ 是公差为 d 的等差数列，$f(a_1) + f(a_2) + \cdots + f(a_{2n-1}) = \left(n - \dfrac{1}{2}\right)k\pi$，则 $a_n = \dfrac{\pi}{2}$.

命题 4：设函数 $f(x) = kx + \sin x$，$|k| > 1$，$\{a_n\}$ 是公差为 d 的等差数列，$f(a_1) + f(a_2) + \cdots + f(a_{2n-1}) = (2n-1)k\pi$，则 $a_n = \pi$.

这几个命题的证明方法是类似的，下面仅给出命题 3 的证明：

易知，$a_1 + a_2 + \cdots + a_{2n-1} = \dfrac{(2n-1)(a_1 + a_{2n-1})}{2} = (2n-1)a_n$，

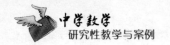

$$\cos a_1 + \cos a_2 + \cdots + \cos a_{2n-1}$$

$$= \sum_{i=1}^{n-1} \cos(a_n - id) + \cos a_n + \sum_{i=1}^{n-1} \cos(a_n + id)$$

$$= \left(\sum_{i=1}^{n-1} 2\cos id + 1 \right) \cos a_n.$$

所以 $f(a_n) + f(a_2) + \cdots + f(a_{2n-1}) = k(2n-1)\pi - \left(\sum_{i=1}^{n-1} 2\cos id + 1 \right) \cos a_n.$

又 $f(a_1) + f(a_2) + \cdots + f(a_{2n-1}) = \left(n - \dfrac{1}{2} \right) k\pi,$

所以 $k(2n-1)a_n - \left(\sum_{i=1}^{n-1} 2\cos id + 1 \right) \cos a_n = \left(n - \dfrac{1}{2} \right) k\pi.$

易证 $g(x) = k(2n-1)x - \left(\sum_{i=1}^{n-1} 2\cos id + 1 \right) \cos x$ 在 $(-\infty, +\infty)$ 上单调递增,

并且 $g(a_n) = k(2n-1)\dfrac{\pi}{2} = g\left(\dfrac{\pi}{2} \right),$

故 $a_n = \dfrac{\pi}{2}.$

案例 11 2012 年高考数学四川卷理科 22 题探究[①]

2012 年高考数学四川卷理科 22 题：

已知 a 为正实数，n 为自然数，抛物线 $y = -x^2 + \dfrac{a^n}{2}$ 与 x 轴正半轴相交于点 A，设 $f(n)$ 为该抛物线在点 A 处的切线在 y 轴上的截距.

（Ⅰ）用 a 和 n 表示 $f(n)$；

（Ⅱ）求对所有 n 都有 $\dfrac{f(n)-1}{f(n)+1} \geqslant \dfrac{n^3}{n^3+1}$ 成立的 a 的最小值；

（Ⅲ）当 $0 < a < 1$ 时，比较 $\displaystyle\sum_{k=1}^{n} \dfrac{1}{f(k)-f(2k)}$ 与 $\dfrac{27}{4} \cdot \dfrac{f(1)-f(n)}{f(0)-f(1)}$ 的大小，并说明理由.

高考后有教师咨询第（Ⅲ）问的解法，说明第（Ⅲ）问有较高难度. 本文从设计意图探析、解题思路的发现、问题的加强等方面，对此题进行一番研究.

一、设计意图探析

本题主要考查导数的应用、不等式、数列等基础知识，考查思维能力、运算能力、分析问题与解决问题的能力和创新意识，考查函数、转化与化归、特殊与一般等数学思想方法. 本题以抛物线及其切线为载体，由（Ⅰ）可得 $f(n) = a^n$，这是一个关于 n 的指数函数. 此题立意深远，解法较多，富含思维价值，对教学有诸多启示.

---

① 赵思林，邓才明. 2012 年高考数学四川卷理科 22 题探究［J］. 中学数学研究（江西），2012（11）：30-31.

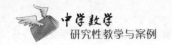

二、解题思路的发现

对（Ⅰ）而言，没有任何技巧，易得 $f(n)=a^n$.

对于（Ⅱ），首先找到 $\dfrac{f(n)-1}{f(n)+1}\geqslant\dfrac{n^3}{n^3+1}$ 成立的充要条件.

易知，$\dfrac{f(n)-1}{f(n)+1}\geqslant\dfrac{n^3}{n^3+1}\Leftrightarrow f(n)\geqslant 2n^3+1\Leftrightarrow a^n\geqslant 2n^3+1$.

其次，对 $a^n\geqslant 2n^3+1$ 中的 n 赋几个值去算，观察发现规律.
若取 $n=1$，则 $a\geqslant 3$；若取 $n=2$，则 $a\geqslant\sqrt{17}$；若取 $n=3$，则 $a\geqslant$
$\sqrt[3]{55}$；若取 $n=4$，则 $a\geqslant\sqrt[4]{129}$；…由此可发现 a 的最小值为
$\sqrt{17}$. 这时，问题就转化为证明：$(\sqrt{17})^n\geqslant 2n^3+1$. 但 $\sqrt{17}$ 不便
于用二项式定理，可考虑把 $\sqrt{17}$ 变小一点，从而问题转化为证明：
$4^n\geqslant 2n^3+1$. 其证明从略.

（Ⅲ）由（Ⅰ）知，$\displaystyle\sum_{k=1}^{n}\dfrac{1}{f(k)-f(2k)}=\sum_{k=1}^{n}\dfrac{1}{a^k-a^{2k}}$，
$\dfrac{f(1)-f(n)}{f(0)-f(1)}=\dfrac{a-a^n}{1-a}$.

下面只需证明：$\displaystyle\sum_{k=1}^{n}\dfrac{1}{a^k-a^{2k}}>\dfrac{27}{4}\cdot\dfrac{a-a^n}{1-a}$.

首先证明：当 $0<x<1$ 时，$\dfrac{1}{x-x^2}\geqslant\dfrac{27}{4}x$.

设函数 $g(x)=\dfrac{27}{4}x(x^2-x)+1$，$0<x<1$，则 $g'(x)=\dfrac{81}{4}$
$x\left(x-\dfrac{2}{3}\right)$.

当 $0<x<\dfrac{2}{3}$ 时，$g'(x)<0$；当 $\dfrac{2}{3}<x<1$ 时，$g'(x)>0$.

故 $g(x)$ 在区间（0，1）上的最小值 $g(x)_{\min}=g\left(\dfrac{2}{3}\right)=0$.

所以，当 $0<x<1$ 时，$g(x)\geqslant 0$，即得 $\dfrac{1}{x-x^2}\geqslant\dfrac{27}{4}x$.

由 $0<a<1$ 知 $0<a^k<1$ ($k\in\mathbf{N}^*$)，因此 $\dfrac{1}{a^k-a^{2k}}\geqslant\dfrac{27}{4}a^k$，从而

$$\sum_{k=1}^{n}\frac{1}{a^k-a^{2k}}\geqslant\frac{27}{4}\sum_{k=1}^{n}a^k=\frac{27}{4}\cdot\frac{a-a^{n+1}}{1-a}>\frac{27}{4}\cdot\frac{a-a^n}{1-a}.$$

以上基本上是（Ⅲ）的"标准答案"，属于构造性的，是综合法.

此解法是不太好想的. 下面我们去发现解题思路.

作辅助数列 $\{x_n\}$，令 $x_n=\displaystyle\sum_{k=1}^{n}\frac{1}{a^k-a^{2k}}-\frac{27}{4}\cdot\frac{a-a^n}{1-a}$.

下面考察 $\{x_n\}$ 的单调性.

易得，$x_{n+1}-x_n=\dfrac{1}{a^{n+1}-a^{2n+2}}-\dfrac{27}{4}\cdot a^n$.

从而，$x_{n+1}-x_n=\dfrac{4+27a^{3n+2}-27a^{2n+1}}{4(1-a^{n+1})a^{n+1}}$.

但因 $4+27a^{3n+2}-27a^{2n+1}$ 的符号无法判断，导致 $\{x_n\}$ 的单调性也无法判断. 问题的解决陷入困境. 其原因在于 $x_{n+1}-x_n=\dfrac{1}{a^{n+1}-a^{2n+2}}-\dfrac{27}{4}\cdot a^n$ 中出现了三个指数 a^{n+1}，a^{2n+2}，a^n，不是"同类项". 为解决指数不统一的矛盾，可以考虑将问题适当加强. 怎样加强呢？可用待定系数法，比如设 $x_{n+1}-x_n=\dfrac{1}{a^{n+1}-a^{2n+2}}-\dfrac{27}{4}\cdot a^\lambda$ ($\lambda\geqslant1$)，通分得

$$x_{n+1}-x_n=\frac{4+27a^{2n+2+\lambda}-27a^{n+1+\lambda}}{4(1-a^{n+1})a^{n+1}}.$$

现在要判断 $4+27a^{2n+2+\lambda}-27a^{n+1+\lambda}$ 的符号，凭经验，$a^{2n+2+\lambda}$，$a^{n+1+\lambda}$ 的指数之比为 2，3 或 $\dfrac{3}{2}$ 时，就可将问题化成二次函数或三次函数.

令 $\dfrac{2n+2+\lambda}{n+1+\lambda}=2$，则 $\lambda=0$，不可以；

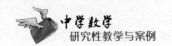
令 $\dfrac{2n+2+\lambda}{n+1+\lambda}=3$，则 $\lambda=-\dfrac{n+1}{2}$，不可以；

令 $\dfrac{2n+2+\lambda}{n+1+\lambda}=\dfrac{3}{2}$，则 $\lambda=n+1$，可行．

下面给出（Ⅲ）的一个新的解答．

令 $y_n=\displaystyle\sum_{k=1}^{n}\dfrac{1}{a^k-a^{2k}}-\dfrac{27}{4}\cdot\dfrac{a-a^{n+1}}{1-a}$．

下面考察数列 $\{y_n\}$ 的单调性．

易得，$y_{n+1}-y_n=\dfrac{1}{a^{n+1}-a^{2n+2}}-\dfrac{27}{4}\cdot a^{n+1}$．

若令 $a^{n+1}=t$，则 $0<t<1$，且 $y_{n+1}-y_n=\dfrac{1}{t-t^2}-\dfrac{27}{4}t$．

由三元均值不等式，知

$$y_{n+1}-y_n=\dfrac{\left(4+\dfrac{27t^3}{2}+\dfrac{27t^3}{2}\right)-27t^2}{4t(1-t)}\geqslant\dfrac{3\sqrt[3]{4\cdot\dfrac{27t^3}{2}\cdot\dfrac{27t^3}{2}}-27t^2}{4t(1-t)}=0.$$

所以数列 $\{y_n\}$ 是单调递增的．从而有 $y_n\geqslant y_1$．

又 $y_1=\dfrac{1}{a-a^2}-\dfrac{27}{4}a\geqslant0$，所以 $y_n\geqslant0$．

故 $\displaystyle\sum_{k=1}^{n}\dfrac{1}{a^k-a^{2k}}\geqslant\dfrac{27}{4}\cdot\dfrac{a-a^{n+1}}{1-a}>\dfrac{27}{4}\cdot\dfrac{a-a^n}{1-a}$．

三、问题的加强

加强 1：设 $0<a<1$，$n\in\mathbf{N}^*$，则 $\displaystyle\sum_{k=1}^{n}\dfrac{1}{a^k-a^{2k}}\geqslant\dfrac{27}{4}\cdot\dfrac{a-a^{n+1}}{1-a}$．

加强 2：设 $0<a<1$，$n\in\mathbf{N}^*$，则 $\displaystyle\sum_{k=1}^{n}\dfrac{1}{a^k-a^{2k}}\geqslant4+\dfrac{27}{4}\cdot\dfrac{a-a^n}{1-a}$．

加强 1 在上面已经注明了．现证明加强 2：

由加强 1 易知，$\displaystyle\sum_{k=1}^{n-1}\frac{1}{a^{k}-a^{2k}}\geqslant\frac{27}{4}\cdot\frac{a-a^{n}}{1-a}$．

又 $\dfrac{1}{a^{n}-a^{2n}}=\dfrac{1}{a^{n}(1-a^{n})}\geqslant\dfrac{1}{\dfrac{a^{n}+1-a^{n}}{2}}=4$．

所以 $\displaystyle\sum_{k=1}^{n}\frac{1}{a^{k}-a^{2k}}\geqslant 4+\frac{27}{4}\cdot\frac{a-a^{n}}{1-a}$．加强 2 证毕．

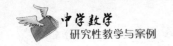

案例 12　2010 年高考数学四川卷理科 22 题解法探究[①]

2010 年四川卷理科 22 题：

设 $f(x)=\dfrac{1+a^x}{1-a^x}$（$a>0$ 且 $a\neq1$），$g(x)$ 是 $f(x)$ 的反函数.

（Ⅰ）设关于 x 的方程 $\log_a\dfrac{t}{(x^2-1)(7-x)}=g(x)$ 在 $[2，6]$ 上有实数解，求 t 的取值范围；

（Ⅱ）当 $a=\mathrm{e}$（e 为自然对数的底数）时，证明：$\displaystyle\sum_{k=2}^{n}g(k)>\dfrac{2-n-n^2}{\sqrt{2n(n+1)}}$；

（Ⅲ）当 $0<a\leqslant\dfrac{1}{2}$ 时，试比较 $\left|\displaystyle\sum_{k=1}^{n}f(k)-n\right|$ 与 4 的大小，并说明理由.

　　本题的设问方式比较新颖，（Ⅰ）（Ⅱ）主要是考导数的应用，但却没有一点导数的影子，这样设计新颖别致，很有意思. 此外，（Ⅱ）（Ⅲ）两问的思路宽、解法多. 三个问题的设计层次分明，逐步加大难度，有较好的区分度，（Ⅰ）属于基础题，（Ⅱ）属于中档题，（Ⅲ）是考用放缩法证明不等式，属于高难度问题，体现了高考的选拔功能.

　　解：（Ⅰ）函数 $f(x)$ 的定义域为 $\{x\mid x\neq0,x\in\mathbf{R}\}$.

　　由 $y=\dfrac{1+a^x}{1-a^x}$，得 $a^x=\dfrac{y-1}{y+1}>0$，

　　故 $x=\log_a\dfrac{y-1}{y+1}$，又由 $a^x=\dfrac{y-1}{y+1}>0$，得 $y>1$ 或 $y<-1$，

---

　　① 本案例作者：郑凤渊（四川省泸州市教育科学研究所）、李世和（内江市六中）、赵思林.

所以，$g(x)=\log_a\dfrac{x-1}{x+1}$（$x>1$ 或 $x<-1$）.

由条件知 $\log_a\dfrac{t}{(x^2-1)(7-x)}=\log_a\dfrac{x-1}{x+1}$ 在 $[2,6]$ 上有解，

故 $t>0$，且 $\dfrac{t}{(x^2-1)(7-x)}=\dfrac{x-1}{x+1}$，即 $(x-1)^2(7-x)=t$.

设 $h(x)=(x-1)^2(7-x)=-x^3+9x^2-15x+7$，

由 $h'(x)=-3x^2+18x-15=0$，得 $x_1=1$（舍）或 $x_2=5$，

有 $h(2)=5$，$h(5)=32$，$h(6)=25$.

综上所述，t 的取值范围是 $[5,32]$.

（Ⅱ）当 $a=\mathrm{e}$ 时，$g(x)=\ln\dfrac{x-1}{x+1}$（$x>1$ 或 $x<-1$）.

$$\sum_{k=2}^{n}g(k)=\ln\frac{1}{3}+\ln\frac{2}{4}+\ln\frac{3}{5}+\cdots+\ln\frac{n-1}{n+1}$$

$$=\ln\left(\frac{1}{3}\times\frac{2}{4}\times\frac{3}{5}\times\cdots\times\frac{n-1}{n+1}\right)=-\ln\frac{n(n+1)}{2}.$$

法一：设 $u(z)=-\ln z^2-\dfrac{1-z^2}{z}=-2\ln z+z-\dfrac{1}{z}$，$z>0$，

则 $u'(z)=-\dfrac{2}{z}+1+\dfrac{1}{z^2}=\left(1-\dfrac{1}{z}\right)^2$.

当 $z>0$ 时，$u'(z)\geqslant0$，所以 $u(z)$ 在 $(0,+\infty)$ 是增函数.

又因为 $z=\sqrt{\dfrac{n(n+1)}{2}}>1>0$，所以 $u\left(\sqrt{\dfrac{n(n+1)}{2}}\right)>u(1)$
$=0$，

即 $\ln\dfrac{2}{n(n+1)}-\dfrac{1-\dfrac{n(n+1)}{2}}{\sqrt{\dfrac{n(n+1)}{2}}}>0$，

所以 $\displaystyle\sum_{k=2}^{n}g(k)>\dfrac{2-n-n^2}{\sqrt{2n(n+1)}}$.

法二：原问题等价于证明 $\ln\dfrac{n(n+1)}{2}<\dfrac{n^2+n-2}{\sqrt{2n(n+1)}}=$

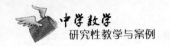

$$\frac{\dfrac{n(n+1)}{2}-1}{\sqrt{\dfrac{n(n+1)}{2}}} \quad (n \geqslant 2).$$

构造函数 $F(x)=\ln(1+x)-\dfrac{x}{\sqrt{1+x}}$ $(x>0)$,

$$F'(x)=\frac{1}{1+x}-\frac{\sqrt{1+x}-x\cdot\dfrac{1}{2\sqrt{1+x}}}{1+x}=\frac{-(\sqrt{1+x}-1)^2}{2(1+x)\sqrt{1+x}}<0.$$

故 $F(x)$ 在 $(0,+\infty)$ 上单调递减 $[$ 或 $F(x)$ 在 $(1,+\infty)$ 上单调递减 $]$,

于是 $F(x)<F(0)=0$, 即当 $x>0$ 时, 有 $\ln(1+x)<$

$\dfrac{x}{\sqrt{1+x}}$,

从而 $\ln\dfrac{n(n+1)}{2}<\dfrac{\dfrac{n(n+1)}{2}-1}{\sqrt{\dfrac{n(n+1)}{2}}}$, 即 $\displaystyle\sum_{k=2}^{n}g(k)>\dfrac{2-n-n^2}{\sqrt{2n(n+1)}}$.

法三: 原问题等价于证明

$$\ln\frac{n(n+1)}{2}<\frac{n^2+n-2}{\sqrt{2n(n+1)}}=\sqrt{\frac{n(n+1)}{2}}-\frac{1}{\sqrt{\dfrac{n(n+1)}{2}}} \quad (n\geqslant 2).$$

构造函数 $F(x)=\ln x-\sqrt{x}+\dfrac{1}{\sqrt{x}}$ $(x>1)$,

则 $F'(x)=\dfrac{1}{x}-\dfrac{1}{2\sqrt{x}}-\dfrac{1}{x}\cdot\dfrac{1}{2\sqrt{x}}=\dfrac{-(\sqrt{x}-1)^2}{2x\sqrt{x}}<0$,

故 $F(x)$ 在 $(1,+\infty)$ 上单调递减.

于是 $F(x)<F(1)=0$, 即当 $x>1$ 时, 有 $\ln x<\sqrt{x}-\dfrac{1}{\sqrt{x}}$,

从而 $\ln\dfrac{n(n+1)}{2}<\sqrt{\dfrac{n(n+1)}{2}}-\dfrac{1}{\sqrt{\dfrac{n(n+1)}{2}}}$, 即 $\displaystyle\sum_{k=2}^{n}g(k)>$

$$\frac{2-n-n^2}{\sqrt{2n(n+1)}}.$$

法四：原问题等价于证明 $\ln\dfrac{n(n+1)}{2}<\dfrac{n^2+n-2}{\sqrt{2n(n+1)}}$（$n\geqslant2$）.

构造函数 $F(x)=\ln\dfrac{x(x+1)}{2}-\dfrac{x^2+x-2}{\sqrt{2x(x+1)}}$,

$$F'(x)=\frac{(2x+1)\big[2\sqrt{2x(x+1)}-x^2-x-2\big]}{2(1+x)\sqrt{1+x}}$$

$$<\frac{(2x+1)\big[-(x-1)^2\big]}{2(1+x)\sqrt{1+x}}<0,$$

故 $F(x)$ 在 $(1,+\infty)$ 上单调递减，于是 $F(x)<F(1)=0$，即当 $x>1$ 时，有

$$\ln\frac{x(x+1)}{2}-\frac{x^2+x-2}{\sqrt{2x(x+1)}}<0,\text{ 即 }\sum_{k=2}^{n}g(k)>\frac{2-n-n^2}{\sqrt{2n(n+1)}}.$$

（Ⅲ）法一：设 $a=\dfrac{1}{1+p}$，则 $p\geqslant1$，$1<f(1)=\dfrac{a+1}{1-a}=1+\dfrac{2}{p}\leqslant3$.

当 $n=1$ 时，$|f(1)-1|=\dfrac{2}{p}\leqslant2<4$.

当 $n\geqslant2$ 时，设 $k\geqslant2$，$k\in\mathbf{N}^*$，则

$$f(k)=\frac{(1+p)^k+1}{(1+p)^k-1}=1+\frac{2}{(1+p)^k-1}$$

$$=1+\frac{2}{C_k^1p+C_k^2p^2+\cdots+C_k^kp^k}\leqslant1+\frac{2}{C_k^1+C_k^2}$$

$$=1+\frac{4}{k(k+1)}=1+\frac{4}{k}-\frac{4}{k+1}.$$

从而 $n-1<\displaystyle\sum_{k=2}^{n}f(k)\leqslant n-1+\frac{4}{2}-\frac{4}{n+1}=n+1-\frac{4}{n+1}<n+1$,

所以 $n<\displaystyle\sum_{k=1}^{n}f(k)<f(1)+n+1\leqslant n+4$,

综上，总有 $\left|\displaystyle\sum_{k=1}^{n}f(k)-n\right|<4$.

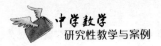

法二：$f(x) = \dfrac{1+a^x}{1-a^x} = 1 + \dfrac{2a^x}{1-a^x}$.

令 $S_n = \left| \sum\limits_{k=1}^{n} f(k) - n \right|$，则 $S_n = \dfrac{2a}{1-a} + \dfrac{2a^2}{1-a^2} + \cdots + \dfrac{2a^n}{1-a^n}$.

因为 $0 < a \leqslant \dfrac{1}{2}$，则 $b_k = \dfrac{2a^k}{1-a^k} = \dfrac{2}{\dfrac{1}{a^k} - 1} \leqslant \dfrac{2}{2^k - 1} \leqslant \dfrac{2}{2^{k-1}} = \dfrac{1}{2^{k-2}}$

$(k = 1, 2, \cdots, n)$.

故 $S_n = b_1 + b_2 + \cdots + b_n$

$$\leqslant 2 + 1 + \dfrac{1}{2^1} + \cdots + \dfrac{1}{2^{n-2}} = \dfrac{2\left(1 - \dfrac{1}{2^n}\right)}{1 - \dfrac{1}{2}} < \dfrac{2}{1 - \dfrac{1}{2}} = 4.$$

综上，总有 $\left| \sum\limits_{k=1}^{n} f(k) - n \right| < 4$.

法三：$f(x) = \dfrac{1+a^x}{1-a^x} = 1 + \dfrac{2a^x}{1-a^x}$.

令 $S_n = \left| \sum\limits_{k=1}^{n} f(k) - n \right|$，则 $S_n = \dfrac{2a}{1-a} + \dfrac{2a^2}{1-a^2} + \cdots + \dfrac{2a^n}{1-a^n}$.

因为 $0 < a \leqslant \dfrac{1}{2}$，则 $\dfrac{a^k}{1-a^k} \leqslant 2a^k$，

从而 $\dfrac{2a^k}{1-a^k} \leqslant 4a^k \leqslant 4 \times \left(\dfrac{1}{2}\right)^k = \dfrac{1}{2^{k-2}}$ $(k = 1, 2, \cdots, n)$.

故 $S_n = b_1 + b_2 + \cdots + b_n$

$$\leqslant 2 + 1 + \dfrac{1}{2^1} + \cdots + \dfrac{1}{2^{n-2}} = \dfrac{2\left(1 - \dfrac{1}{2^n}\right)}{1 - \dfrac{1}{2}} < \dfrac{2}{1 - \dfrac{1}{2}} = 4.$$

综上，总有 $\left| \sum\limits_{k=1}^{n} f(k) - n \right| < 4$.

法四：$f(x) = \dfrac{1+a^x}{1-a^x} = 1 + \dfrac{2a^x}{1-a^x}$.

令 $S_n = \left| \displaystyle\sum_{k=1}^{n} f(k) - n \right|$，则 $S_n = \dfrac{2a}{1-a} + \dfrac{2a^2}{1-a^2} + \cdots + \dfrac{2a^n}{1-a^n}$.

下证 $S_n < 4$，即证 $\dfrac{a}{1-a} + \dfrac{a^2}{1-a^2} + \cdots + \dfrac{a^n}{1-a^n} < 2$.

令 $b_k = \dfrac{a^k}{1-a^k}$，则 $\dfrac{b_{k+1}}{b_k} = \dfrac{a(1-a^k)}{1-a^{k+1}} < a \Rightarrow b_{k+1} < ab_k$.

当 $k \in \mathbf{N}^*$，$k \geqslant 2$ 时，$b_k < ab_{k-1} < \cdots < a^{k-1}b_1$，

则 $b_1 + b_2 + \cdots + b_n \leqslant b_1(1 + a + a^2 + \cdots + a^{n-1})$

$$\leqslant b_1\left(1 + \dfrac{1}{2} + \dfrac{1}{2^2} + \cdots + \dfrac{1}{2^{n-1}}\right)$$

$$= 2b_1\left(1 - \dfrac{1}{2^n}\right) < 2b_1 = \dfrac{2a}{1-a} \leqslant 2.$$

所以 $\dfrac{a}{1-a} + \dfrac{a^2}{1-a^2} + \cdots + \dfrac{a^n}{1-a^n} < 2$，

综上，总有 $\left| \displaystyle\sum_{k=1}^{n} f(k) - n \right| < 4$.

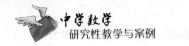

案例13　2010年一道高考解析几何试题的推广[①]

2010年高考数学四川卷理科（20）题：

已知定点 $A(-1, 0)$，$F(2, 0)$，定直线 $l: x = \frac{1}{2}$，不在 x 轴上的动点 P 与点 F 的距离是它到定直线 l 的距离的 2 倍．设点 P 的轨迹为 E，过点 F 的直线交 E 于 B，C 两点，直线 AB，AC 分别交 l 于点 M，N．

（Ⅰ）求 E 的方程；

（Ⅱ）试判断以线段 MN 为直径的圆是否过点 F，并说明理由．

此题第（Ⅰ）小题是以人教社教材中的例题直接改编的．第（Ⅱ）小题暗含数学探究，考查了解析几何的通性通法．通过思考与探究，本题（Ⅱ）也含有教材背景，其数据可以推广到一般情形，本题的双曲线可推广到椭圆、抛物线．

解：（Ⅰ）设 $P(x, y)$，则 $\sqrt{(x-2)^2 + y^2} = 2\left| x - \frac{1}{2} \right|$，化简得 $x^2 - \frac{y^2}{3} = 1$（$y \neq 0$）．

（Ⅱ）①当直线 BC 与 x 轴不垂直时，设 BC 的方程为 $y = k(x - 2)$（$k \neq 0$），

与双曲线方程 $x^2 - \frac{y^2}{3} = 1$（$y \neq 0$）联立消去 y，得

$$(3 - k^2)x^2 + 4k^2 x - (4k^2 + 3) = 0.$$

① 李建军. 2010 年一道高考解析几何试题的推广［J］. 中小学教育，2011（3）：60.

李建军是四川省首批中学正高级教师，从 2014 年起，被聘为四川师范大学和内江师范学院联合招收的学科教学（数学）硕士研究生的实践指导教师．

由题意知，$3-k^2 \neq 0$ 且 $\Delta > 0$.

设 $B(x_1, y_1)$，$C(x_2, y_2)$，则 $x_1 + x_2 = \dfrac{4k^2}{k^2-3}$，$x_1 x_2 = \dfrac{4k^2+3}{k^2-3}$，$y_1 y_2 = k^2(x_1-2)(x_2-2) = k^2 [x_1 x_2 - 2(x_1+x_2)+4] = k^2 \left(\dfrac{4k^2+3}{k^2-3} - \dfrac{8k^2}{k^2-3} + 4 \right) = \dfrac{-9k^2}{k^2-3}$.

因为 x_1，$x_2 \neq -1$，所以直线 AB 的方程为 $y = \dfrac{y_1}{x_1+1}(x+1)$，

因此，M 点的坐标为 $\left(\dfrac{1}{2}, \dfrac{3y_1}{2(x_1+1)} \right)$，$\overrightarrow{FM} = \left(-\dfrac{3}{2}, \dfrac{3y_1}{2(x_1+1)} \right)$.

同理可得 $\overrightarrow{FN} = \left(-\dfrac{3}{2}, \dfrac{3y_2}{2(x_2+1)} \right)$.

因此 $\overrightarrow{FM} \cdot \overrightarrow{FN} = \left(-\dfrac{3}{2} \right) \times \left(-\dfrac{3}{2} \right) + \dfrac{9y_1 y_2}{4(x_1+1)(x_2+1)} = \dfrac{9}{4} + \dfrac{\dfrac{-81k^2}{k^2-3}}{4\left(\dfrac{4k^2+3}{k^2-3} + \dfrac{4k^2}{k^2-3} + 1 \right)} = 0.$

②当直线 BC 与 x 轴垂直时，其方程为 $x = 2$，则 $B(2, 3)$，$C(2, -3)$，AB 的方程为 $y = x + 1$，因此 M 点的坐标为 $\left(\dfrac{1}{2}, \dfrac{3}{2} \right)$，$\overrightarrow{FM} = \left(-\dfrac{3}{2}, \dfrac{3}{2} \right)$.

同理可得 $\overrightarrow{FN} = \left(-\dfrac{3}{2}, -\dfrac{3}{2} \right)$.

因此 $\overrightarrow{FM} \cdot \overrightarrow{FN} = \left(-\dfrac{3}{2} \right) \times \left(-\dfrac{3}{2} \right) + \left(-\dfrac{3}{2} \right) \times \dfrac{3}{2} = 0.$

综上，$\overrightarrow{FM} \cdot \overrightarrow{FN} = 0$，即 $FM \perp FN$.

故以线段 MN 为直径的圆过点 F.

这道试题的数据可推广到一般情形，得到命题 1.

命题 1：设双曲线 $\dfrac{x^2}{a^2} + \dfrac{y^2}{b^2} = 1$，$A$ 为左顶点，F 为右焦点，右

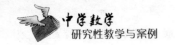
准线为 l：$x = \dfrac{a^2}{c}$，过 F 的直线与双曲线交于 B，C，AC，AB 分别交 l 于 M，N 两点，那么，以 MN 为直径的圆过 F.

命题 1 的证明可仿上面进行，此处从略.

类比命题 1，通过思考与探究，得到了命题 2 和命题 3.

命题 2：设椭圆 $\dfrac{x^2}{a^2} + \dfrac{y^2}{b^2} = 1$，$A$ 为左顶点，F 为右焦点，右准线为 l：$x = \dfrac{a^2}{c}$，过 F 的直线与椭圆交于 B，C，AC，AB 分别交 l 于 M，N 两点，那么，以 MN 为直径的圆过 F.

证明：当 BC 斜率不存在时，易证 $MF \perp NF$.

当 BC 斜率存在时，设 BC：$y = k(x - c)$，且 $B(x_1, y_1)$，$C(x_2, y_2)$.

由 $\begin{cases} b^2 x^2 + a^2 y^2 = a^2 b^2, \\ y = k(x - c). \end{cases}$ 得

$$(b^2 + a^2 k^2) x^2 - 2a^2 k^2 c x + a^2 k^2 c^2 - a^2 b^2 = 0.$$

从而 $x_1 + x_2 = \dfrac{2a^2 k^2 c}{b^2 + a^2 k^2}$，$x_1 x_2 = \dfrac{a^2 b^2 c^2 - a^2 b^2}{b^2 + a^2 k^2}$.

$$y_1 y_2 = k^2 \left[x_1 x_2 - c(x_1 + x_2) + c^2 \right]$$

$$= k^2 \left(\dfrac{a^2 k^2 c^2 - a^2 b^2}{b^2 + a^2 k^2} - c \cdot \dfrac{2a^2 k^2 c}{b^2 + a^2 k^2} + c^2 \right)$$

$$= \dfrac{-k^2 b^4}{b^2 + a^2 k^2}.$$

又直线 AM 的方程为 $y = \dfrac{y_1}{x_1 + a}(x + a)$，所以 $M\left(\dfrac{a^2}{c}, \dfrac{y_1}{x_1 + a}(x + a) \right)$，从而

$$\overrightarrow{FM} = \left(\dfrac{b^2}{c}, \dfrac{y_1}{x_1 + a}\left(a + \dfrac{a^2}{c} \right) \right), \quad \overrightarrow{FN} = \left(\dfrac{b^2}{c}, \dfrac{y_2}{x_2 + a}\left(a + \dfrac{a^2}{c} \right) \right).$$

$$\overrightarrow{FM} \cdot \overrightarrow{FN} = \dfrac{b^4}{c^2} + \dfrac{y_1 y_2}{(x_1 + a)(x_2 + a)} \cdot \dfrac{(ac + a^2)^2}{c^2}$$

$$=\frac{b^4}{c^2}+\frac{y_1y_2}{x_1x_2+a(x_1+x_2)+a^2}\cdot\frac{(ac+a^2)^2}{c^2}$$

$$=\frac{b^4}{c^2}+\frac{\dfrac{-k^2b^4}{b^2+a^2k^2}}{\dfrac{a^2k^2c^2-a^2b^2}{b^2+a^2k^2}+\dfrac{2a^3k^2c}{b^2+a^2k^2}+a^2}\cdot\frac{(ac+a^2)^2}{c^2}$$

$$=\frac{b^4}{c^2}-\frac{k^2b^4}{a^2k^2c^2-a^2b^2+2a^3b^2c+a^2b^2+a^4k^2}\cdot\frac{(ac+a^2)^2}{c^2}$$

$$=\frac{b^4}{c^2}-\frac{b^4(ac+a^2)^2}{a^2c^2+2a^3c+a^4}\cdot\frac{1}{c^2}=\frac{b^4}{c^2}-\frac{b^4}{c^2}=0.$$

所以 $\overrightarrow{FM}\cdot\overrightarrow{FN}=0.$

综上，总有以 MN 为直径的圆过 $F.$

命题 3：设抛物线 $y^2=2px$，F 为焦点，O 为顶点，过 F 的直线交抛物线于 B，C 两点，OB，OC 分别交准线 $x=-\dfrac{p}{2}$ 于 M，N 两点，那么，以 MN 为直径的圆过 F 点.

命题 3 的证明方法与教材（人教版）第二册（上）第 133 页 B 组题第二题的解答类似，此处从略.

有趣的是命题 3 的证明方法又回归到人教版教材中的通性通法. 上面的高考试题的编拟可能是受到教材题目的启发而精心创作的. 由此看来，数学教学应引导学生充分注意教材资源的利用与开发，重视教材中定理、公式、例题、习题的解答过程，重视与解答过程相伴而生成的数学思想方法，避免大量地使用教辅资料，以减轻学生和教师的负担.

思考与研究：

命题 1、命题 3 的证明.

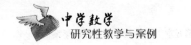

案例 14 等差数列的五个求和公式及应用①

等差数列求和公式是高中数列学习中的重要内容，有着广泛的应用价值，同时也是近年高考试题中的热点内容.《高中数学课程标准》中明确指出，探索并掌握等差数列、等比数列的通项公式与前 n 项和的公式. 一方面，等差数列的求和公式能快速帮助学生找到解决问题的方向；另一方面，挖掘其中的几何意义有着重要作用，促进学生对公式的创造性应用. 下面从等差数列通项的几何意义延伸到求和公式的几何意义的应用，并给出五种类型的求和公式及其应用.

一、等差数列通项的几何意义

等差数列 $\{a_n\}$ 的通项公式为 $a_n = a_1 + (n-1)d$，其中 d 为公差. 该通项公式可以看作关于正整数变量 n 的一次函数，该函数图像是分布在一条直线上的离散的点，其函数表达式为 $y = Ax + b$. 其中点 $(1, a_1)$，$(2, a_2)$，$(3, a_3)$ 是共线的. 利用其点的共线性，可以解决复杂的数列问题.

例 1 求证：$\sqrt{2}$，$\sqrt{3}$，$\sqrt{7}$ 不可能是一个等差数列的任意三项.

证明：设 $\sqrt{2}$，$\sqrt{3}$，$\sqrt{7}$ 分别是等差数列 $\{a_n\}$ 的第 n，m，k 项，则点 $A(n, \sqrt{2})$，$B(m, \sqrt{3})$，$C(k, \sqrt{7})$ 共线，于是有 $k_{AB} = k_{AC}$.

又 $k_{AB} = \dfrac{\sqrt{3} - \sqrt{2}}{m - n}$，$k_{AC} = \dfrac{\sqrt{7} - \sqrt{3}}{k - n}$，

则 $\dfrac{k - n}{m - n} = (\sqrt{7} - \sqrt{3})(\sqrt{3} + \sqrt{2}) = \sqrt{21} + \sqrt{14} - \sqrt{6} - 3$，等号左

---

① 本案例作者：徐小琴，赵思林.

边为有理数，等号右边为无理数，则矛盾，于是得证.

二、等差数列求和公式及应用

公式一　$S_n = \dfrac{n(a_1 + a_n)}{2}$.

首先，其几何意义表示梯形的面积公式. a_1，a_n 分别表示梯形的上底和下底，n 表示梯形的高. 这是教材给出的基本公式之一，适用于已知等差数列 $\{a_n\}$ 的首项 a_1 和末项 a_n，求数列的前 n 项和 S_n.

例 2　已知等差数列 $\{a_n\}$ 的前 n 项和为 S_n，且 $a_1 = 2$，$a_{10} = 15$，求 $S_{10} = $ _____.

解：由公式一可知 $S_{10} = \dfrac{n(a_1 + a_{10})}{2} = \dfrac{10(2 + 15)}{2} = 85$.

公式二　$S_n = na_1 + \dfrac{n(n-1)}{2}d$.

该公式适用于已知等差数列 $\{a_n\}$ 的首项 a_1 和公差 d，求其前 n 项和. 由通项公式 $a_n = a_1 + (n-1)d$ 代入公式一，便可得公式二. 这也是教材给出的基本公式. 观察公式二的表达式可发现是关于正整数 n 的二次式，整理可得 $S_n = \dfrac{d}{2} \cdot n^2 + \left(a_1 - \dfrac{d}{2} \right) \cdot n$，其常数项为 0. 从数学美的角度，我们将其变形，令 $\dfrac{d}{2} = A$，$a_1 - \dfrac{d}{2} = B$，可得我们的公式三.

公式三　$S_n = A \cdot n^2 + B \cdot n$.

我们不难发现公式三的几何意义是点 $(1, S_2)$，$(2, S_2)$，…，(n, S_n) 共抛物线，其中 $d \neq 0$. 也就是其构成的图像是分布在一抛物线上的离散的点，其函数表达式为 $y = Ax^2 + Bx$. 借助其几何性质，可以解决数列中前多少项取得最大、最小值问题.

例 3　设等差数列 $\{a_n\}$ 的前 n 项和为 S_n，$a_1 > 0$，$d < 0$，且

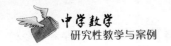
$S_9 = S_{20}$，求前几项和达最大值.

解：法 1　配方法.

法 2　等价条件. S_n 最大 $\Leftrightarrow \begin{cases} a_n \geqslant 0, \\ a_{n+1} \leqslant 0. \end{cases}$

法 3　共抛物线的几何性质. 因为 $S_9 = S_{20}$，所以（9，S_9），

（20，S_{20}）是抛物线上一对对称点，对称轴 $n = \dfrac{9+20}{2} = 14.5$，所

以 $S_{14} = S_{15}$. 前 14 项或前 15 项和达最大值.

对公式三的应用我们还可以进行一个变式，也就是将二次式转

化为一次表达式，只需要变形为 $\dfrac{S_n}{n} = A \cdot n + B$，是关于 n 的一次

函数，即数列 $\left\{ \dfrac{S_n}{n} \right\}$ 仍是等差数列. 可以推出其点的几何意义，点

（1，$\dfrac{S_1}{1}$），（2，$\dfrac{S_2}{2}$），…，（n，$\dfrac{S_n}{n}$）共线. 可以利用点的共线性质

以及 $\left\{ \dfrac{S_n}{n} \right\}$ 成等差数列解决数列相关问题.

例 4　等差数列 $\{a_n\}$ 的前 n 项和为 S_n，$S_m = 30$，$S_{2m} = 70$，求

S_{3m}.

解：法 1　特殊值法. 取 $m = 1$，则 $a_1 = 30$，$a_1 + a_2 = 70$，从

而 $a_2 = 40$，$d = 10$，于是 $S_{3m} = 120$. 该方法适用于选择、填空，

但解答题不宜使用.

法 2　已知 $\{a_n\}$ 是等差数列，则 S_m，$S_{2m} - S_m$，$S_{3m} - S_{2m}$ 亦

成等差数列，所以 $S_{3m} = 120$. 该方法局限于相同片段数列和，对

于求解诸如 S_{3m+5} 束手无策.

法 3　因为 $\{a_n\}$ 是等差数列，所以点（m，$\dfrac{S_m}{m}$），（$2m$，$\dfrac{S_{2m}}{2m}$），

（$3m$，$\dfrac{S_{3m}}{3m}$）共线，即

$$\frac{\dfrac{70}{2m} - \dfrac{30}{m}}{2m - m} = \frac{\dfrac{S_{3m}}{3m} - \dfrac{30}{m}}{3m - m}.$$

所以 $S_{3m}=120$.

该方法更具有一般性，对前任意项之和都只需利用其共线性解决.

例5 （2013 全国 I 理）设等差数列 $\{a_n\}$ 的前 n 项和为 S_n，若

$$S_{m-1}=-2,\ S_m=0,\ S_{m+1}=3,$$

则 $m=($　　$)$.

A. 3　　　　B. 4　　　　C. 5　　　　D. 6

法1 因为 $a_m=S_m-S_{m-1}=2$，$a_{m+1}=S_{m+1}-S_m=3$，所以公差 $d=1$. 又由 $S_n=na_1+\dfrac{n(n-1)}{2}d=na_1+\dfrac{n(n-1)}{2}$，得

$$\begin{cases} ma_1+\dfrac{m(m-1)}{2}=0,\\[2mm] (m-1)a_1+\dfrac{(m-1)(m-2)}{2}=-2. \end{cases}$$

解得 $m=5$.

法2 数列 $\left\{\dfrac{S_n}{n}\right\}$ 成等差数列，所以 $\dfrac{S_{m-1}}{m-1}+\dfrac{S_{m+1}}{m+1}=\dfrac{2S_m}{m}$，解得 $m=5$.

公式四 $S_{2n-1}=(2n-1)a_n\Leftrightarrow S_n=na_{\frac{n+1}{2}}$，$n$ 为奇数.

该公式可由公式一推导，$S_{2n-1}=\dfrac{(2n-1)(a_1+a_{2n-1})}{2}=(2n-1)a_n$. 该公式可用于已知等差数列 $\{a_n\}$ 的第 n 项，求前 $2n-1$ 项的和.

例6 已知等差数列 $\{a_n\}$ 的前 n 项和为 S_n，$a_7=4$，求 S_{13}.

解：**法1** 等差中项性质.

法2 由公式四可得 $S_{13}=13a_7=13\times4=52$.

在公式四中，用 $\dfrac{n+1}{2}$ 替换 n，则公式四变形为关于前 n 项和公式，即 $S_n=na_{\frac{n+1}{2}}$，其中 n 为奇数.

公式五 $S_n=na_n+\dfrac{n(n-1)}{2}(-d)$.

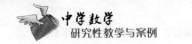

等差数列 $\{a_n\}$，首项到末项依次为 a_1，a_2，$\cdots$，a_n，公差为 d. 从逆向思维的角度来看，数列可以看作 a_n，a_{n-1}，$\cdots$，a_1，其公差就变成了 $-d$，于是可得公式五. 该公式适用于解决已知等差数列的末项 a_n，公差 d，求 S_n. 利用该公式避免了计算首项，充分体现了数学作为思维的科学，更应"多动脑"，即"多想少算".

案例 15　一个得分率极低的数列题研究[①]

2012 年高考数学四川卷文科第 20 题：

已知数列 $\{a_n\}$ 的前 n 项和为 S_n，常数 $\lambda > 0$，且 $\lambda a_1 a_n = S_1 + S_n$ 对一切正整数 n 都成立.

（Ⅰ）求数列 $\{a_n\}$ 的通项公式；

（Ⅱ）设 $a_1 > 0$，$\lambda = 100$. 当 n 为何值时，数列 $\left\{\lg \dfrac{1}{a_n}\right\}$ 的前 n 项和最大？

此题设计新颖，题干简洁，综合性强，思维量大，得分率低，值得研究. 本文拟从立意分析、考试结果分析、试题的题源背景、"标准答案"及第（Ⅱ）问之另解、引发的思考等角度，对此题进行一番研究.

一、立意分析

立意是试题的考查目的. 高考命题一般以立意为中心，以能力立意命题，就是首先确定试题在能力方面的考查目的，然后根据能力考查的要求，选择适当的考查内容，设计恰当的设问方式[②]. 《2012 年普通高等学校招生全国统一考试大纲的说明（文科·2012 年版）》的数学科部分规定，数学科考试着重考查五大能力：思维能力、运算能力、空间想象能力、实践能力和创新意识. "标准答案"指出，"本题主要考查等比数列、等差数列、对数等基础知识，考查思维能力、运算能力、分析问题与解决问题的能力，考查方

---

① 本案例作者：李兴贵，赵思林. 李兴贵现任成都师范学院数学系副主任，副教授.

② 教育部考试中心. 2012 年普通高等学校招生全国统一考试大纲的说明（文科·2012 年版）[M]. 北京：高等教育出版社，2012：203-212.

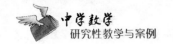

程、分类与整合、化归与转化等数学思想." 可见, 本题的立意是明确的, 对能力的要求是比较高的, 其中运算能力既考了精确计算能力, 又考了估算能力.

二、考试结果分析

从公布的"标准答案"看, 第 (Ⅰ) 小题 7 分, 第 (Ⅱ) 小题 5 分, 在 (Ⅰ) 小题的评分细则中算出 $a_1 = 0$ 或 $a_1 = \dfrac{2}{\lambda}$ 就给 2 分. 但全省文科考生的平均得分仅有 1.117 分, 难度系数为 0.093, 属于难度极高的试题. 为什么会考得如此之差呢? 这正是本文将要探讨的问题.

从立意的角度看, 本题对重要的数学基础知识 (数列、对数、最值)、基本的数学思想方法 (方程、分类与整合、化归与转化等)、数学能力 (思维能力、运算能力、创新意识) 进行了全面考查, 体现了"知识交汇"和"能力立意"的命题理念, 特别是对估算能力的考查体现了新课程的理念, 是本题的一个亮点. 因此, 本题是一个比较好的题目.

但从阅卷的情况看, 可谓惨不忍睹, 有以下一些问题或错误: 很多考生没做此题, 可能是做前面的题已耗尽时间; 不知道必须解出 a_1; 取 $n = 1$, 得 $\lambda a_1^2 = 2S_1$, 但因不知道 $S_1 = a_1$, 就无法解出 a_1; 在得到 $\lambda a_1^2 = 2a_1$ 后, 求解 a_1 时不进行分类讨论; 不少考生不知道 S_n 与 a_n 的关系 $a_n = S_n - S_{n-1}$ $(n \geq 2)$; 第 (Ⅱ) 小题的"白卷"更多; 不会估算; 等等.

我们问了几个考生, 他们说, 看到 λ 后就不敢 (不想) 做了. 看来他们是被 λ 吓着了. $\lambda a_1 a_n = S_1 + S_n$ 的结构虽然对称、优美、简洁, 但看上去它是一个五元方程, 考生普遍感到很繁、很难, 无从下手. 此外, 虽然题目上说了"常数 $\lambda > 0$", 但考生在内心深处仍然将它看成参数, 这无形之中又增加了题目的难度, 因为大多数文科学生是很怕参数的. 笔者认为, 如果将 λ 换成别的更熟悉的字母，可能对减轻考生的心理压力会更好一些．其实，本题不出现 λ 是完全可以的，而且不会影响"知识交汇"与"能力立意"．假如把此题改成：

已知数列 $\{a_n\}$ 的前 n 项和为 S_n，且 $100a_1a_n=S_1+S_n$ 对一切正整数 n 都成立．

（Ⅰ）求数列 $\{a_n\}$ 的通项公式；

（Ⅱ）设 $a_1>0$．当 n 为何值时，数列 $\left\{\lg\dfrac{1}{a_n}\right\}$ 的前 n 项和最大？

可能得分率会有明显上升．这样就不会出现"设计意图好"与"考试效果差"的巨大反差．

三、试题的题源背景

以高考数学全国卷为例，本题至少有 1979 年和 1992 年的全国高考题的题源背景．

1979 年全国高考题：

试问数列 $\lg 100$，$\lg\left(100\sin\dfrac{\pi}{4}\right)$，$\lg\left(100\sin^2\dfrac{\pi}{4}\right)$，…，$\lg\left(100\sin^{n-1}\dfrac{\pi}{4}\right)$，… 前多少项的和的值最大？并求这最大值．（$\lg 2=0.3010$）．

1992 年全国高考题：

设等差数列 $\{a_n\}$ 的前 n 项和为 S_n．已知 $a_3=12$，$S_{12}>0$，$S_{13}<0$．

（Ⅰ）求公差 d 的取值范围；

（Ⅱ）指出 S_1，S_2，…，S_{12} 中哪一个值最大，并说明理由．

此外，几乎所有的高三教辅资料都有关于"等差数列前多少项的和最大（小）"的问题，所有老师都讲过这类问题的解决方法，可以说大多数学生也做过这类问题．因此，本题属于常规题目．正如四川省一位资深特级教师评价此题时说"此题是老树发新芽"．

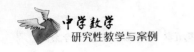

这里的"老树"是指这类问题考过、讲过、练过,"新芽"是指1979 年全国高考题给出了 lg2＝0.3010,只需作近似计算,但本题由于没有给出 lg2＝0.3010,就只能估算.

四、"标准答案"及第（Ⅱ）问之另解

（一）"标准答案"

（Ⅰ）取 $n=1$,得 $\lambda a_1^2=2S_1=2a_1$,$a_1(\lambda a_1-2)=0$.

解得,$a_1=0$,或 $a_1=\dfrac{2}{\lambda}$.

若 $a_1=0$,则 $S_n=0$. 当 $n\geqslant 2$ 时,$a_n=S_n-S_{n-1}=0-0=0$,所以 $a_n=0$（$n\geqslant 1$）.

若 $a_1\neq 0$,则 $a_1=\dfrac{2}{\lambda}$. 当 $n\geqslant 2$ 时,$2a_n=\dfrac{2}{\lambda}+S_n$,$2a_{n-1}=\dfrac{2}{\lambda}+S_{n-1}$,

两式相减得 $2a_n-2a_{n-1}=a_n$,

所以 $a_n=2a_{n-1}$（$n\geqslant 2$）,从而数列 $\{a_n\}$ 是等比数列.

所以 $a_n=a_1\cdot 2^{n-1}=\dfrac{2^n}{\lambda}$.

综上,当 $a_1=0$ 时,$a_n=0$;当 $a_1\neq 0$ 时,$a_n=\dfrac{2^n}{\lambda}$.

（Ⅱ）当 $a_1>0$ 且 $\lambda=100$ 时,令 $b_n=\lg\dfrac{1}{a_n}$.

由（Ⅰ）有,$b_n=\lg\dfrac{100}{2^n}=2-n\lg 2$.

所以数列 $\{b_n\}$ 是单调递减的等差数列（公差为 $-\lg 2$）. 从而

$$b_1>b_2>\cdots>b_6=\lg\frac{100}{2^6}=\lg\frac{100}{64}>\lg 1=0,$$

当 $n\geqslant 7$ 时,$b_n\leqslant b_7=\lg\dfrac{100}{2^7}=\lg\dfrac{100}{128}<\lg 1=0.$

故数列 $\left\{\lg\dfrac{1}{a_n}\right\}$ 的前 6 项的和最大.

评注：有意思的是，评分细则是算出 $a_1=0$ 或 $a_1=\dfrac{2}{\lambda}$ 就给 2 分. 但从阅卷情况看，很多考生不知道必须算 a_1，或者不知道怎样算 a_1. 在上述"标准答案"中，第（Ⅰ）问属于通性通法的常规解法，第（Ⅱ）问的解答则带有一定的技巧性，技巧的核心是估算.

（二）第（Ⅱ）问之另解

另解 1：解答第（Ⅱ）问最自然的思路是求出其前 n 项的和，并构造关于 n 的二次函数.

令 $b_n=\lg\dfrac{1}{a_n}$，则 $b_n=\lg\dfrac{100}{2^n}=2-n\lg2$.

所以数列 $\{b_n\}$ 是单调递减的等差数列（公差为 $-\lg2$）.

数列 $\left\{\lg\dfrac{1}{a_n}\right\}$ 的前 n 项和为

$$T_n=nb_1+\dfrac{n(n-1)}{2}(-\lg2)=n(2-\lg2)-\dfrac{1}{2}n(n-1)\lg2$$

$$=-\dfrac{\lg2}{2}n^2+\left(2-\dfrac{\lg2}{2}\right)n.$$

这个关于 n 的二次函数的对称轴是 $n=-\dfrac{b}{2a}=\dfrac{2-\dfrac{1}{2}\lg2}{\lg2}=\dfrac{4-\lg2}{2\lg2}$，学生做到这儿会认为，必须知道 $\lg2$ 的近似值才能做下去. 但现实是没有告诉 $\lg2$ 的近似值，这就只好另辟蹊径，只能用估算.

如果按 $n=\dfrac{4-\lg2}{2\lg2}=\dfrac{\lg5000}{\lg4}=\log_45000$ 来估算，数据比较大，估算较麻烦.

如果拆分成两项计算，则有 $n=\dfrac{4-\lg2}{2\lg2}=\dfrac{2}{\lg2}-\dfrac{1}{2}=\dfrac{\lg100}{\lg2}-\dfrac{1}{2}$

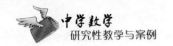

$= \log_2 100 - \dfrac{1}{2}$，现在只需估计 $\log_2 100$ 即可.

显然有，$\log_2 64 < \log_2 100 < \log_2 128$，即 $6 < \log_2 100 < 7$，

从而 $n = \log_2 100 - 0.5 \in (5.5,\ 6.5)$，所以只能取 $n = 6$.

故数列 $\left\{ \lg \dfrac{1}{a_n} \right\}$ 的前 6 项和最大.

另解 2：利用单调递减等差数列前 n 项和最大的充要条件

是 $\begin{cases} b_n \geqslant 0, \\ b_{n+1} \leqslant 0. \end{cases}$

令 $b_n = \lg \dfrac{1}{a_n}$，则 $b_n = \lg \dfrac{100}{2^n} = 2 - n\lg 2$.

所以数列 $\{b_n\}$ 是单调递减的等差数列（公差为 $-\lg 2$）.

由 $\begin{cases} 2 - n\lg 2 \geqslant 0, \\ 2 - (n+1)\lg 2 \leqslant 0, \end{cases}$ 得 $\dfrac{2 - \lg 2}{\lg 2} \leqslant n \leqslant \dfrac{2}{\lg 2}$. 即 $\log_2 50 \leqslant n \leqslant \log_2 100$.

又 $\log_2 50 > 5$，且 $\log_2 100 < 7$，$n \in \mathbf{N}^+$，

所以取 $n = 6$. 故数列 $\left\{ \lg \dfrac{1}{a_n} \right\}$ 的前 6 项和最大.

另解 3：从直观上看，要使首项为正数且单调递减的等差数列前 n 项和最大，必须且只需从首项开始依次加到最小正数项或零项为止.

令 $b_n = \lg \dfrac{1}{a_n}$，则有 $b_n = \lg \dfrac{100}{2^n} = 2 - n\lg 2$.

所以数列 $\{b_n\}$ 是单调递减的等差数列（公差为 $-\lg 2$）.

令 $b_n = 0$，则 $n = \dfrac{2}{\lg 2} = \dfrac{\lg 100}{\lg 2} = \log_2 100 \in (5,\ 7)$，

所以取 $n = 6$. 故数列 $\left\{ \lg \dfrac{1}{a_n} \right\}$ 的前 6 项和最大.

评注：这三个解法均需对 $\dfrac{\lg 100}{\lg 2}$ 或 $\log_2 100$ 进行估算. 因此，第（Ⅱ）问立意的核心和亮点是估算.

五、引发的思考

从数学教学的角度看，应注意以下几点：一是数学计算的教学，最好是采用估算和精算相结合的教学[①]. Gordon P 的研究表明，精算主要依赖言语表征，而估算则较少依赖言语表征[②]. 在教学时，学生可以先估算后精算（右脑和左脑并用），通过估算激活右脑，通过精算锻炼左脑. 二是解题教学应重视开发元认知，可以通过解题后的回顾、总结、优化、拓展、深化、反思等方法开发元认知. 三是淡化数学练习的数量，提高练习的质量，我国中学生做数学题的数量可能是世界之最，但做题的质量未必是世界之最.

从高考命题的角度看，命题教师应研究中学数学教学的现状，研究考生的心理状况，在突出高考选拔功能的同时，应注意控制试题的难度、区分度、信度和效度，对考生应多一些人文关怀.

思考与研究：

仿照本案例研究下面问题：

已知数列 $\{a_n\}$ 的前 n 项和为 S_n，且 $a_2 a_n = S_2 + S_n$ 对一切正整数 n 都成立.

（Ⅰ）求 a_1，a_2 的值；

（Ⅱ）设 $a_1 > 0$，数列 $\{\lg \dfrac{10 a_1}{a_n}\}$ 的前 n 项和为 T_n，当 n 为何值时，T_n 最大？并求出 T_n 的最大值.

---

① 赵思林. 感受的心理过程对数学教学的启示 [J]. 数学教育学报，2011，20（3）：7-11.

② GORDON P. Numerical cognition without words：evidence from Amazonia [J]. Science，2004（306）：496-499.

案例16　多想少算——解高考数学题的基本策略[①]

　　数学与思维有密切的关系. 数学是思维的体操，这决定了数学学习的艰苦性、技巧性和艺术性. 数学是思维的科学，这体现了数学的益智性和理性价值. 思维的实质是想问题. 因此，数学解题应突出一个"想"字.

　　拿破仑给巴林将军讲，有四种人：既聪明又勤奋，聪明但不勤奋，勤奋但不聪明，既不聪明又不勤奋，请你给这四种人划分一下层次. 巴林将军说，既聪明又勤奋的人肯定是一等人. 拿破仑说，错了，在做一件具体的事情上，聪明但不勤奋的人才是一等人，要多用脑，提高效率，二等人才是既聪明又勤奋的. 那么，三等人是谁呢？巴林将军说，那还用问，肯定是勤奋但不聪明的人. 拿破仑说，你又错了，在做一件具体的事情的时候，最笨的人就是勤奋但不聪明的人，在事情都没有搞清楚前就忙于勤奋的人，只会是添乱的人，所以说，在做事情前一定要想清楚后再做. 这个故事告诉我们，凡事要多动脑，再动手. 数学作为思维的科学，更应"多动脑"，即"多想少算". 高考数学命题将"多考点想，少考点算"作为一条基本的命题理念，在近年的高考试题中得到了充分的体现. 因此，考生在面对一道高考题时，应该开动脑筋，广泛联想，大胆猜想，创造想象，充分发挥直觉思维的作用，尽力减少烦琐的运算. 多想少算作为解高考数学题的基本策略，其具体的思维策略有很多，如观察策略、实验策略、特殊化策略、一般化策略、几何直观策略、极端化策略、反例策略、估算策略、消元策略、构造策略、回避讨论策略和审美策略等.

　　① 赵思林，李兴贵. 多想少算——解高考数学题的基本策略［J］. 中学数学（高中），2010（12）：1-3，56.
　　本文被中国人民大学书报资料中心《高中数学教与学》2011年第4期全文转载.

一、观察策略

例 1 （2006 年上海卷理 12）三个同学对问题"关于 x 的不等式 $x^2 + 25 + |x^3 - 5x^2| \geqslant ax$ 在 $[1, 12]$ 上恒成立，求实数 a 的取值范围"提出各自的解题思路.

甲说："只需不等式左边的最小值不小于右边的最大值."

乙说："把不等式变形为左边含变量 x 的函数，右边仅含常数，求函数的最值."

丙说："把不等式两边看成关于 x 的函数，做出函数图像."

参考上述解题思路，你认为他们所讨论的问题的正确结论，可得 a 的取值范围是_____.

分析：易见，甲的思路是错误的，丙的思路虽然没有错误但不可取. 运用乙的思路，应先分离参数，$a \leqslant x + \dfrac{25}{x} + |x(x-5)|$，观察可知，当 $x = 5$ 时，函数 $x + \dfrac{25}{x}$，$|x(x-5)|$ 分别取得最小值 10，0，即 $x + \dfrac{25}{x} + |x(x-5)| \geqslant 10$（$x = 5$ 时取等号），故 $a \leqslant 10$.

点评：本题构思巧妙，情境新颖. 考生首先应分析并判断三种解题思路的正误和可行性，然后找出思路正确并具有可操作性的解题思路，最后给出解答.

二、实验策略

数学实验是让学生从实际问题出发，通过演示、观察、动手操作等实验手段去探求解题过程. 在数学发展过程中，有很多数学对象和性质都是从实验中观察出来的，例如，蒲丰（Buffon）掷针问题（通过掷针实验计算概率的方法求得 π 的近似值）.

例 2 （2010 年北京卷理科 14 题）如图放置的边长为 1 的正方形 $PABC$ 沿 x 轴滚动. 设顶点 $P(x, y)$ 的轨迹方程是 $y =$

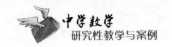

$f(x)$，则 $f(x)$ 的最小正周期为＿＿＿＿＿；y $=f(x)$ 在其两个相邻零点间的图像与 x 轴所围区域的面积为＿＿＿＿．

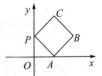

说明："正方形 $PABC$ 沿 x 轴滚动"包括沿 x 轴正方向和沿 x 轴负方向滚动．沿 x 轴正方向滚动指的是先以顶点 A 为中心顺时针旋转，当顶点 B 落在 x 轴上时，再以顶点 B 为中心顺时针旋转，如此继续．类似地，正方形 $PABC$ 可以沿 x 轴负方向滚动．

分析：由题设知正方形分别以 A，B，C，P 为旋转点滚动一次 P 点轨迹重复出现，P 点轨迹如图所示，故周期为 4．$y=$ $f(x)$ 在其两个相邻零点间的图像与 x 轴所

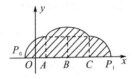

围成区域如图阴影部分所示．该图形由两个半径为 1 的 $\dfrac{1}{4}$ 圆及两个边长为 1 的正方形和一个半径为 $\sqrt{2}$ 的弓形组成，其面积为 $S=2\times\dfrac{1}{4}\pi\times$ $1^{2}+2+\dfrac{1}{4}\pi\times(\sqrt{2})^{2}-\dfrac{1}{2}\times2\times1=\pi+1$．

点评：本题构思极富创意，体现了数学实验的思想．解答此题，考生需做正方形 $PABC$ 滚动的实验，并观察出滚动的规律（周期性）．本题若不做滚动实验，其解答就困难了．

三、特殊化策略

运用特殊化策略是解答选择题和填空题最常用的简便方法．从特殊到一般是人们思考问题的根本方法，也是探求解题思路的基本策略．

例 3 （2007 年陕西卷理科 5 题）各项均为正数的等比数列 $\{a_{n}\}$ 的前 n 项和为 S_{n}，若 $S_{n}=2$，$S_{3n}=14$，则 S_{4n} 等于（　　）．

 A．80   B．30   C．26   D．16

分析：对于一些选择题和填空题，可用特殊值法解之．可令

$n=1$，则问题变为 $S_1=2$，$S_3=14$，求 S_4. 由 $S_1=a_1=2$，$S_3=a_1+a_1q+a_1q^2=14$，所以 $1+q+q^2=7$，又因 q 为正数，解得 $q=2$，从而 $S_4=S_3+a_1q^3=14+2\times 2^3=30$. 故选 B.

四、一般化策略

例 4 （2009 陕西卷理）若 $(1-2x)^{2009}=a_0+a_1x+\cdots+a_{2009}x^{2009}$ $(x\in\mathbf{R})$，则 $\dfrac{a_1}{2}+\dfrac{a_2}{2^2}+\cdots+\dfrac{a_{2009}}{2^{2009}}$ 的值为（　　）.

A. 2　　　　　　B. 0　　　　　　C. -1　　　　　　D. -2

分析：先将 2009 一般化，看成 $2n-1$，$\dfrac{a_1}{2}+\dfrac{a_2}{2^2}+\cdots+\dfrac{a_{2009}}{2^{2009}}$ 变成 $\dfrac{a_1}{2}+\dfrac{a_2}{2^2}+\cdots+\dfrac{a_{2n-1}}{2^{2n-1}}$；再对 $2n-1$ 进行特殊化，取 $n=1$，则 $\dfrac{a_1}{2}=\dfrac{-2}{2}=-1$. 故选 C.

点评：本题既用了一般化策略，又用了特殊化策略，很有意思.

五、几何直观策略

利用几何直观和数形结合思想是实现"多想少算"的重要策略.

例 5 （2010 年四川卷理科 20 题）已知定点 $A(-1,0)$，$F(2,0)$，定直线 l：$x=\dfrac{1}{2}$，不在 x 轴上的动点 P 与点 F 的距离是它到定直线 l 的距离的 2 倍. 设点 P 的轨迹为 E，过点 F 的直线交 E 于 B，C 两点，直线 AB，AC 分别交 l 于点 M，N.

（Ⅰ）求 E 的方程；

（Ⅱ）试判断以线段 MN 为直径的圆是否过点 F，并说明理由.

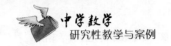

分析：（Ⅰ）$x^2 - \dfrac{y^2}{3} = 1$（$y \neq 0$）.

（Ⅱ）平几解法：如右图，过 B 作准线 l
的垂线交 FM 的延长线于点 D，过 C 作准线 l
的垂线交 FN 的延长线于点 E，所以 $\angle MFA = $
$\angle BDF$，$\angle NFA = \angle CEF$.

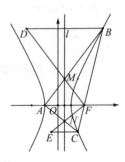

因为 A，F 关于直线 l 对称，

所以 B，D 关于直线 l 对称，C，E 关于
直线 l 对称.

已知 FB，FC 为 B，C 到直线 l 距离的 2 倍，

所以 $FB = BD$，$FC = CE$，

所以 $\angle BDF = \angle BFM$，$\angle CEF = \angle CFN$，

所以 $\angle MFA = \angle BFM$，$\angle NFA = \angle CFN$.

因为 $\angle MFA + \angle BFM + \angle NFA + \angle CFN = 180°$，

所以 $\angle MFA + \angle NFA = 90°$，

即 $\angle MFN = 90°$，

所以以 MN 为直径的圆过点 F.

点评：（Ⅱ）的本意是考查解析几何的通性通法，但用平面几
何方法回避了烦琐的计算，简洁明快地解决了问题，显示了几何直
观、数形结合的强大威力，很有意思.

六、极端化策略

例 6 （2010 年四川卷理科 5 题）设点 M 是线段 BC 的中点，
点 A 在直线 BC 外，$\overrightarrow{BC}^2 = 16$，$|\overrightarrow{AB} + \overrightarrow{AC}| = |\overrightarrow{AB} - \overrightarrow{AC}|$，则
$|\overrightarrow{AM}| = $（　　）.

    A. 8　　　　　B. 4　　　　　C. 2　　　　　D. 1

分析：由 $|BC| = 4$，得 $|\overrightarrow{BM}| = 2$. 考虑点 A 的极端情形，
将点 A 直接取为点 B（点 A 向点 B 无限靠近），则 $|\overrightarrow{AM}| \to$
$|\overrightarrow{BM}| = 2$. 故选 C.

七、反例策略

运用反例策略来说明某个命题不成立，恐怕是最好的解题方法.

例 7 （2010 年湖北卷理科 10 题）记实数 x_1，x_2，$\cdots$，x_n 中的最大数为 $\max\{x_1$，x_2，$\cdots$，$x_n\}$，最小数为 $\min\{x_1$，x_2，$\cdots$，$x_n\}$. 已知 $\triangle ABC$ 的三边长为 a，b，c（$a \leqslant b \leqslant c$），定义它的倾斜度为 $l = \max\left\{\dfrac{a}{b}，\dfrac{b}{c}，\dfrac{c}{a}\right\} \cdot \min\left\{\dfrac{a}{b}，\dfrac{b}{c}，\dfrac{c}{a}\right\}$，则"$l = 1$"是"$\triangle ABC$ 为等边三角形"的（   ）.

A. 必要而不充分的条件　　　B. 充分而不必要的条件

C. 充要条件　　　　　　　　D. 既不充分也不必要条件

分析：若 $\triangle ABC$ 为等边三角形，即 $a = b = c$ 时，则 $\max\left\{\dfrac{a}{b}，\dfrac{b}{c}，\dfrac{c}{a}\right\} = 1 = \min\left\{\dfrac{a}{b}，\dfrac{b}{c}，\dfrac{c}{a}\right\}$，则 $l = 1$；若 $\triangle ABC$ 为等腰三角形，比如 $a = 2$，$b = 2$，$c = 3$ 时，则 $\max\left\{\dfrac{a}{b}，\dfrac{b}{c}，\dfrac{c}{a}\right\} = \dfrac{3}{2}$，$\min\left\{\dfrac{a}{b}，\dfrac{b}{c}，\dfrac{c}{a}\right\} = \dfrac{2}{3}$，此时 $l = 1$ 仍成立，但 $\triangle ABC$ 不为等边三角形，故选 A.

点评：此题必要性是容易证明的，说明充分性不成立则只需构造一个反例，如取 $a = 2$，$b = 2$，$c = 3$.

八、估算策略

例 8 （2010 年上海卷理科 17 题）若 x_0 是方程 $\left(\dfrac{1}{2}\right)^x = x^{\frac{1}{3}}$ 的解，则 x_0 属于区间（   ）.

A. $\left(\dfrac{2}{3}，1\right)$　B. $\left(\dfrac{1}{2}，\dfrac{2}{3}\right)$　C. $\left(\dfrac{1}{3}，\dfrac{1}{2}\right)$　D. $\left(0，\dfrac{1}{3}\right)$

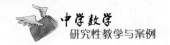

分析：为简化运算，注意到方程的根为正数，原方程同解于 $\left(\dfrac{1}{8}\right)^x = x$，或 $\log_{\frac{1}{8}} x = x$，或 $\log_2 x = -3x$. 可构造函数 $f(x) = \left(\dfrac{1}{8}\right)^x - x$，或 $g(x) = \log_{\frac{1}{8}} x - x$，或 $h(x) = \log_2 x + 3x$. 现以 $f(x) = \left(\dfrac{1}{8}\right)^x - x$ 为例，$f\left(\dfrac{1}{3}\right) = \dfrac{1}{6} > 0$，$f\left(\dfrac{1}{2}\right) = \dfrac{\sqrt{2}}{4} - \dfrac{1}{2} < 0$，所以 $x_0 \in \left(\dfrac{1}{3}, \dfrac{1}{2}\right)$，故选 C.

点评：本题以超越方程的近似根为背景，通过构造函数，分别估算所给选择的区间端点的函数值的符号，即可判断 x_0 所在的区间.

九、消元策略

例9 （2010 年四川卷理科 12 题）设 $a > b > c > 0$，则 $2a^2 + \dfrac{1}{ab} + \dfrac{1}{a(a-b)} - 10ac + 25c^2$ 的最小值是（　　）.

A. 2　　　　B. 4　　　　C. $2\sqrt{5}$　　　　D. 5

分析：因最小值是一个常数，故应考虑消去三元 a，b，c，注意到含字母 c 的项的系数的特点，容易想到对含字母 c 的项进行配方，即有

$$2a^2 + \dfrac{1}{ab} + \dfrac{1}{a(a-b)} - 10ac + 25c^2 = (a-5c)^2 + a^2 + \dfrac{1}{ab} + \dfrac{1}{a(a-b)},$$

将 $(a-5c)^2$ 用 0 代替（缩小），问题就变为求 $a^2 + \dfrac{1}{ab} + \dfrac{1}{a(a-b)}$ 的最小值.

$$2a^2 + \dfrac{1}{ab} + \dfrac{1}{a(a-b)} - 10ac + 25c^2$$

$$= (a-5c)^2 + a^2 + \dfrac{1}{(a-b)b} \geq a^2 + \dfrac{1}{(a-b)b}$$

$$\geqslant a^2 + \frac{1}{\left[\frac{(a-b)+b}{2}\right]^2} = a^2 + \frac{4}{a^2} \geqslant 4,$$

当且仅当 $a - 5c = 0$，$a - b = b$，$a^2 = 2$ 时等号成立，即 $a = \sqrt{2}$，$b = \frac{\sqrt{2}}{2}$，$c = \frac{\sqrt{2}}{5}$ 时等号成立. 故选 B.

点评：因最小值是一个常数，因此应考虑消去三元 a，b，c，用配方法可先消去字母 c，接着用基本不等式可消去 b，最后用基本不等式消去 a. 据说有老师因方法不当解不出正确答案而认为本题是一道错题，并反映到省考试院，让领导们虚惊了一场，这也足见本题的思维难度.

十、构造策略

例 10 （2009 年辽宁卷理科 12 题）若 x_1 满足 $2x + 2^x = 5$，x_2 满足 $2x + 2\log_2(x-1) = 5$，则 $x_1 + x_2 = ($).

A. $\frac{5}{2}$ B. 3 C. $\frac{7}{2}$ D. 4

分析：令 $x - 1 = t$，则所给两方程可变为 $t + 2^t = \frac{3}{2}$，$\log_2 t + 2^{\log_2 t} = \frac{3}{2}$，设这两个方程的根分别为 t_1，t_2. 令 $f(t) = t + 2^t$，则 $f(t_1) = f(\log_2 t_2) = \frac{3}{2}$. 又 $f(t)$ 在 $(-\infty, +\infty)$ 上单调递增，所以 $t_1 = \log_2 t_2$，因此 $t_1 + t_2 = t_1 + 2^{t_1} = \frac{3}{2}$，所以 $x_1 + x_2 = t_1 + 1 + t_2 + 1 = \frac{7}{2}$，故选 C.

点评：本题巧妙构造函数 $f(t) = t + 2^t$，并利用 $f(t)$ 的单调性，找到 t_1 与 t_2 的关系，得到 $t_1 = \log_2 t_2$，使问题简洁获解.

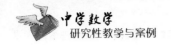

十一、回避讨论策略

例 11 （2009 年四川卷理科 9 题）已知直线 l_1：$4x-3y+6=0$ 和直线 l_2：$x=-1$，抛物线 $y^2=4x$ 上一动点 P 到直线 l_1 和直线 l_2 的距离之和的最小值是（　　）.

A. 2　　　　　B. 3　　　　　C. $\dfrac{11}{5}$　　　　　D. $\dfrac{37}{16}$

分析：对于目标函数 $u=\dfrac{|4x-3y+6|}{5}+|x+1|$（其中 x，y 满足 $y^2=4x$），若考虑去绝对值，则需分类讨论，显得很麻烦. 若用数形结合思想来解，则可回避分类讨论. 事实上，注意到直线 l_2 是抛物线的准线，利用动点 P 到直线 l_2 的距离等于点 P 到抛物线焦点 F 的距离，这样就将其距离之和的最小值转化为焦点 $F(1,0)$ 到直线 l_1 的距离 $\dfrac{|4\times1-0+6|}{\sqrt{4^2+3^2}}=2$，故选 A.

十二、审美策略

数学审美是数学中美的事物在个体头脑中的反映及个体对数学中美的事物的态度体验和行为反应. 数学审美可以帮助我们探求解题思路、优化思维策略、缩短运算过程.

例 12 （2007 年重庆卷理科 7 题）若 a 是 $1+2b$ 与 $1-2b$ 的等比中项，则 $\dfrac{2ab}{|a|+2|b|}$ 的最大值为（　　）.

A. $\dfrac{2\sqrt{5}}{15}$　　　B. $\dfrac{\sqrt{2}}{4}$　　　C. $\dfrac{\sqrt{5}}{5}$　　　D. $\dfrac{\sqrt{2}}{2}$

分析：显然 a，b 同号时，$\dfrac{2ab}{|a|+2|b|}$ 才可能取最大值，故可设 a，$b>0$. 由题意，得 $a^2=1-4b^2$，即 $a^2+4b^2=1$. 易见，在 $a^2+4b^2=1$ 中，a^2 的系数是 1，b^2 的系数是 4，在 $\dfrac{2ab}{|a|+2|b|}$ 中

$|b|$ 的系数是 2，用数学对称美和简单美来审视，b^2，$|b|$ 的系数与 a^2，$|a|$ 的系数相比较，既不简单也不对称，因此可以采用换元法，令 $x=a$，$y=2b$，x，$y>0$，则有 $x^2+y^2=1$，从而

$$\frac{2ab}{|a|+2|b|}=\frac{xy}{x+y}\leqslant\frac{xy}{2\sqrt{xy}}=\frac{1}{2}\sqrt{xy}\leqslant\frac{1}{4}(x+y)\leqslant\frac{\sqrt{2}}{4}.$$ 故选 B.

点评：基于对数学简单美和对称美的追求，本题采用换元法，使条件和目标函数都变得对称和简单，从而使问题的解答非常简捷明快.

需要说明的是，基于多想少算的解题策略还有很多，如联想策略、类比策略、猜想策略、代换策略、运用定义策略、数学思想策略、分离参数策略、限定策略、基本量策略和逆向思维策略等，也值得探讨.

思考与研究：

仿照本案例，研究以下策略：

联想策略，类比策略，猜想策略，代换策略，运用定义策略，数学思想策略，分离参数策略，限定策略，基本量策略，逆向思维策略，等等.

案例 17　导数解决多元问题的几种策略①

2012 年 3 月，笔者给一所重点中学高三实验班学生提了一个问题：用导数能解决多元问题吗？大多数同学认为不能. 分析其原因，可能有三：一是这些学生没有用导数解决多元问题的"经验"；二是很多学生误认为"导数只能解决一元问题"，这显然是受到了思维定式的消极影响；三是学生缺乏解决多元问题的策略性知识. 事实上，导数是十分有用的数学工具，不但能解决一元问题，也能解决一些多元问题，比如证明多元不等式、求多元函数的最值等. 用导数解决多元问题，既需要以数学思想方法为指导，更需要良好思维策略的灵活运用.

用导数解决多元问题的基本程式如下：

（1）将多元问题转化为一元问题.

（2）构造一元函数.

（3）用导数研究函数性态（包括单调性、极值、最值、凹凸性等）.

（4）解决最初的问题. 用导数方法解决多元问题具有思路清晰、易于掌握、简洁明快等特点.

本案例拟介绍用导数解决多元问题的一些常用策略和方法，如消元策略、主元策略、换元策略、逐次求导策略和运用琴生不等式策略等.

一、消元策略

例 1　（2009 年清华大学自主招生理科试题）（1）x，y 为实

---

① 本案例作者：李世和（内江市六中），郑凤渊（泸州市教育科学研究所），赵思林.

数，且 $x+y=1$，求证：对于任意整数 n，$x^{2n}+y^{2n}\geqslant\dfrac{1}{2^{2n-1}}$；

（2）a，b，c 为正实数，求证：$\dfrac{a}{x}+\dfrac{b}{y}+\dfrac{c}{z}\geqslant 3$，其中 x，y，z 为 a，b，c 的一种排列.

证明　（1）设 $f(x)=x^{2n}+(1-x)^{2n}-\dfrac{1}{2^{2n-1}}$，下面只需证明 $f(x)\geqslant 0$.

$f'(x)=2n\left[x^{2n-1}-(1-x)^{2n-1}\right]$.

令 $f'(x)=0$，则 $x^{2n-1}=(1-x)^{2n-1}$，$x=\dfrac{1}{2}$（唯一驻点）.

当 $x>\dfrac{1}{2}$ 时，$x>1-x$，$x^{2n-1}>(1-x)^{2n-1}$，$f'(x)>0$.

当 $x<\dfrac{1}{2}$ 时，$x<1-x$，$x^{2n-1}<(1-x)^{2n-1}$，$f'(x)<0$.

所以，$x=\dfrac{1}{2}$ 为 $f(x)$ 的唯一极小点.

因此，当 $x=\dfrac{1}{2}$ 时，$f(x)$ 取最小值.

即 $f(x)\geqslant f\left(\dfrac{1}{2}\right)=0$，故 $x^{2n}+y^{2n}\geqslant\dfrac{1}{2^{2n-1}}$.

（2）从略.

评注：第（1）题源于人教版高二（上）习题 6.2 第 1 题 $\left[\text{求}\right.$ 证：$\left.\left(\dfrac{a+b}{2}\right)^2\leqslant\dfrac{a^2+b^2}{2}\right]$ 的推广和延伸. 本题源于教材，又高于教材. 因此，在教学时应注重知识的延伸和拓展，这也体现了研究性学习的思想.

二、主元策略

例 2　（2010 年江苏卷第 21 题）设 a，b 均为非负实数，求证：$a^3+b^3\geqslant\sqrt{ab}(a^2+b^2)$.

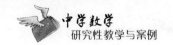

分析：这是江苏卷的选做题．通过变形、配凑等过程可以完成证明，但对学生来说，有一定的技巧性，其思路不容易想到．若用主元策略，比如将 a 看成主变量，b 看成常数（参数），就可构造关于 a 的函数，利用熟悉的导数方法来证明，其解题思路可谓自然清新．

证明：要证 $a^3+b^3\geqslant\sqrt{ab}(a^2+b^2)$，即证 $a^3+b^3-\sqrt{ab}(a^2+b^2)\geqslant0$．

不妨设 $a\geqslant b$，令 $x=\sqrt{a}$ $(x\geqslant0)$，构造函数 $f(x)=x^6-b^{\frac{1}{2}}x^5-b^{\frac{5}{2}}x+b^3$，下面只需证明 $f(x)\geqslant0$．

因为 $f'(x)=6x^5-5b^{\frac{1}{2}}x^4-b^{\frac{5}{2}}=6(x-b^{\frac{1}{2}})x^4+b^{\frac{1}{2}}x^4-b^{\frac{5}{2}}$

$$=6(x-b^{\frac{1}{2}})x^4+b^{\frac{1}{2}}(x^4-b^2)$$

$$=(x-b^{\frac{1}{2}})\left[6x^4+b^{\frac{1}{2}}(x^2+b)(x+b^{\frac{1}{2}})\right]\geqslant0,$$

所以 $f(x)$ 在 $\left[\sqrt{b},+\infty\right)$ 上单增．

所以 $f(x)\geqslant f(\sqrt{b})=0$，

故 $a^3+b^3\geqslant\sqrt{ab}(a^2+b^2)$．

分析：这是江苏卷的选做题．当 $b=0$ 时，不等式显然成立，以下仅讨论 $b>0$ 的情况．

$$a^3+b^3\geqslant\sqrt{ab}(a^2+b^2)$$

$$\Leftrightarrow a^3+b^3\geqslant a^{\frac{5}{2}}b^{\frac{1}{2}}+a^{\frac{1}{2}}b^{\frac{5}{2}}. \qquad ①$$

注意到①的左右两边是"齐次"的特点，①的两边同除以 b^3，则①可变为

$$\left(\frac{a}{b}\right)^3+1\geqslant\left(\frac{a}{b}\right)^{\frac{5}{2}}+\left(\frac{a}{b}\right)^{\frac{1}{2}}. \qquad ②$$

令 $\dfrac{a}{b}=t$，则②可变为

$$t^3-t^{\frac{5}{2}}-t^{-\frac{1}{2}}+1\geqslant0,\ t\geqslant0.$$

这就将二元问题转化为标准的一元问题了，利用导数就很容易证明了．

例 3 设 a，b，$c \in \mathbf{R}^+$，求证：$a^3 + b^3 + c^3 \geqslant 3abc$.

证 $f(x) = x^3 + b^3 + c^3 - 3bcx$，$f'(x) = 3x^2 - 3bc$.

x	$(0, \sqrt{bc})$	$\sqrt{bc}$	$(\sqrt{bc}, +\infty)$
$f'(x)$	$-$	0	$+$
$f(x)$	↓	极小	↑

当 $x = \sqrt{bc}$ 时，$f(x)$ 取最小值，并且 $f(x)_{最小} = f(\sqrt{bc}) = (\sqrt{b^3} - \sqrt{c^3})^2$.

所以 $f(a) \geqslant (\sqrt{b^3} - \sqrt{c^3})^2$，

即 $a^3 + b^3 + c^3 \geqslant 3abc + (\sqrt{b^3} - \sqrt{c^3})^2 \geqslant 3abc$.

说明：显然 $a^3 + b^3 + c^3 \geqslant 3abc + (\sqrt{b^3} - \sqrt{c^3})^2$ 比 $a^3 + b^3 + c^3 \geqslant 3abc$ 强.

三、换元策略

例 4 （2006 年四川卷理科 22 题）已知函数 $f(x) = x^2 + \dfrac{2}{x} + a\ln x$ （$x > 0$），$f(x)$ 的导函数是 $f'(x)$，对任意两个不相等的正数 x_1，x_2，证明：

（Ⅰ）当 $a \leqslant 0$ 时，$\dfrac{f(x_1) + f(x_2)}{2} > f\left(\dfrac{x_1 + x_2}{2}\right)$；

（Ⅱ）当 $a \leqslant 4$ 时，$|f'(x_1) - f'(x_2)| > |x_1 - x_2|$.

证 （Ⅰ）证明从略.

（Ⅱ）由 $f(x) = x^2 + \dfrac{2}{x} + a\ln x$，得 $f'(x) = 2x - \dfrac{2}{x^2} + \dfrac{a}{x}$.

所以 $|f'(x_1) - f'(x_2)| = \left| \left(2x_1 - \dfrac{2}{x_1^2} + \dfrac{a}{x_1}\right) - \left(2x_2 - \dfrac{2}{x_2^2} + \dfrac{a}{x_2}\right) \right|$

$$= |x_1 - x_2| \cdot \left| 2 + \dfrac{2(x_1 + x_2)}{x_1^2 x_2^2} - \dfrac{a}{x_1 x_2} \right|.$$

因为 x_1，x_2 是两个不相等的正数，

所以 $2+\dfrac{2(x_1+x_2)}{x_1^2x_2^2}-\dfrac{a}{x_1x_2}>2+\dfrac{4}{(\sqrt{x_1x_2})^3}-\dfrac{a}{x_1x_2}\geqslant 2+$

$\dfrac{4}{(\sqrt{x_1x_2})^3}-\dfrac{4}{x_1x_2}$.

设 $t=\dfrac{1}{\sqrt{x_1x_2}}$，$u(t)=2+4t^3-4t^2$ $(t>0)$，则 $u'(t)=$

$4t(3t-2)$，列表如下：

t	$\left(0,\dfrac{2}{3}\right)$	$\dfrac{2}{3}$	$\left(\dfrac{2}{3},+\infty\right)$
u'	$-$	0	$+$
$u(t)$	↘	极小值$\dfrac{38}{27}$	↗

所以 $u\geqslant\dfrac{38}{27}>1$. 即 $2+\dfrac{2(x_1+x_2)}{x_1^2x_2^2}-\dfrac{a}{x_1x_2}>1$.

所以 $|f'(x_1)-f'(x_2)|=|x_1-x_2|\cdot\left|2+\dfrac{2(x_1+x_2)}{x_1^2x_2^2}-\dfrac{a}{x_1x_2}\right|>$

$|x_1-x_2|$.

四、逐次求导策略

例5 （2010 年四川卷理科 12 题）设 $a>b>c>0$，则 $2a^2+$

$\dfrac{1}{ab}+\dfrac{1}{a(a-b)}-10ac+25c^2$ 的最小值是（　　）.

A. 2　　　　 B. 4　　　　 C. $2\sqrt{5}$　　　　 D. 5

分析：设 $f(c)=2a^2+\dfrac{1}{ab}+\dfrac{1}{a(a-b)}-10ac+25c^2$，则 $f'(c)=$

$-10a+50c$，令 $f'(c)=0$，可解得函数 $f(c)$ 的唯一的极小值点$c=$

$\dfrac{a}{5}$，容易判定它也是最小值点，从而有

$$f(c)\geqslant f\left(\dfrac{a}{5}\right)=a^2+\dfrac{1}{ab}+\dfrac{1}{a(a-b)}.$$

再设 $g(b) = a^2 + \dfrac{1}{ab} + \dfrac{1}{a(a-b)}$，则 $g'(b) = -\dfrac{1}{ab^2} + \dfrac{1}{a(a-b)^2}$，

令 $g'(b) = 0$，可解得函数 $g(b)$ 的唯一的极小值点 $b = \dfrac{a}{2}$，容易判定它也是最小值点，因此，

$$g(b) \geqslant g\left(\dfrac{a}{2}\right) = a^2 + \dfrac{1}{ab} + \dfrac{1}{a(a-b)} = a^2 + \dfrac{4}{a^2}.$$

最后设 $h(a) = a^2 + \dfrac{4}{a^2}$，$h'(a) = 2a - \dfrac{8}{a^3}$，令 $h'(a) = 0$，可解得函数 $h(a)$ 的唯一的极小值点 $a = \sqrt{2}$，容易判定它也是最小值点，因此，

$$h(a) \geqslant h(\sqrt{2}) = 4.$$

综上，$f(c) \geqslant g(b) \geqslant h(a) \geqslant 4$. 故选 B.

评注：这种逐次求导求最值的方法是一个具有普遍性的方法，它可以程式化地处理一些含有多个变量的最值问题.

五、运用琴生不等式策略

凸函数（凹函数）定义：设函数 $f(x)$ 在区间 I 上对任意两点 x_1，x_2，总有

$$\dfrac{f(x_1) + f(x_2)}{2} \leqslant f\left(\dfrac{x_1 + x_2}{2}\right) \left[或 \dfrac{f(x_1) + f(x_2)}{2} \geqslant f\left(\dfrac{x_1 + x_2}{2}\right) \right],$$

则称函数 $f(x)$ 在区间 I 上为凸函数（或凹函数）.

凸函数（凹函数）的判定定理：设函数 $f(x)$ 在区间 I 上具有二阶导数，则 $f(x)$ 为区间 I 上的凸（凹）函数的充要条件是 $f''(x) \leqslant 0 [f''(x) \geqslant 0]$.

琴生不等式：（1）若 f 为 $[a, b]$ 上的凸函数，则对任意 $x_i \in [a, b]$，有

$$\dfrac{f(x_1) + f(x_2) + \cdots + f(x_n)}{n} \leqslant f\left(\dfrac{x_1 + x_2 + \cdots + x_n}{n}\right).$$

（2）若 f 为 $[a, b]$ 上的凹函数，则对任意 $x_i \in [a, b]$，有

$$\frac{f(x_1)+f(x_2)+\cdots+f(x_n)}{n}\geqslant f\left(\frac{x_1+x_2+\cdots+x_n}{n}\right).$$

例 6 （2005 年全国卷 I 理科 22 题）（I）设函数 $f(x)=x\log_2 x+(1-x)\log_2(1-x)$，$0<x<1$，求 $f(x)$ 的最小值；

（II）设正数 p_1，p_2，p_3，$\cdots$，p_{2^n} 满足 $p_1+p_2+p_3+\cdots+p_{2^n}=1$，证明 $p_1\log_2 p_1+p_2\log_2 p_2+p_3\log_2 p_3+\cdots+p_{2^n}\log_2 p_{2^n}\geqslant -n$.

分析：（I）从略.

（II）设 $\varphi(x)=x\log_2 x$，$x>0$，则

$$\varphi'(x)=\log_2 x+\frac{1}{\ln 2},\ \varphi''(x)=\frac{1}{x\ln 2}>0,$$

所以 $f(x)$ 在 $(0,+\infty)$ 上是凹函数.

由琴生不等式，得

$$\varphi(p_1)+\varphi(p_2)+\cdots+\varphi(p_{2^n})\geqslant 2^n\cdot\varphi\left(\frac{p_1+p_2+\cdots+p_{2^n}}{2^n}\right),$$

因为 $p_1+p_2+p_3+\cdots+p_{2^n}=1$，

所以 $\varphi(p_1)+\varphi(p_2)+\cdots+\varphi(p_{2^n})\geqslant 2^n\cdot\varphi\left(\frac{1}{2^n}\right)=2^n\cdot\varphi(2^{-n})$，即 $p_1\log_2 p_1+p_2\log_2 p_2+p_3\log_2 p_3+\cdots+p_{2^n}\log_2 p_{2^n}\geqslant 2^n\cdot 2^{-n}\log_2 2^{-n}=-n$.

评注：本题含有函数凸性的背景.（II）若用数学归纳法证明，则需很高的技巧.

思考与研究：

仿照本案例，用导数法研究 3 个多元函数问题的解法.

案例 18　解高考数学题的对称策略[①]

对称是普遍的自然现象. 对称表现了简单、和谐、匀称，带给人美的享受[②]. 对称在数学中也是广泛存在的，如图形的对称性、数学的对称结构、思考问题的对称策略、数学的对称美等. 所谓一个图形的对称，是指把这个图形分成两个部分，这两个部分能够重叠（重合），也就是说，一个图形在适当变换位置之后能够重叠（重合）. 用现代数学语言来讲，对称就是数学对象在某种变换下保持的不变性. 于是，我们可以说：对称是人的视觉系统对客体的反映，给人留下美好印象；对称是人们思考问题的一种方式，给人以思想启迪；对称是解决问题的重要策略，给人以方法指导；对称是一种至高无上的美，给人以美的享受. 如果从数学解题的角度看，对称是解高考数学题的好方法.

一、利用中心对称

命题 1：奇函数的图像关于坐标原点对称.

命题 2：函数 $y = f(x)$ 的图像关于点 $(m，0)$ 对称的充要条件是 $f(2m - x) = -f(x)$.

命题 3：$y = f(x)$ 的图像关于点 $(m，n)$ 对称的充要条件是 $f(2m - x) = 2n - f(x)$.

例 1　（2012 年新课标全国卷文科 16 题）设函数 $f(x) = \dfrac{(x+1)^2 + \sin x}{x^2 + 1}$ 的最大值为 M，最小值为 m，则 $M + m = $ _____.

---

①　赵思林，李正泉. 对称——解高考数学题的好方法 [J]. 数学通讯（高中），2013（6）：27-29.

②　冯进. 数学发展中的对称破缺及其作用 [J].（人大复印）科学技术哲学，2010（4）：3-9.

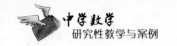

解：记 $g(x)=\dfrac{2x+\sin x}{x^2+1}$，则 $g(x)$ 为奇函数，且 $f(x)=1+g(x)$.

由 $g(x)$ 的图像关于原点对称可知，$g(x)_{\max}+g(x)_{\min}=0$.

所以 $M+m=[1+g(x)]_{\max}+[1+g(x)]_{\min}=2$.

评注：此解答巧妙利用了奇函数的对称性（关于原点对称），使问题简捷获解.

例2 （2012 年四川卷文科 12 题）设函数 $f(x)=(x-3)^3+x-1$，$\{a_n\}$ 是公差不为 0 的等差数列，$f(a_1)+f(a_2)+\cdots+f(a_7)=14$，则 $a_1+a_2+\cdots+a_7=($　　　).

A. 0   B. 7   C. 14   D. 21

分析：易知，$f(6-x)+f(x)=4$，

所以函数 $f(x)$ 的图像关于点 $(3,2)$ 成中心对称.

又因为 $f(3)=2$，数列的前 7 项的最中间一项是 a_4，所以取 $a_4=3$ 能充分利用图像的对称性. 事实上，当 $a_4=3$ 时，$f(a_4)=f(3)=2$，这说明，点 $(a_4,f(a_4))$ 恰为函数 $f(x)$ 图像的对称中心 $(3,2)$，从而有

$f(a_1)+f(a_7)=2f(a_4)=4$，

$f(a_2)+f(a_6)=2f(a_4)=4$，

$f(a_3)+f(a_5)=2f(a_4)=4$，

所以 $f(a_1)+f(a_2)+\cdots+f(a_7)=14$.

所以，$a_4=3$ 是方程 $f(a_1)+f(a_2)+\cdots+f(a_7)=14$ 的一个解.

因为 $f'(x)=3(x-3)^2+1>0$，所以 $f(x)$ 在 $(-\infty,+\infty)$ 上单调递增.

因此，$a_4=3$ 是方程 $f(a_1)+f(a_2)+\cdots+f(a_7)=14$ 的唯一的一个解.

故 $a_4=3$. 因此，$a_1+a_2+\cdots+a_7=7a_4=21$.

评注：此方法充分利用了问题的几何背景（函数图像成中心对称图形和 $f(x)$ 是增函数），思维过程直观简明，回避了烦琐运算，

简化了解答过程，显示了数形结合的威力.

二、利用轴对称

命题 1：偶函数的图像关于 y 轴对称.

命题 2：函数 $y = f(x)$ 的图像与其反函数 $y = f^{-1}(x)$ 的图像关于直线 $y = x$ 对称.

命题 3：函数 $y = f(x)$ 的图像关于直线 $x = m$ 对称的充要条件是 $f(2m - x) = f(x)$.

例 3 （2012 年新课标全国卷理科 12 题）设点 P 在曲线 $y = \dfrac{1}{2}e^x$ 上，点 Q 在曲线 $y = \ln(2x)$ 上，则 $|PQ|$ 的最小值为（　　）.

A. $1 - \ln 2$ B. $\sqrt{2}(1 - \ln 2)$

C. $1 + \ln 2$ D. $\sqrt{2}(1 + \ln 2)$

解：因为函数 $y = \dfrac{1}{2}e^x$ 与函数 $y = \ln(2x)$ 互为反函数，所以它们的图像关于 $y = x$ 对称.

函数 $y = \dfrac{1}{2}e^x$ 上的点 $P\left(x, \dfrac{1}{2}e^x\right)$ 到直线 $y = x$ 的距离为 $d = \dfrac{\left|\dfrac{1}{2}e^x - x\right|}{\sqrt{2}}$.

设函数 $g(x) = \dfrac{1}{2}e^x - x$，则 $g'(x) = \dfrac{1}{2}e^x - 1$.

由此可得，$g(x)_{\min} = 1 - \ln 2$. 所以 $d_{\min} = \dfrac{1 - \ln 2}{\sqrt{2}}$.

由其图像关于 $y = x$ 对称，得 $|PQ|_{\min} = 2d_{\min} = \sqrt{2}(1 - \ln 2)$.

故选 A.

评注：设 $P\left(x, \dfrac{1}{2}e^x\right)$，$Q\left(t, \dfrac{1}{2}e^t\right)$，则 $|PQ| = \sqrt{(x-t)^2 + \left(\dfrac{1}{2}e^x - \ln 2t\right)^2}$. 如果不用所给两个函数图像的对称

性，那么这个二元函数的最小值用高中知识是难以求解的．

三、利用圆锥曲线的对称性

例 4 （2006 年四川卷理科 15 题）

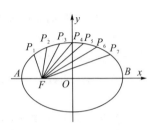

如图，把椭圆 $\dfrac{x^2}{25}+\dfrac{y^2}{16}=1$ 的长轴 AB 分成 8 等份，过每个分点作 x 轴的垂线交椭圆的上半部分于 P_1，P_2，P_3，P_4，P_5，P_6，P_7 七个点，F 是椭圆的一个焦点，则 $|P_1F|+|P_2F|+|P_3F|+|P_4F|+|P_5F|+|P_6F|+|P_7F|=$ _____．

分析：设右焦点为 F'，根据对称性，$|P_7F|=|P_1F'|$，

所以 $|P_1F|+|P_7F|=|P_1F|+|P_1F'|=2a$，

同理 $|P_2F|+|P_6F|=2a$，$|P_3F|+|P_5F|=2a$，

又 $|P_4F|=a$，故所求的值为 $2a+2a+2a+a=7a=35$．故填 35．

四、利用特殊几何体的对称性

例 5 （2012 年辽宁卷理科 16 题）已知正三棱锥 $P-ABC$，点 P，A，B，C 都在半径为 $\sqrt{3}$ 的球面上，若 PA，PB，PC 两两互相垂直，则球心到截面 ABC 的距离为_____．

解：因为在正三棱锥 $P-ABC$ 中，PA，PB，PC 两两互相垂直，所以可以把正三棱锥补形正方体，如图所示．此正方体内接于球，正方体的体对角线为球的直径，球心为正方体对角线的中点．球心到截面 ABC 的距离为球的半

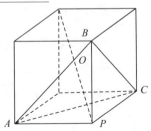

径减去正三棱锥 $P-ABC$ 在面 ABC 上的高. 已知球的半径为 $\sqrt{3}$，所以正方体的棱长为 2. 由此可得，正三棱锥 $P-ABC$ 在面 ABC 上的高为 $\dfrac{2\sqrt{3}}{3}$，所以球心到截面 ABC 的距离为 $\sqrt{3}-\dfrac{2\sqrt{3}}{3}=\dfrac{\sqrt{3}}{3}$. 故填 $\dfrac{\sqrt{3}}{3}$.

评注：本题主要考查空间想象能力及转化思想. 本题若直接利用三棱锥来考虑，则不易入手，且思维量大，运算量大，难度较高. 但注意到条件中的垂直关系，就可把三棱锥转化为正方体，充分利用正方体的对称性，可以回避复杂运算，使问题简洁获解.

五、对称地处理问题

波利亚曾说："从一般意义上讲，对称对于我们探索怎样解题是很重要的." 他还说："如果一道题目具有某些方面的对称性，我们常常能得益于注意到可以互换的各部分，而且，常常值得我们用同样的方式来处理那些起相同作用的部分."[①] 如果将对称作为一种思考问题的方式，那么对称就是一种解决问题的策略和技术，比如"正难则反""特殊与一般""数形转化""主变量与参变量换位"等就是常用的解决数学问题的对称策略.

例 6 （2012 年浙江卷理科 17 题）设 $a\in\mathbf{R}$，若 $x>0$ 时均有 $[(a-1)x-1](x^2-ax-1)\geqslant0$，则 $a=$ _____.

分析：如果按照一般思路，把原不等式看成关于 x 的不等式（将 a 看成参数），需对参数 a 进行分类讨论，则解答过程非常复杂. 但如果将原不等式看成以 a 为主变量（主元）、x 为参变量（参数）的不等式，则可回避讨论，其解答过程变得简洁明快.

原不等式等价于 $(xa-x-1)(xa-x^2+1)\leqslant0\ (x>0)$，

---

① 波利亚 G. 怎样解题［M］. 上海：上海教育出版社，2005：201.

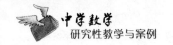
即 $\left(a-1-\dfrac{1}{x}\right)\left(a-x+\dfrac{1}{x}\right)\leqslant 0\ (x>0).\ (*)$

这是一个关于 a 的二次不等式，它所对应的抛物线是开口向上的．由（*），易知

$$x>2\Leftrightarrow 1+\dfrac{1}{x}\leqslant a\leqslant x-\dfrac{1}{x};\tag{1}$$

$$x=2\Leftrightarrow \dfrac{3}{2}\leqslant a\leqslant \dfrac{3}{2};\tag{2}$$

$$0<x<2\Leftrightarrow x-\dfrac{1}{x}\leqslant a\leqslant 1+\dfrac{1}{x}.\tag{3}$$

所以，（*）恒成立必须（1）（2）（3）都成立．由（2）并注意到（1）与（3）的左右两端的对称性可知，（*）恒成立必须且只需 $1+\dfrac{1}{x}=x-\dfrac{1}{x}\ (x>0)$ 成立．解得 $x=2$．

故 $a=1+\dfrac{1}{2}=2-\dfrac{1}{2}=\dfrac{3}{2}$．

评注：题目所给不等式若看成关于 x 的三次不等式，则其分类讨论及运算非常繁杂．若将原不等式看成关于 a 的二次不等式，则解答过程非常简洁．上述解答是基于对"以 x 为主元、a 为参数"和"以 a 为主元、x 为参数"来对称地考虑，并对称地处理．

六、将非对称的问题对称化

对称作为美的一种表现形式，体现了简单、匀称、平衡等符合人类认识基本规律与和谐协调感觉的特征．[①] 将非对称的问题对称化是指导我们寻求自然、简单、实用、美妙的解决问题的基本策略，也是追求对称美、创造对称美的具体体现．

例 7　（2010 年四川卷文科 11 题）设 $a>b>0$，则 $a^2+\dfrac{1}{ab}+$

---

① 冯进. 数学发展中的对称破缺及其作用［J］.（人大复印）科学技术哲学，2010（4）：3-9.

$\dfrac{1}{a(a-b)}$ 的最小值是（　　）.

A. 1　　　　B. 2　　　　C. 3　　　　D. 4

分析：考虑到两个分式 $\dfrac{1}{ab}$，$\dfrac{1}{a(a-b)}$ 的分母都比较繁，可以考虑同时对它们进行换元，即令 $ab=x$，$a(a-b)=y$，则 $x>0$，$y>0$，且 $a^2=x+y$，从而

$$a^2+\dfrac{1}{ab}+\dfrac{1}{a(a-b)}=x+y+\dfrac{1}{x}+\dfrac{1}{y}.$$

问题就转化为求 $u=x+y+\dfrac{1}{x}+\dfrac{1}{y}$ 的最小值（可以看出：问题另一背景是 $x+\dfrac{1}{x}\geqslant 2$）. 这个优美的最小值问题有很多求解方法，现只列举一个：

$$u=\left(x+\dfrac{1}{x}\right)+\left(y+\dfrac{1}{y}\right)\geqslant 2+2=4.\ \text{故选 D.}$$

评注：从形式上来看，$a^2+\dfrac{1}{ab}+\dfrac{1}{a(a-b)}$ 既不对称，也不简单，更不优美，甚至可以说它有点丑，但 $x+y+\dfrac{1}{x}+\dfrac{1}{y}$ 集对称、简单、优美于一身. 由此看来，换元有时能将非对称结构对称化，将非对称问题对称化，将丑的形式化为美的结构.

思考与研究：

怎样将非对称问题化为对称问题？并举例说明.

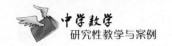

案例 19　教学实录：一个不等式
恒成立的问题驱动教学①

数学问题解决是解题者在自己的长时记忆中提取解题图式用于新的问题情境的过程②. 数学解题，不仅要把"题"作为研究的对象，把"解"作为研究的目标，而且也要把"解题活动"作为对象，把学会"数学地思维"、促进"人的发展"作为目标③. 以一道高考不等式恒成立的问题驱动式教学为例，展示教师与学生的"思维对话".

一、问题呈现

设对所有实数 x，不等式 $x^2 \log_2 \dfrac{4(a+1)}{a} + 2x \log_2 \dfrac{2a}{a+1} + \log_2 \dfrac{(a+1)^2}{4a^2} > 0$ 恒成立，求 a 的取值范围.（1987 年考题）

二、课堂实录

师：请同学们思考，这个问题可以从哪些角度考虑？
生 1：这是不等式恒成立问题，可以用判别式法. 即

---

① 本案例作者：徐小琴，赵思林，李秀萍.

② 王凯. 数学解题认知模式下的数学解题教学［J］. 中学数学月刊，2014（5）：11-13，30.

③ 罗增儒，罗新兵. 作为数学教育任务的数学解题［J］. 数学教育学报，2005，14（1）：12-15.

$$\begin{cases} \dfrac{a+1}{a} > 0, \\[2mm] \log_2 \dfrac{4(a+1)}{a} > 0, \\[2mm] \Delta = \left(2\log_2 \dfrac{2a}{a+1}\right)^2 - 4\log_2 \dfrac{4(a+1)}{a} \cdot \log_2 \dfrac{(a+1)^2}{4a^2} < 0. \end{cases}$$

师：很好！这位同学不仅能准确地找到解题方向——判别式法，而且还能考虑到对数有意义的条件 $\dfrac{a+1}{a} > 0$. 现在要问，这样做有没有问题？

生（全体）：对，因为二次函数开口向上，$\Delta < 0$ 就与 x 轴没有交点.（学生开始小声发表意见）

师：这样做严谨吗？有无逻辑问题？

生 2：他（生 1）没有考虑二次项系数为 0 的情况，如果二次项系数为 0，就不能用判别式法. 这个题如果 $\log_2 \dfrac{4(a+1)}{a} = 0$，不等式并不恒成立.

师：对！生 2 说得很好，从表面上看，这是关于 x 的一元二次不等式大于 0 恒成立问题，只需图像开口向上，且与 x 轴没有交点. 但从逻辑上看，此解答并未考虑二次项系数为 0 的情况，也就是该不等式不是二次不等式，因此就不能采用判别式法. 所以答案应该就二次项系数是否为 0 的情况分类讨论. 当 $\log_2 \dfrac{4(a+1)}{a} = 0$ 时，不等式并不恒成立，此时无解；当 $\log_2 \dfrac{4(a+1)}{a} \neq 0$ 时，利用判别式，解得 a 的取值范围. 此题对于二次项系数为 0 的情况无解，也就不影响最终答案，但是为了加深大家对讨论二次项系数的认识，我们不妨构造这样的反例说明：

设关于 x 的不等式 $ax^2 + ax + 1 > 0$ 恒成立，求实数 a 的取值范围.

生 3：当 $a = 0$ 时，$1 > 0$，不等式恒成立，因此 $a = 0$ 是其一解.（$a \neq 0$ 的情况略）

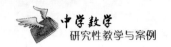

师：从这个例题看来，如果不讨论二次项系数为 0 的情况，$a=0$ 这个解就容易被遗漏，也就造成逻辑的错误．同学们，题干中的对数形式复杂吗？可以简化吗？

生 4：可以简化.

师：怎样简化，生 4 你来讲讲？

生 4：我们观察不等式，其中有些式子是相同的．因此可以换元，令 $\dfrac{a+1}{a}=t>0$，原不等式转化为

$$(2+\log_2 t)x^2+2(1-\log_2 t)x+2\log_2 t-2>0.$$

师：很好！形式是简单了一些，那还能再简化吗？

（全体学生开始跃跃欲试）

生 5：可以，每项都还有 $\log_2 t$，可以令 $\log_2 t=m$，原不等式进一步转化为

$$(2+m)x^2+2x(1-m)+2(m-1)>0.$$

师：现在的不等式看起来简单多了．老师想问，还能更简单吗？

生 6：我知道，还可以令 $m-1=u$，则不等式变为

$$(3+u)x^2-2ux+2u>0.$$

师：同学们太棒了，把那么复杂的不等式利用换元的方法变得如此简单．这是一个关于 x（$3+u\neq0$）的一元二次不等式恒成立问题．对于这个不等式恒成立问题，同学们知道哪些方法？大家先做一做．

（学生做两分钟）

师：请同学们来展示下自己的方法.

生 7：用判别式法.

若 $3+u=0$，无解.

若 $3+u\neq0$，则原不等式为关于 x 的一元二次不等式，只需满足

$$\begin{cases} 3+u>0, \\ \Delta=4u^2-8u(3+u)<0. \end{cases}$$

解得 $u>0$，于是得到 $0<a<1$.

生 8：可以用分离参数法，不等式左边可以看作 u 的一次函数，不等式可以变为

$$u(x^2-2x+2)+3x^2>0,$$

即 $u>-\dfrac{3x^2}{(x-1)^2+1}$.

因为 $-\dfrac{3x^2}{(x-1)^2+1}\geqslant0$，所以 $u>0$. 因此 $0<a<1$.

师：分离参数的方法非常好，那么，什么时候能用分离参数法？

生 8：关于 u 的一次数函数时.

师：关于 u 的二次函数呢？

生 8：可以，只要 u 的次数一样.

师：对，只要参数 u 的次数都相同就可以，这也称 u 是齐次的. 这里的 $-\dfrac{3x^2}{(x-1)^2+1}$ 通过观察就知道其最大值是 0，如果将其改为 $-\dfrac{3x^2-1}{x^2-2x+2}$，又怎么求其最大值？大家下来思考.

对于这个问题，我们发现其问题核心就是 $(3+u)x^2-2ux+2u>0$，在这个题目中仅相当于把 u 换作了 $\log_2\dfrac{a+1}{2a}$，同样 u 还可以用三角、数列、指数等替换. 那我们还能将问题进行怎样改编和变式呢？

生 3：设不等式 $x^2\log_2\dfrac{4(a+1)}{a}+2x\log_2\dfrac{2a}{a+1}+\log_2\dfrac{(a+1)^2}{4a^2}>0$，对一切实数 $x\in[0,2]$ 都成立，求实数 a 的取值范围.

师：(生 3) 直接把 x 的范围限定了，那么使用判别式法就要谨慎. 但是分离参数法同样奏效. 非常好！

生 9：设 $x^2\log_2\dfrac{4(a+1)}{a}+2x\log_2\dfrac{2}{a+1}+\log_4\dfrac{(a+1)^4}{16a^4}>0$ 对一切 $x\in[-1,+\infty]$ 都成立，求实数 a 的取值范围.

师：这位同学不仅将 x 的范围限定了，还将一个对数结构改

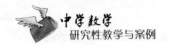

变了，但是其本质改变了吗？

生 10：没有，只是要借用换底公式.

师：对，这也是一个非常好的变式.

生 11：设 $k<0$，不等式 $x^2\log_2\dfrac{4(a+1)}{a}+2x\log_2\dfrac{2a}{a+1}+\log_2\dfrac{(a+1)^2}{4a^2}>0$，关于一切实数 $x\in[k,2]$ 恒成立，求实数 a 的取值范围.

师：这就是一个有一定难度的变式了，又增加了一个参数 k. 请同学们下来寻找答案.

三、回顾与反思

波利亚曾指出，回顾已经完成的解答是解题工作中的一个重要且有启发性的阶段. 回顾本堂课，教师采用不断追问的方式，一步步引领学生优化解题方法，逐层深入解决问题，并以此为跳板，进一步激发学生对一类问题的认识，开拓学生的思维宽度，不仅培养了学生的逻辑推理能力，还挖掘了学生的数学应用意识与创新意识. 这堂问题驱动式教学是师生共同参与的教学活动，经历了分析问题、解决问题的过程，进一步对问题进行改编、引申或推广. 回顾问题的解决过程，有以下几点值得思考.

（一）对问题本原认识

从这个不等式恒成立问题来看，通过分析找到了命题的原型题目 $(3+u)x^2-2ux+2u>0$. 教师引导学生对问题抽丝剥茧，经历了三次换元过程，引进了 t，m，u 三个参数，让学生充分体会了整体化、数学化、符号化的意识，进一步让学生认识到换元有简化问题的作用. 其中对本原问题的参数 u 进行替换还可以衍生出不同类型复杂的问题，包括对数、三角、数列等，但问题的实质始终不变.

（二）方法使用条件

如变式 1 中，当 x 的范围改变时，判别式法的使用也受限制，更一般的是分离参数法．而分离参数的使用条件首先要满足参数齐次性，即参数的次数保持一致，否则该方法也难以奏效．

（三）思路分析框图

受罗增儒[①]信息论观点下的证明框架的启示，本节课教师引导学生对问题解决的整体过程可用如下框图表示：

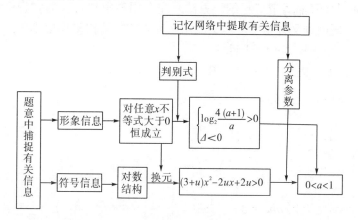

此框图有利于学生形成解题分析的思路框架，有利于学生从整体上把握解题概况．一方面，数学是一门逻辑科学，需要学生一步步建立思路流程图；另一方面，数学知识之间相互交叉，需要学生进一步从整体把握知识信息网．

①　罗增儒，罗新兵．作为数学教育任务的数学解题［J］．数学教育学报，2005，14（1）：12-15.

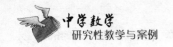

案例20 一道自主招生不等式试题的初等解法探究[①]

问题 设 a，b，$c \in \mathbf{R}^+$ 且 $a+b+c=1$，求证：

$$\left(a+\frac{1}{a}\right)\left(b+\frac{1}{b}\right)\left(c+\frac{1}{c}\right) \geqslant \frac{1000}{27}. \tag{1}$$

此题为 2008 年南京大学自主招生试题，时宝军[②]等给出了三个证明，但都属于"超纲"方法．完全用高中教材上的知识证明 (1)，既困难又有意思．本文先用 3 元算术—几何平均值不等式给 (1) 一个比较简短的证明．

证明 因为 a，b，$c \in \mathbf{R}^+$ 且 $a+b+c=1$，

所以 $0 < \sqrt[3]{abc} \leqslant \dfrac{a+b+c}{3} = \dfrac{1}{3}$.

$$\left(a+\frac{1}{a}\right)\left(b+\frac{1}{b}\right)\left(c+\frac{1}{c}\right)$$

$$=abc+\left(\frac{bc}{a}+\frac{ca}{b}+\frac{ab}{c}\right)+\left(\frac{a}{bc}+\frac{b}{ca}+\frac{c}{ab}\right)+\frac{1}{abc}$$

$$\geqslant abc+3\sqrt[3]{abc}+3 \cdot \frac{1}{\sqrt[3]{abc}}+\frac{1}{abc}=\left(\sqrt[3]{abc}+\frac{1}{\sqrt[3]{abc}}\right)^3$$

$$=\left[\left(9\sqrt[3]{abc}+\frac{1}{\sqrt[3]{abc}}\right)-8\sqrt[3]{abc}\right]^3$$

$$\geqslant \left(2\sqrt{9\sqrt[3]{abc} \cdot \frac{1}{\sqrt[3]{abc}}}-8 \cdot \frac{1}{3}\right)^3=\frac{1000}{27}.$$

现行人教社教材将 3 元算术—几何平均值不等式安排在高二上册的阅读材料中，说它不完全超出课本勉强说得过去．

---

① 赵思林，李兴贵．一道自主招生不等式试题的初等解法探究 [J]．数学通讯（高中），2010 (10)：49.

② 时宝军，李淑莲，于瑞广．一道自主招生数学试题的解法探究与评析 [J]．数学通讯，2010 (2)（下半月）：56-57.

下面先将（1）推广，得到命题 1，并用不超纲的初等方法证明了命题 1，最后再将命题 1 推广.

命题 1　设 $0 < a，b，c \leqslant \sqrt{2+\sqrt{5}}$，求证：

$$\left(a+\frac{1}{a}\right)\left(b+\frac{1}{b}\right)\left(c+\frac{1}{c}\right) \geqslant \left(\frac{a+b+c}{3}+\frac{3}{a+b+c}\right)^3. \qquad (2)$$

证明　为证明（1），容易证明不等式：

$$\left(x+\frac{1}{x}\right)\left(y+\frac{1}{y}\right) \geqslant \left(\frac{x+y}{2}+\frac{2}{x+y}\right)^2. \qquad (3)$$

事实上，因为 $0 < x，y \leqslant \sqrt{2+\sqrt{5}}$，

所以 $\dfrac{1}{xy(x+y)^2}+\dfrac{1}{xy}-\dfrac{1}{4}$

$\geqslant \dfrac{1}{(2+\sqrt{5})\cdot 4(2+\sqrt{5})}+\dfrac{1}{2+\sqrt{5}}-\dfrac{1}{4}$

$= \dfrac{1+4(2+\sqrt{5})-(2+\sqrt{5})^2}{4} = 0.$

$\left(x+\dfrac{1}{x}\right)\left(y+\dfrac{1}{y}\right)-\left(\dfrac{x+y}{2}+\dfrac{2}{x+y}\right)^2$

$= \left[xy-\dfrac{(x+y)^2}{4}\right]+\left(\dfrac{x}{y}+\dfrac{y}{x}-2\right)+\left[\dfrac{1}{xy}-\dfrac{4}{(x+y)^2}\right]$

$= -\dfrac{(x-y)^2}{4}+\dfrac{(x-y)^2}{xy}+\dfrac{(x-y)^2}{xy(x+y)^2}$

$= (x-y)^2\left[\dfrac{1}{xy(x+y)^2}+\dfrac{1}{xy}-\dfrac{1}{4}\right]$

$\geqslant 0,$

所以（3）成立. 易见，当且仅当 $x=y$ 时（3）取等号.

接着，我们证明（2）：

令 $\dfrac{a+b+c}{3}=\theta$，则 $a+b+c=3\theta$，$0 < \theta \leqslant \sqrt{2+\sqrt{5}}$. 反复用（3），得

$\left(a+\dfrac{1}{a}\right)\left(b+\dfrac{1}{b}\right)\cdot\left(c+\dfrac{1}{c}\right)\left(\theta+\dfrac{1}{\theta}\right)$

$\geqslant \left(\dfrac{a+b}{2}+\dfrac{2}{a+b}\right)^2\left(\dfrac{c+\theta}{2}+\dfrac{2}{c+\theta}\right)^2$

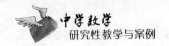

$$\geq \left[\frac{\frac{a+b}{2}+\frac{c+\theta}{2}}{2} + \frac{2}{\frac{a+b}{2}+\frac{c+\theta}{2}} \right]^4$$

$$= \left(\frac{a+b+c+\theta}{4} + \frac{4}{a+b+c+\theta} \right)^4$$

$$= \left(\theta + \frac{1}{\theta} \right)^4,$$

所以 $\left(a+\frac{1}{a} \right)\left(b+\frac{1}{b} \right)\left(c+\frac{1}{c} \right) \geq \left(\theta + \frac{1}{\theta} \right)^3,$

此即为（2）. 易见，当且仅当 $a=b=c$ 时（2）取等号.

在（2）中，令 $a+b+c=1$，便得（1）.

命题 2 设 $x_i \in \mathbf{R}^+$，$i=1,2,\cdots,n$，且 $\sum\limits_{i=1}^{n} x_i = 1$，则有

$$\prod_{i=1}^{n}\left(x_i + \frac{1}{x_i} \right) \geq \left(n + \frac{1}{n} \right)^n. \tag{4}$$

命题 3 设 $0 < x_i \leq \sqrt{2+\sqrt{5}}$，$i=1,2,\cdots,n$，且 $\sum\limits_{i=1}^{n} x_i = s$，则

$$\prod_{i=1}^{n}\left(x_i + \frac{1}{x_i} \right) \geq \left(\frac{s}{n} + \frac{n}{s} \right)^n. \tag{5}$$

引理 设 $\varphi(x)$ 为正值函数，n 是大于 1 的自然数，用 $\vee$ 表示 $\geq$、$>$、$\leq$、$<$ 四者之一. 如果恒有

$$\varphi(x_1)\varphi(x_2) \vee \varphi^2\left(\frac{x_1+x_2}{2} \right),$$

那么

$$\varphi(x_1)\varphi(x_2)\cdots\varphi(x_n) \vee \varphi^n\left(\frac{x_1+x_2+\cdots+x_n}{n} \right).$$

引理的初等证明可参考赵思林[①]的论文. 利用（3）和引理立知（5）成立，从而（4）成立.

---

① 赵思林，一个函数不等式定理的证明与应用［J］. 中学数学研究（南昌），2005（2）：17-18.

案例 21 一个不等式问题的研究性教学[①]

在中学，对一道有一定研究价值的数学研究性问题进行研究性教学，一般可遵循以下步骤：提出问题——研究的起点；解决问题——研究的重点；推广问题——研究的难点；撰写论文——研究的成果. 研究性教学一般可分课前、课堂、课后三个阶段才能完成. 课前应提出问题，教师大约在上课前两周左右提出问题，先让学生思考并做一些知识方面的准备，教师可作必要的提示，如指出几个探究方向和一些探究方法；课堂教学是研究性教学的核心环节，课堂上教师组织并以未知者的身份参与问题解决和问题推广的过程，课堂研究的重点是引导学生多角度开展思路分析与探索，课堂研究应让学生主动参与问题解决的探索过程、思维过程，课堂上教师应留足时间让学生交流和分享各自的探究成果，在问题基本解决后，教师应引导学生对问题进行推广或拓展，这样学生的思维就有了更大的空间，在课堂上教师还应关注现场产生的新问题，对于新问题及其解决学生是很感兴趣的；课后应让学生对研究成果进行总结和反思，并让学生对课堂上产生的新问题进行一些思考与探究，在教师的指导下还可让部分学生写出研究的心得体会或小论文.

一、提出问题——研究的起点

研究性教学始于问题，这里的问题是指有一定研究价值、能激活数学思维的数学问题，它可以是教材中的概念、公式、定理、性质、例题、习题、复习题，也可以是一些期刊杂志上的问题，还可

---

① 赵思林. 一个不等式问题的研究性教学［J］. 中学数学（高中），2011（2）：17-19.

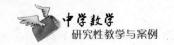
中学数学
研究性教学与案例

以是带有生产生活实际背景的应用问题或比较简单的数学建模. 本文以臧立本[①]老师的文章"如何激发思维灵感"中一个经典不等式题目为例，说明一道题目的研究性教学，臧老师的文章曾刊登在《数学通报》2008 年第 6 期上，同年 10 月又被人大复印《中学数学教与学》全文转载，其价值可见一斑. 该文的例 3 即下面的问题：

设 a，$b \in \mathbf{R}^+$ 且 $a+b=1$，求证：

$$\left(a+\frac{1}{a}\right)\left(b+\frac{1}{b}\right) \geqslant \frac{25}{4}. \qquad (※)$$

臧老师的文章用 5 元均值不等式给出了一种解法，其解法超出了教材的要求. 我们认为，这个题目对学生来说，有一定难度，有推广价值，思维空间大，因此，它是开展研究性教学的好问题.

以下记 $u=\left(a+\dfrac{1}{a}\right)\left(b+\dfrac{1}{b}\right)$，$t=ab$，则易知 $t \in \left(0, \dfrac{1}{4}\right]$.

二、解决问题——研究的重点

解决问题作为研究性教学的重点，可引导学生多角度地开展思路分析与探索，这样做的目的是通过问题解决的过程来激活学生的数学思维，包括直觉思维、逻辑思维、发散思维、创新思维等. 研究性教学的关键是问题的解决，而问题解决的关键是解题思路的探索与发现. 探索就是多角度地思考问题，尝试并寻找问题解决的方法与途径，并用多种不同方法使问题获得解决. 在教学中，教师可利用思路广阔、解法多种多样的典型问题，指导学生多角度地开展思路分析与探索，鼓励学生开展一题多思、一题多探、一题多解. 通过对（※）的证明方法的探究，可引导学生多角度地开展思路分析与探索.

思路 1 着眼于将不等式（※）左边展开.

---

① 臧立本. 如何激发思维灵感 [J]. 中学数学教与学（人大复印），2008（10）（上半月）：24-26.

$$u = ab + \frac{1}{ab} + \frac{a}{b} + \frac{b}{a} \geqslant t + \frac{1}{t} + 2.$$

下面只需证明：

$$t + \frac{1}{t} \geqslant \frac{17}{4}. \tag{1}$$

关于（1）的证明有下面一些方法.

法1 求差法.

法2 基本不等式法之一.

$$t + \frac{1}{t} = t + \frac{1}{16t} + \frac{15}{16t} \geqslant 2\sqrt{t \cdot \frac{1}{16t}} + \frac{15}{16t} \geqslant \frac{1}{2} + \frac{15}{16} \cdot 4 = \frac{17}{4}.$$

法3 基本不等式法之二.

$$t + \frac{1}{t} = 16t + \frac{1}{t} - 15t \geqslant 2\sqrt{16t \cdot \frac{1}{t}} - 15t \geqslant 8 - 15 \cdot \frac{1}{4} = \frac{17}{4}.$$

点评：法3比法2更为简洁.

法4 利用结论"函数 $y = t + \frac{k}{t}$ （$t>0$，$k>0$）在 $\left(0, \sqrt{k}\right]$ 上单调递减，在 $\left[\sqrt{k}, +\infty\right)$ 上单调递增".

法5 导数法.

思路2 着眼于用数形结合思想探索（※）的证明.

法6 利用二次函数的图像.

法7 斜率法.

思路3 着眼于问题条件的转化. 考虑用三角换元、平均值换元.

法8 令 $a = \sin^2\theta$，$b = \cos^2\theta$ $\left(0<\theta<\frac{\pi}{2}\right)$，下略.

法9 令 $a = \frac{1}{2}+t$，$b = \frac{1}{2}-t$ $\left(-\frac{1}{2}<t<\frac{1}{2}\right)$，则有

$$u = \frac{(a^2+1)(b^2+1)}{ab} = \frac{t^4 + \frac{3}{2}t^2 + \frac{25}{16}}{\frac{1}{4}-t^2} \geqslant \frac{\frac{25}{16}}{\frac{1}{4}} = \frac{25}{4}.$$

思路4 着眼于构造向量并利用 $|\vec{m}|^2 \cdot |\vec{n}|^2 \geqslant (\vec{m} \cdot \vec{n})^2$.

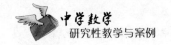

取 $\vec{m} = \left(\sqrt{a}, \sqrt{\dfrac{1}{a}}\right)$, $\vec{n} = \left(\sqrt{b}, \sqrt{\dfrac{1}{b}}\right)$, 则有 $u = |\vec{m}|^2 \cdot$

$|\vec{n}|^2 \geqslant (\vec{m} \cdot \vec{n})^2 = \left(\sqrt{ab} + \dfrac{1}{\sqrt{ab}}\right)^2$.

下面只需证明 $\sqrt{ab} + \dfrac{1}{\sqrt{ab}} \geqslant \dfrac{5}{2}$. $\qquad\qquad$ (3)

不等式（3）的证明，用法 1 至法 9 的任一方法都行.

思路 5　着眼于利用柯西不等式 $(a_1^2 + a_2^2)(b_1^2 + b_2^2) \geqslant (a_1 b_1 + a_2 b_2)^2$.

$$u \geqslant \left(\sqrt{a} \cdot \sqrt{b} + \sqrt{\dfrac{1}{a}} \cdot \sqrt{\dfrac{1}{b}}\right)^2 = \left(\sqrt{ab} + \dfrac{1}{\sqrt{ab}}\right)^2. \text{ 以下同思}$$

路 4.

三、推广问题——研究的难点

推广问题是研究性教学的难点，对于推广问题的解决往往会更难一些，对中学生而言，推广问题的解决一般不应作要求，可留到大学去解决. 把一个数学命题的某些特殊条件或结论一般化，从而得到更为普遍的结论（命题），这种过程就称为数学问题（命题）的推广. 命题推广的方法很多，比如将命题的条件加强或削弱或减少，将条件或结论中的数量、形式或关系普遍化，将命题中的某些结论加强或削弱等. 在教学中，教师应不失时机地引导学生对一些富含思维价值的好问题，通过观察、类比、联想、归纳、猜想等思维方法，获得新的数学命题和结论，发现新的数学关系和规律，这对培养学生的数学创造性思维是非常有益的.

推广 1　设 $x, y \in \mathbf{R}^+$, $x + y = s$, $s \leqslant 2\sqrt{2 + \sqrt{5}}$, 则

$$\left(x + \dfrac{1}{x}\right)\left(y + \dfrac{1}{y}\right) \geqslant \left(\dfrac{x + y}{2} + \dfrac{2}{x + y}\right)^2. \qquad (4)$$

证明：显然有 $xy \leqslant \dfrac{1}{4}(x + y)^2 = \dfrac{1}{4}s^2$, 当且仅当 $x = y = \dfrac{1}{2}s$

时取等号.

由 $0 < s \leqslant 2\sqrt{2+\sqrt{5}}$ 可以证明：$\dfrac{1}{4}s^2 \leqslant \sqrt{1+s^2}$.

所以，函数 $f(t) = t + \dfrac{1+s^2}{t}$ 在 $\left(0, \dfrac{s^2}{4}\right]$ 上单调递减，

故 $\left(x+\dfrac{1}{x}\right)\left(y+\dfrac{1}{y}\right) = \dfrac{1+x^2+y^2+x^2y^2}{xy} = xy + \dfrac{1+s^2}{xy} - 2 \geqslant$

$\dfrac{s^2}{4} + \dfrac{4(1+s^2)}{s^2} - 2 = \left(\dfrac{2}{s}+\dfrac{s}{2}\right)^2 = \left(\dfrac{x+y}{2}+\dfrac{2}{x+y}\right)^2$.

推广 2　设 a，b，$c \in \mathbf{R}^+$ 且 $a+b+c=1$，求证：

$$\left(a+\dfrac{1}{a}\right)\left(b+\dfrac{1}{b}\right)\left(c+\dfrac{1}{c}\right) \geqslant \dfrac{1000}{27}. \tag{5}$$

推广 3　设 a_1，a_2，$\cdots$，$a_n \in \mathbf{R}^+$ 且 $a_1+a_2+\cdots+a_n=1$，求证：

$$\left(a_1+\dfrac{1}{a_1}\right)\left(a_2+\dfrac{1}{a_2}\right)\cdots\left(a_n+\dfrac{1}{a_n}\right) \geqslant \left(n+\dfrac{1}{n}\right)^n. \tag{6}$$

(5)（6）的证明有一定的技巧和难度，此处从略.

对于推广 3，还可进一步推广.

四、撰写论文——研究的成果

人的智慧取决于元认知能力. 而心理学的研究表明，反思和总结是开发元认知的有效途径. 因此，反思和总结是研究性教学不可缺少的重要环节. 对于研究的过程与方法、成果与体验，应让学生予以归纳和整理、总结与反思. 研究成果的总结方式可以是多种多样的，可以是谈心得体会、写总结报告、撰写小论文等，也可以是成果的最新发布.

思考与研究：

选择一个数学问题（可以是中考题、高考题），仿照本案例作一番研究性学习.

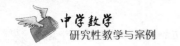
案例 22　一道全国高考数学试题的多角度探究①

　　数学探究是高中数学新课程的重要内容. 进行数学探究的基本理念是，在中学引入探究性学习方式，使学生经历形成概念和猜想结论的过程，体验数学发现或再创造的探索过程，培养学生敢于质疑和善于反思的习惯，培养学生发现问题、提出问题、分析问题和解决问题的能力，从而培养学生的实践能力和创新精神. 不少老师认为，高三数学复习不好开展研究性教学. 但我们认为，高三数学复习应该并且可以选择一些好的问题进行研究性教学，这不仅对培养学生的数学探究意识有利，而且对学生在高考中解决新颖的探究性问题有益. 教师要成功组织研究性教学，应精选（发掘或创造）探究问题，设计探究案例，找准探究时机，并做不懈努力.

　　2006 年全国卷Ⅰ理科 11 题如下：

　　用长度分别为 2，3，4，5，6（单位：cm）的 5 根细棒围成一个三角形（允许连接，但不允许折断），能够得到的三角形的最大面积为（　　）.

　　A. $8\sqrt{5}$ cm² 　B. $6\sqrt{10}$ cm² 　C. $3\sqrt{55}$ cm² 　D. 20 cm²

　　此题构思精妙、形式新颖、背景公平、内涵深刻，值得探究. 本文拟对这个优秀的题目，从试题的立意、解法、背景、推广、改编等角度进行一些探究.

一、试题的立意分析

　　立意是试题的考查目的. 高考数学简单地讲是三考：考基础知识，考思想方法，考能力素质. 下面我们从考查基础知识、思想方

　　① 赵思林. 一道全国高考数学试题的多角度探究 ［J］. 数学通报，2009（11）：25-27.

法、能力素质等方面分析该题的立意.

以考查基础知识立意：本题以构成三角形的充要条件、三角形面积公式、基本不等式、多元函数的条件最值等高中数学主干知识为考查内容.

以考查思想方法立意：判断构成三角形的充要条件，求多元函数最值，求三角形的面积等基本方法，并考查了分类讨论的思想、化归与转化的思想、数形结合的思想等.

以考查能力素质立意：该题考查了考生的思维能力、运算能力、实践能力和创新意识，占五大能力的 80%. 该题对思维能力进行了比较全面的考查，既考查了观察、联想、猜想等直觉思维能力，又考查了构成三角形的充要条件、面积公式的选择与应用等逻辑思维能力. 考生通过对 5 根细棒的各种摆放和拼接的操作，实现了对实践能力考查的目标. 本题是一个全新的问题，具有较大的自由度和思考空间，对学生的综合素质（含心理素质）是一大考验，学生只有心情平和、广泛联想、大胆猜想、善于探究，才能用创新思维解决问题.

二、试题的解法

试题的解法主要是指试题的一题多解. 一题多解是指对一道试题从不同角度进行探讨，进而得到多种解法，这既能培养学习的兴趣，又能培养思维的发散性、选择性、灵活性、深刻性，还能培养数学探究意识.

解法 1 一个三角形的一边长度固定，另外两边长度之和固定，则另外两边长度之差的绝对值越小，这个三角形的面积就越大，这一结论可以借助椭圆直观地观察.

如图，设 $\triangle AF_1F_2$ 的顶点 F_1，F_2 为椭圆的两个焦点，底边 F_1F_2 的长度固定，点 A 在椭圆上，直观比较可知，点 A 越是靠近短轴端点，$\triangle AF_1F_2$ 的高 AB 越大，其面积越大. 当 A 是短轴端点时，$\triangle AF_1F_2$ 的面积达到最大.

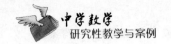

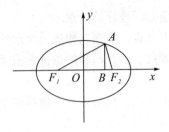

以 $S(a,b,c)$ 表示边长为 a，b，c 的三角形的面积，根据上面的结论可知：

$S(2,9,9)<S(3,8,9)<S(4,7,9)<S(5,6,9)<S(6,7,7)$，

$S(4,8,8)<S(5,7,8)<S(6,6,8)<S(6,7,7)$.

把所有的细木棍都用上，只可能出现上面这些边长情况，因此 $S(6,7,7)=6\sqrt{10}$ 最大. 故当边长为 $2+5$，$3+4$，6 时，面积最大，最大面积为 $S=\dfrac{6\sqrt{7^2-3^2}}{2}=6\sqrt{10}$（$cm^2$），选 B.

评注 此解法思维量大、运算量大、解题过程长，要在短短的几分钟时间内完整地完成上述推理过程是比较困难的.

解法 2 由于只有 5 根木棒，可将各种情况都列出来，予以比较即可.

以 $S(a,b,c)$ 表示边长为 a，b，c 的三角形的面积，把所有的细木棍都用上，只可能出现下面的情况：

$S(2,9,9)$，$S(3,8,9)$，$S(4,7,9)$，$S(5,6,9)$，$S(4,8,8)$，$S(5,7,8)$，$S(6,6,8)$，$S(6,7,7)$.

通过计算可知，最大面积为 $S(6,7,7)=6\sqrt{10}$，选 B.

评注 此解法小题大做，运算量太大，不宜提倡.

解法 3 当联想到"算术—几何平均值不等式"时，不难知道，"和为定值的几个正数，当它们相等时其乘积最大". 由此我们不难感悟和猜想：对周长一定的三角形，边长越接近时面积越大. 从而以 $2+5$，$3+4$，6 作为三角形的三边得到的三角形面积最大，计算这个等腰三角形的面积，可知选 B.

评注　此解法充分运用直觉思维，思维量大，运算量小，值得提倡. 本题体现了"多考点想，少考点算"的命题理念.

三、试题的高等数学背景

试题的背景主要是指题目是否含有高等数学背景. 高等数学的一些基本问题、基本思想、基本概念、基本方法为设计高考试题提供了广阔而又深刻的背景，这是因为高等数学的基本思想和方法是考查学生进一步学习潜能的良好素材. 以高等数学为背景的题目构思精巧、背景深刻、形式新颖，在课本例习题、复习资料和模拟试题中难以找到，是考查学生创新意识最好的题型之一. 解答这类题目没有现成方法可借鉴，会使一些考生感到难以入手，从而使该类题目有很好的区分度，这类试题有利于检测考生学习的潜能，因此，命题教师比较喜欢创作一些含有高等数学背景的试题.

本题的高等数学背景是著名的等周原理.

等周原理 1：周长一定的三角形，以正三角形的面积最大.

等周原理 2：周长一定的凸多边形，以正多边形的面积最大.

等周原理 3：周长一定的闭曲线，以圆的面积最大.

我们知道，当周长一定时，三边越是接近，其面积越大. 这个结论可由等周原理 1 直接推出. 而等周原理 1 是不难证明的. 事实上，根据海伦公式，设三角形的半周长是 l，则面积 $S =$

$$\sqrt{l(l-a)(l-b)(l-c)} \leqslant l^{\frac{1}{2}} \left(\frac{l-a+l-b+l-c}{3} \right)^{\frac{3}{2}} = \frac{1}{27}l^2.$$ 这就证明了等周原理 1.

需要指出的是，不宜提倡将高等数学的一些定理和背景知识作为教学的补充内容.

四、试题的推广

试题的推广是指对试题进行引申、加强与深化. 对试题的推广

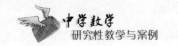

有利于促进学生认知的深化，开拓学生思维的视野，并能培养学生发现问题、提出问题、分析问题和解决问题的能力，还能培养学生的数学探究能力.

下面我们对该题进行推广.

推广 1 设 n 为正整数，用长度分别为 n，$n+1$，$n+2$，$n+3$，$n+4$（单位：cm）的 5 根细棒围成一个三角形（允许连接，但不允许折断），求所得三角形的最大面积.

由前面的解法 1 可知，以 $n+4$ 为底边，$n+(n+3)=2n+3$ 与 $(n+1)+(n+2)=2n+3$ 为两腰的等腰三角形的面积最大.

推广 2 设 $a_i \in \mathbf{N}^+$，$i=1$，2，3，4，5，且 $a_1 < a_2 < a_3 < a_4 < a_5$，用长度分别为 a_1，a_2，a_3，a_4，a_5（单位：cm）的 5 根细棒能围成一个三角形（允许连接，但不允许折断），求所得三角形的最大面积.

由推广 1 可知，以 a_1+a_4，a_2+a_3，a_5 作为三边构成的三角形的面积最大.

推广 3 用长度分别为 1，2，3，$\cdots$，10（单位：cm）的 10 根细棒围成一个三角形（允许连接，但不允许折断），求所得三角形的最大面积.

在此问题中，围成三角形的周长为 55 cm，则以 $1+2+4+5+6=18$，$3+7+8=18$，$9+10=19$ 作为三角形的三边得到的三角形面积最大.

推广 4 用长度分别为 3，5，7，9，10，11（单位：cm）的 6 根细棒围成一个三角形（允许连接，但不允许折断），求所得三角形的最大面积.

在此问题中，围成三角形的周长为 45 cm，注意到 $45=3\times15$，容易误认为以 15，15，15 作为三边构成的正三角形的面积最大. 正确结论应是以 $3+11$，$5+10$，$7+9$ 作为三边构成的三角形的面积最大.

推广 5 用长度分别为 1，2，3，4，5，6（单位：cm）的 6 根细棒围成一个平面凸四边形（允许连接，但不允许折断），求所得凸四边形的最大面积.

在此问题中，围成平面凸四边形的周长为 21 cm，利用结论"对周长一定的平面凸四边形，边长越接近时面积越大"知，以 $1+4$，$2+3$，5，6 作为平面凸四边形的四边得到的凸四边形面积最大.

推广 6 设 n 为大于 6 的整数，用长度分别为 1，2，3，$\cdots$，n（单位：cm）的 n 根细棒围成一个三角形（允许连接，但不允许折断），求所得三角形的最大面积.

在此问题中，围成三角形的周长为 $\dfrac{(1+n)n}{2}$ cm. 利用结论"对周长一定的三角形，边长越接近时面积越大"，可得如下猜想：

当 $\dfrac{(1+n)n}{2}=3k$，$k\in\mathbf{N}^+$ 时，以 k，k，k 作为三边构成的正三角形的面积最大；

当 $\dfrac{(1+n)n}{2}=3k+1$，$k\in\mathbf{N}^+$ 时，以 k，k，$k+1$ 作为三边构成的等腰三角形的面积最大；

当 $\dfrac{(1+n)n}{2}=3k+2$，$k\in\mathbf{N}^+$ 时，以 k，$k+1$，$k+1$ 作为三边构成的等腰三角形的面积最大.

推广 7 设 n，m 为正整数，$n\geqslant m+1\geqslant 5$，用长度分别为 1，2，3，$\cdots$，$n$（单位：cm）的 n 根细棒围成一个凸 m 边形（允许连接，但不允许折断），求所得凸 m 边形的最大面积.

推广 8 设 $a_i\in\mathbf{N}^+$，$i=1$，2，3，$\cdots$，n，$m\in\mathbf{N}^+$，$n\geqslant m+1\geqslant 5$，且 a_1，a_2，a_3，$\cdots$，a_n 成等差数列，用长度分别为 a_1，a_2，a_3，$\cdots$，a_n（单位：cm）的 n 根细棒围成一个凸 m 边形（允许连接，但不允许折断），求所得凸 m 边形的最大面积.

推广 6，7，8 的难度较大，此处不拟讨论.

需要说明的是，这么多的推广不可能也不必要求学生都弄清楚，比如，推广 6，7，8 就不宜要求学生掌握，但可以让学生猜一猜结论，猜想的证明或否定留到大学去解决.

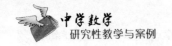

五、试题的改编

改编试题的常见方法有加强或削弱题目的条件或结论、变换试题的背景、迁移试题的内容、改变设问的方式等.

改编题 1 用长度分别为 2，3，4，6，8（单位：cm）的 5 根细棒围成一个三角形（允许连接，但不允许折断），求所得三角形的最大面积.

改编题 2 用长度分别为 1，2，3，…，10（单位：cm）的 10 根细棒围成一个三角形（允许连接，但不允许折断），求所得三角形的最大面积.

改编题 3 用长度分别为 3，5，7，9，10，10（单位：cm）的 6 根细棒围成一个三角形（允许连接，但不允许折断），求所得三角形的最大面积.

通过这道高考试题的多角度探究，我们认为此题可作为研究性教学的典型范例. 需要指出的是，对本题进行研究性教学时，学生可重点研究试题的立意以感悟考查的目的与学习的重点，研究试题的解法以优化解题策略和方法，研究试题的推广以培养探究意识和创新意识，但学生对试题的背景、试题的改编等问题不应深究，对试题的推广不宜深挖.

思考与研究：
选择一个中考题或高考题，仿照本案例作一番探究.

226

案例23　数学多元问题解决的思维策略①

　　问题解决是人类的一种基本认知能力，是人类思维的一种基本形式．所谓问题解决，就是由一定情境引起的，按照一定的目标，应用各种认知活动、技能等，经过一系列的思维操作，使问题得以解决的过程．② 简言之，问题解决是有目的的认知活动．著名心理学家费吉鲍姆认为，"智能行为包括两个因素：知识和策略.""通过一系列的问题解决研究发现，策略是影响思维过程的最直接和最主要的因素."③ 长期以来，问题解决一直是心理学家比较关注的一个研究领域，有不少心理学家或学者提出了一些有意义的问题解决程式，如行为主义心理学家桑代克将问题解决程式归结为：试探→错误→修正→接近问题；格式塔学派代表人物苛勒将问题解决程式归结为：情境结构→缺口→顿悟→弥合；现代认知心理学家将问题解决程式归结为：识别和理解问题→产生答案→执行和评价解答；现代信息加工认知心理学家将问题解决程式归结为：初始信息分类→归类信息储存→材料的转换；美国著名教育心理学家奥苏伯尔和鲁滨逊将学生对几何问题解决的程式归结为：呈现问题情境命题→明确问题目标与已知条件→填补空隙→解答之后的检验；美国实用主义教育心理学家杜威将问题解决程式归结为：感觉到困难→困难的界定→提出方法→推断与检验方法→选择方法；数学解题学大师波利亚将问题解决程式归结为：弄清问题→拟定计划→实现计划→回顾解答；朱凯将问题解决程式归结为：获取信息→理解问题→探

　　① 赵思林，高峥. 数学多元问题解决的思维策略 ［J］. 中学数学（高中），2011（3）：3-5.
　　② 刘志雄. 思维心理学 ［M］. 广州：暨南大学出版社，2005：132.
　　③ 汪安圣，朱祖祥. 思维心理学习 ［M］. 上海：华东师范大学出版社，1992：325.

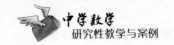

求策略→梳理思路→回顾反思；[①] 西南大学朱德全教授将数学问题解决程式归结为：情境激活程式→方案构想程式→假定施行程式→系统改良程式；[②] 等等. 这些问题解决程式对数学多元问题解决富有启发性，并且都能起一定的方法指导作用. 数学多元问题解决历来是学生学习数学和探究数学的难点，它不仅需要扎实的基础知识，而且需要丰富的解题经验，更需要良好的思维策略. 数学多元问题解决的思维策略有很多，如减元消元策略、整体代换策略、确定主元策略、配方变形策略、变元赋值策略、逆向思维策略、直觉猜想策略、不等式放缩策略、极限估算策略和线性规划策略等.

一、减元消元策略

减元消元策略是解决数学多元问题具有普遍意义和方法论价值的最常用的基本策略.

例 1 对于正整数 a，b，$c(a \leqslant b \leqslant c)$ 和实数 x，y，z，w，若 $a^x = b^y = c^z = 70^w$，$\dfrac{1}{x} + \dfrac{1}{y} + \dfrac{1}{z} = \dfrac{1}{w}$，求证：$a + b = c$.

分析： 本题涉及 a，b，c，x，y，z，w 共 7 个"元"（变量），从结论来看，需要将 x，y，z，w 消掉. 又从 $a^x = b^y = c^z = 70^w$ 和 $\dfrac{1}{x} + \dfrac{1}{y} + \dfrac{1}{z} = \dfrac{1}{w}$ 的结构可感觉到，需用 w 表示出 x，y，z.

由 $a^x = 70^w$，得 $x = \dfrac{w \lg 70}{\lg a}$，即 $\dfrac{1}{x} = \dfrac{\lg a}{w \lg 70} = \dfrac{1}{w} \log_{70} a$，

同理，$\dfrac{1}{y} = \dfrac{1}{w} \log_{70} b$，$\dfrac{1}{z} = \dfrac{1}{w} \log_{70} c$，

从而 $\dfrac{1}{x} + \dfrac{1}{y} + \dfrac{1}{z} = \dfrac{1}{w} \log_{70} a + \dfrac{1}{w} \log_{70} b + \dfrac{1}{w} \log_{70} c = \dfrac{1}{w}$，

——————————

① 朱凯. 关于"解决问题"学与教三个问题的审视与阐释 [J]. 课程·教材·教法，2010，30（11）：44-48.

② 朱德全. 数学问题解决教学设计类型与程式 [J]. 中国教育学刊，2010（1）：53-55.

所以 $\log_{70}abc=1$，则 $abc=70=2\times5\times7$.

又由 a，b，c 为正整数，且 $a\leqslant b\leqslant c$，

所以 $a=2$，$b=5$，$c=7$，

故 $a+b=c$.

二、整体代换策略

例 2 $\triangle ABC$ 的三个角 A，B，C 所对的边分别记为 a，b，c，三角形的面积和三边满足关系式 $S=a^2-(b-c)^2$，求 $\tan A$ 的值.

分析：如果按通常的思路，将 a，b，c 解出来后再去解 $\tan A$，那么本题就难以获解. 注意到，在 $S=a^2-(b-c)^2=a^2-b^2-c^2+2bc$ 中，涉及余弦定理含有的结构 $b^2+c^2-a^2$，因此，只需将 $b^2+c^2-a^2$ 整体代换为 $2bc\cos A$，问题即可获解.

由余弦定理，知 $b^2+c^2-a^2=2bc\cos A$，

所以 $S=-2bc\cos A+2bc=\dfrac{1}{2}bc\sin A$，

从而 $-4\cos A+4=\sin A$，即 $8\sin^2\dfrac{A}{2}=2\sin\dfrac{A}{2}\cos\dfrac{A}{2}$，

$\tan\dfrac{A}{2}=\dfrac{1}{4}$，故 $\tan A=\dfrac{2\tan\dfrac{A}{2}}{1-\tan^2\dfrac{A}{2}}=\dfrac{8}{15}$.

三、确定主元策略

例 3 （2010 年江苏卷第 21 题，此题为选做题）设 a，b 均为非负实数，求证：

$$a^3+b^3\geqslant\sqrt{ab}(a^2+b^2).$$

分析：这是江苏卷的选做题. 通过变形、配凑等过程可以完成证明，但对学生来说，有一定的技巧性，其思路不容易想到. 若用

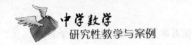

主元策略，比如将 a 看成主变量，b 看成参数，就可构造关于 a 的函数，利用熟悉的导数方法来证明，其解题思路可谓自然清新.

证明：要证 $a^3+b^3 \geqslant \sqrt{ab}(a^2+b^2)$，即证 $a^3+b^3-\sqrt{ab}(a^2+b^2) \geqslant 0$.

不妨设 $a \geqslant b$，令 $x=\sqrt{a}$ $(x \geqslant 0)$，构造函数 $f(x)=x^6-b^{\frac{1}{2}}x^5-b^{\frac{5}{2}}x+b^3$，下面只需证明 $f(x) \geqslant 0$.

因为 $f'(x)=6x^5-5b^{\frac{1}{2}}x^4-b^{\frac{5}{2}}=6(x-b^{\frac{1}{2}})x^4+b^{\frac{1}{2}}x^4-b^{\frac{5}{2}}$

$$=6(x-b^{\frac{1}{2}})x^4+b^{\frac{1}{2}}(x^4-b^2)$$

$$=(x-b^{\frac{1}{2}})[6x^4+b^{\frac{1}{2}}(x^2+b)(x+b^{\frac{1}{2}})] \geqslant 0,$$

所以 $f(x)$ 在 $[\sqrt{b}, +\infty)$ 上单增.

所以 $f(x) \geqslant f(\sqrt{b})=0$.

故 $a^3+b^3 \geqslant \sqrt{ab}(a^2+b^2)$.

四、配方变形策略

例 4 若 a，b，$c \in \mathbf{R}^+$，证明 $a^3+b^3+c^3 \geqslant 3abc$.

证明：$a^3+b^3+c^3$

$$=(\sqrt{a^3}-\sqrt{b^3})^2+(\sqrt{c^3}-\sqrt{abc})^2+2\sqrt{a^3b^3}+2\sqrt{abc^4}-abc$$

$$=(\sqrt{a^3}-\sqrt{b^3})^2+(\sqrt{c^3}-\sqrt{abc})^2+2(\sqrt[4]{a^3b^3}-\sqrt[4]{abc^4})^2+3abc$$

$$\geqslant 3abc,$$

当且仅当 $\sqrt{a^3}=\sqrt{b^3}$，$\sqrt{c^3}=\sqrt{abc}$，$\sqrt[4]{a^3b^3}=\sqrt[4]{abc^4}$，即 $a=b=c$ 时取 "=".

五、变元赋值策略

例 5 设函数 $f(x)$ 的定义域为 $\mathbf{R}$，对任意 x_1，x_2 都有

$$f(2x_1)+f(2x_2)=2f(x_1+x_2)f(x_1-x_2)，\quad f(1)=0.$$

问：函数 $f(x)$ 是否是周期函数？若是，求出它的一个周期.

分析：这是一个探讨抽象函数周期性的问题，我们不知道函数是否有周期以及周期是多少. 涉及周期性问题自然联想到三角函数的周期性. 易知，函数 $y=\cos x$ 满足所给函数方程. 因为 $y=\cos x$ 是以 2π 为周期的函数，将 $\cos\dfrac{\pi}{2}=0$ 与 $f(1)=0$ 作类比，故可猜测 $f(x)$ 是以 4 为周期的周期函数. 事实上，我们对函数方程中的变元 x_1，x_2 恰当赋值，用 $\dfrac{x+2}{2}$ 代替 x_1，用 $\dfrac{x}{2}$ 代替 x_2，则有

$$f\left(2\cdot\frac{x+2}{2}\right)+f\left(2\cdot\frac{x}{2}\right)=2f(x+1)f(1)=0,$$

所以 $f(x+2)=-f(x)$，那么 $f(x+4)=-f(x+2)=f(x)$.

故 $y=f(x)$ 是周期函数，4 是它的一个周期.

六、逆向思维策略

例 6 （2006 年四川卷文）已知函数 $f(x)=x^3+3ax-1$，$g(x)=f'(x)-ax-5$. 其中 $f'(x)$ 是 $f(x)$ 的导函数.

（Ⅰ）对满足 $-1\leqslant a\leqslant 1$ 的一切 a 的值，有 $g(x)<0$，求实数 x 的取值范围.

（Ⅱ）设 $a=-m^2$，当实数 m 在什么范围内变化时，函数 $y=f(x)$ 的图像与直线 $y=3$ 只有一个公共点.

解：（Ⅰ）由题意，$g(x)=3x^2-ax+3a-5$.

令 $\varphi(a)=(3-x)a+3x^2-5$，$-1\leqslant a\leqslant 1$.

对 $-1\leqslant a\leqslant 1$，恒有 $g(x)<0$，即 $\varphi(a)<0$，

所以 $\begin{cases}\varphi(1)<0,\\ \varphi(-1)<0.\end{cases}$ 即 $\begin{cases}3x^2-x-2<0,\\ 3x^2+x-8<0.\end{cases}$ 解得 $-\dfrac{2}{3}<x<1$.

故当 $x\in\left(-\dfrac{2}{3},1\right)$ 时，对满足 $-1\leqslant a\leqslant 1$ 的一切 a 的值，都有 $g(x)<0$.

（Ⅱ）从略.

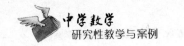
评注：（Ⅰ）用逆向思维策略，将 a 看成自变量，x 看成参数，就可构造出关于 a 的线性函数，利用线性函数的几何意义（直线）来解此题，可谓简洁明快.

七、直觉猜想策略

例 7　（2006 年全国卷Ⅰ理）用长度分别为 2，3，4，5，6（单位：cm）的 5 根细棒围成一个三角形（允许连接，但不允许折断），能够得到的三角形的最大面积为（　　）.

A. $8\sqrt{5}$ cm² 　 B. $6\sqrt{10}$ cm² 　 C. $3\sqrt{55}$ cm² 　 D. 20 cm²

分析：考虑三角形面积 $S=\sqrt{p(p-a)(p-b)(p-c)}$ （其中 p 为三角形的半周长），本题的 $p=10$，即 $a+b+c=20$，当联想到"和为定值的几个正数，当它们相等时其乘积最大"，由此可以猜想：对周长一定的三角形，边长越接近时面积越大. 从而以 $2+5$，$3+4$，6 作为三角形的三边得到的三角形面积最大，计算这个等腰三角形的面积，可知选 B.

评注：运用直觉猜想策略，思维量大，运算量小，值得提倡.

八、极限估算策略

例 8　在 $\triangle ABC$ 中，角 A，B，C 的对边的长分别为 a，b，c，若 AC 边上的高 h 等于 $c-a$，那么 $\sin\dfrac{C-A}{2}+\cos\dfrac{C+A}{2}$ 的值是（　　）.

A. 1 　　 B. $\dfrac{1}{2}$ 　　 C. $\dfrac{1}{3}$ 　　 D. -1

分析：此题从 $h=c-a$ 出发，可以直接演绎出答案，但思维过程和解答步骤都会很繁. 如果借用极限策略，则可简洁获解. 令 $A\to 0°$，则 $h\to 0$. 又因为 $h=c-a$，所以 $c\to a$，从而 $C\to 0°$，因此 $\sin\dfrac{C-A}{2}+\cos\dfrac{C+A}{2}\to\sin 0°+\cos 0°=1$，故选 A.

九、线性规划策略

　　线性规划是解决多元优化问题的一种基本的数学模型，因此，一些涉及多元取值范围或多元最值的问题的解决自然应想到运用线性规划的理论和方法.

　　例9　（2010年全国卷Ⅰ理）已知函数 $f(x)=|\lg x|$，若 $0<a<b$，且 $f(a)=f(b)$，则 $a+2b$ 的取值范围是（　　）.

A. $(2\sqrt{2}$，$+\infty)$　　　　　B. $[2\sqrt{2}$，$+\infty)$

C. $(3$，$+\infty)$　　　　　　D. $[3$，$+\infty)$

　　分析：由 $0<a<b$，且 $f(a)=f(b)$，

得 $\begin{cases} 0<a<1, \\ b>1, \\ ab=1. \end{cases}$　如图1.

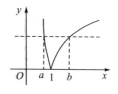

图1

利用线性规划，问题就变为约束条件 $\begin{cases} 0<x<1, \\ y>1, \\ xy=1. \end{cases}$

　　下面求 $z=x+2y$ 的取值范围问题. 此约束条件可看成是双曲线 $y=\dfrac{1}{x}$ 在 $0<x<1$，$y>1$ 时的部分，即可行域是一段双曲线弧. 由四个选择支可知，$z\to+\infty$，现只需求出 z 的最小值或下确界. 由 $y=-\dfrac{1}{2}x+\dfrac{1}{2}z$ 知，欲使 y 取得小，需要 x 取得大且 z 取得小，因此，当 $x=1$，$y=1$ 时 z 取到下确界3，即 z 无限地趋近于3且 $z>3$，故选C.

　　注：下确界可理解为一个函数的极限值，比如，函数 $\varphi(x)>2$ 且 $\varphi(x)$ 的极限值为2，则称 $\varphi(x)$ 的下确界为2.

　　此外，数学多元问题解决的思维策略还有很多，如数形结合策略、化归转化策略、大小限制策略、单项突破策略、逐次求导策略

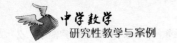

和磨光变换策略等，也值得研究.

思考与研究：

数学多元问题解决的数形结合策略、化归转化策略、大小限制策略、单项突破策略、逐次求导策略、磨光变换策略等，并举例说明.

案例 24　一道高考数列题的推广与解法探究[①]

一、问题

2012 年江西高考数学文科第 5 题如下：

观察下列事实：$|x|+|y|=1$ 的不同整数解 $(x，y)$ 的个数为 4，$|x|+|y|=2$ 的不同整数解 $(x，y)$ 的个数为 8，$|x|+|y|=3$ 的不同整数解 $(x，y)$ 的个数为 12，…，则 $|x|+|y|=20$ 的不同整数解 $(x，y)$ 的个数为（　　）.

A．76　　　　B．80　　　　C．86　　　　D．92

观察可得，不同整数解的个数可以构成一个首项为 4，公差为 4 的等差数列，则所求为第 20 项，得到结果为 80．即 $|x|+|y|=k$ 的不同整数解组 $(x，y)$ 的个数为 $f(k)=4k$.

为了深化此类问题，开拓思维的视野，下面对此问题进行推广，得到一个研究性问题．

研究性问题：求解满足不等式 $|x|+|y|<k$（$k \in \mathbf{N}^+$）的整数解组 $(x，y)$ 的个数.

二、解法探究

（一）利用归纳的数学思想解决问题

1．枚举归纳

数学归纳推理的目的在于寻找隐藏在特殊事例之中的量性模

---

① 谢志强，罗仕明. 试析一道推广的高考试题所蕴含的数学思想［J］. 中学数学（高中），2015（7）：74-75.

谢志强、罗仕明均系内江师范学院本科学生. 本案例的题目做了改动.

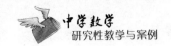

式，其中量性模式是指按照某种理想化的要求或实际可应用的标准，来反映或概括地表现一类或一种事物关系结构的数学形式．为了解决此类不等式，不妨以简单的枚举归纳法求解，依据某种属性在部分同类对象中的不断重复而没有遇到反例，从而推出该类的所有对象都具有这种性质的归纳推理．

为了方便枚举满足不等式 $|x|+|y|<k(k\in \mathbf{N}^{+})$ 的整数解组 (x,y)，令 $f(k)$ 表示整数解组的个数．枚举如下：

当 $k=1$ 时，整数解组有 $(0,0)$，即 $f(1)=1$．

当 $k=2$ 时，整数解组有 $(0,0)$，$(0,\pm 1)$，$(\pm 1,0)$，即 $f(2)=5$．

当 $k=3$ 时，整数解组有 $(0,0)$，$(0,\pm 1)$，$(\pm 1,0)$，$(0,\pm 2)$，$(\pm 2,0)$，$(\pm 1,\pm 1)$，即 $f(3)=13$．

当 $k=4$ 时，整数解组有 $(0,0)$，$(0,\pm 1)$，$(\pm 1,0)$，$(0,\pm 2)$，$(\pm 2,0)$，$(\pm 1,\pm 1)$，$(0,\pm 3)$，$(\pm 3,0)$，$(\pm 1,\pm 2)$，$(\pm 2,\pm 1)$，即 $f(4)=25$，等等．

于是，可以归纳出满足不等式 $|x|+|y|<k$ 的整数解组 (x,y) 的个数 $f(k)$ 为：

$$f(k)=1+4\times 1+4\times 2+\cdots +4(k-1)=1+2k(k-1).$$

2．要素归纳

要素归纳模式是指通过探讨所考虑对象的构成要素及其构成方式而发现规律的思维方式，其核心是探寻具有一致性的量性结构．如果在平面直角坐标系上看待此类问题的解，由上面的枚举归纳可得出组成不等式的整数解组可以分成以下三类：原点、坐标轴上的点、象限内的点．

此处以 $|x|+|y|<4$ 的整数解组 (x,y) 为例是为了方便分析，满足此不等式的解看作平面直角坐标系上的点，得到以下结论：原点个数有 1 个，即 $(0,0)$；坐标轴上的点有 12 个，即 $(0,\pm 1)$，$(\pm 1,0)$，$(0,\pm 2)$，$(\pm 2,0)$，$(0,\pm 3)$，$(\pm 3,0)$；象限内的点有 12 个，即 $(\pm 1,\pm 1)$，$(\pm 1,\pm 2)$，$(\pm 2,\pm 1)$．同理，可得到当 k 取不同值时，满足不等式的解的不同讨论情况，见表 1．

表 1 满足不等式的整数的讨论情况

k	原点个数	坐标轴上的点的个数	第一象限内的点的个数	不等式整数解的个数
1	1	0	0	1
2	1	4	0	5
3	1	8	4	13
4	1	12	12	25
5	1	16	24	41
6	1	20	40	61
7	1	24	60	85
$\vdots$	1	$\vdots$	$\vdots$	$\vdots$
n	1	$4C_{k-1}^1$	$4C_{k-1}^2$	$1+4C_{k-1}^1+4C_{k-1}^2$

由以上分析，从表 1 中可以归纳得到整数解组 (x, y) 的个数 $f(k)$ 为：

$$f(k)=1+4C_{k-1}^1+4C_{k-1}^2.$$

3. 函数归纳

函数归纳模式是指将所考察的特殊事例的数量顺次排列组成一个数列，把这些数量看作是某个关于正整数 n 的函数 $f(n)$ 的函数值，然后通过分离常量与自变量 n 或联想所熟知的函数而找到函数关系式的思维方式. 于是，对表 1 中最后一列数据利用函数归纳模式，得到：

$f(1)=1=(1-1)^2+1^2$，$f(2)=5=(2-1)^2+2^2$，$f(3)=13=(3-1)^2+3^2$，$f(4)=25=(4-1)^2+4^2$，$f(5)=41=(5-1)^2+5^2$，$f(6)=61=(6-1)^2+6^2$，…

由此，由上面 6 个式子可以归纳 $f(k)$ 为：

$$f(k)=(k-1)^2+k^2.$$

4. 递推归纳

递推归纳模式是指在数列中，通过探讨由已知项"生出"未知项的结构方式，从而发现一般规律的一种思维方式，其核心是归纳

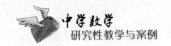
出相邻项间的递推关系.① 在具体运用中，最为有效的策略是考察相邻两项的差的特点，因为"差"在减小数值的同时往往也降低了所考察对象的"维度".

对于此题，该整数解组的个数构成的数列为 1，5，13，25，41，61，85，…，则此题转换为求该数列的通项. 直接求此数列的通项较为复杂，但是考察相邻两项的差构成的数列为 4，8，12，16，…，再重复地用后一项减去它前一项. 将此数列写出杨辉三角形式，便得到以下三角形式：

$$
\begin{array}{ccccc}
1 & 5 & 13 & 25 & 41 \ \cdots \\
4 & 8 & 12 & 16 \ \cdots \\
4 & 4 & 4 \ \cdots \\
0 & 0 \ \cdots
\end{array}
$$

在上述中可以看出第二行的数成等差数列，第三行是成常数列. 由此可以推测出此问题的解的个数构成的数列为二阶等差数列. 若记此数列为 $\{f(k)\}$ ［其中 $f(1)=1$］，易得到 $f(k)$ 满足递推关系 $f(k)=f(k-1)+4(k-1)$，其中 $k \geqslant 2$. 采用叠加的方法便得到 $f(k)=2k(k-1)+1$.

（二）利用化归的数学思想解决问题

所谓"化归"，是指把待解决的问题，通过转化过程，归结到一类已经解决或者比较容易解决的问题中去，最终求得原问题解答的一种手段和方法.

首先，"以退为进"寻找解决方法. 不妨这样思考，对于"满足不等式 $|x| < k$ （$k \in \mathbf{N}^{+}$）的整数解"可以退化为"满足 $x < k$（$k \in \mathbf{N}^{+}$）的非负整数解". 令 $f(k)$ 表示解的个数，由于 $x < k$ 的非负整数解的个数 $f(k)=C_{k-1}^{1}+1$，则满足不等式 $|x| < k$ 的整数解的个数为 $f(k)=2C_{k-1}^{1}+1$.

———————————

① 王新民. 试析一道课本习题中所蕴含的数学思想 ［J］. 中国数学教育（高中版），2013（9）：38-39.

然后，回归到本题，本题是一个含有两个未知数的绝对值不等式

$$|x| + |y| < k \ (k \in \mathbf{N}^+).$$

可以先不忙考虑绝对值，将问题退化为 $x + y < k \ (k \in \mathbf{N}^+)$，然后再将问题转化为 $x < k - y$. 由于此不等式的非负整数解，即 $f(k) = \sum\limits_{y=1}^{k-1} C_{k-y}^1 + 1 = C_k^2 + 1$. 同上，于是可以得到 $|x| < k - y$ 的整数解组的个数 $f(k) = 2C_k^2 + 1$. 故 $|x| + |y| < k$ 的整数解组的个数 $f(k) = 4C_k^2 + 1$，与以上四种归纳模式所得的结果具有一致性.

（三）利用演绎的数学思想解决问题

上述的所有结论都是通过合情推理而得到的，其结果的正确性还没有被验证. 故以下运用演绎的方法来证明. 下面运用数学归纳法来进行证明所得到的结论：$f(n) = 4C_n^2 + 1$，证明过程如下：

首先，当 $n = 1$ 时，$f(1) = 1$. 当 $n = 2$ 时，易验证结论成立.

其次，当 $n = k$ 时，假设结论成立，即有 $f(k) = 4C_k^2 + 1$. 那么当 $n = k + 1$ 时，$|x| + |y| < k + 1$ 的整数解组的个数可以看作 $|x| + |y| < k$ 的整数解组的个数与 $|x| + |y| = k$ 的整数解组的个数之和. 由于 $|x| + |y| = k$ 的整数解组的个数易知为 $4C_k^1$，故 $f(k+1) = 4C_k^2 + 4C_k^1 + 1$，即 $f(k+1) = 4C_{k+1}^2 + 1$，得证. 由以上数学归纳法证明可知，以上结论均成立.

故满足不等式 $|x| + |y| < k (k > 0)$ 的整数解组 (x, y) 的个数为 $f(k) = 4C_k^2 + 1$.

三、研究性问题的进一步推广

推广 1：求满足不等式 $|x_1| + |x_2| + |x_3| < k \ (k \in \mathbf{N}^+)$ 的整数解组 (x_1, x_2, x_3) 的个数.

分析：运用类比的思维方式，由于在上述问题中含有两个未知

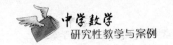

量时是在平面直角坐标系中进行要素归纳，故三个未知量时要在空间直角坐标系中进行要素归纳，构成整数解组 (x_1, x_2, x_3) 的要素有：原点，坐标轴上的点，xOy，yOz，xOz 平面上的点，卦限内的点．易归纳得到满足不等式 $|x_1|+|x_2|+|x_3|<k$ $(k \in \mathbf{N}^+)$ 的整数解组 (x_1, x_2, x_3) 的个数 $f(k)$ 为：

$$f(k)=1+6C_{k-1}^1+12C_{k-1}^2+8C_{k-1}^3.$$

推广 2：求满足不等式 $\sum_{i=1}^{n}|x_i|<k$ $(k \in \mathbf{N}^+)$ 的整数解组 $(x_1, x_2, \cdots, x_n)$ 的个数.

分析：利用递推归纳法，可知 $|x_1|<k$ $(k \in \mathbf{N}^+)$ 的整数解组的个数为 $f(k)=1+2C_{k-1}^1$；

$|x_1|+|x_2|<k$ 的整数解组的个数为 $f(k)=1+4C_{k-1}^1+4C_{k-1}^2$；

$|x_1|+|x_2|+|x_3|<k$ 的整数解组的个数为 $f(k)=1+6C_{k-1}^1+12C_{k-1}^2+8C_{k-1}^3$.

以此类推，只需找出其系数的递推关系，得到以下"类杨辉三角形式"．令 n 为绝对值不等式中未知量的个数，得到：

$n=0$		1			
$n=1$		1	2		
$n=2$	1	4	4		
$n=3$	1	6	12	8	
$n=4$	1	8	24	32	16
$n=5$	1	10	40	80	80	32

记上述三角形中第 $n+1$ 行中第 $r+1$ 个数为 S_n^r，受杨辉三角启发，从三角形中易看出 $S_n^0=1$，$S_n^n=2^n$，在杨辉三角中有每一个数等于它左肩数与右肩上的数学之和（$C_n^r=C_{n-1}^r+C_{n-1}^{r-1}$），受此启发，可以得到类似的关系 $S_n^r=2S_{n-1}^{r-1}+S_{n-1}^r$．由于 $S_n^1=2n=2C_n^1$，$S_n^2=2n(n-1)=4C_n^2$，$S_n^3=8C_n^3$，故归纳出 $S_n^r=2^rC_n^r$ $(1 \leqslant r \leqslant n-1)$，即满足不等式 $\sum_{i=1}^{n}|x_i|<k$ 的整数解组 $(x_1, x_2, \cdots, x_n)$

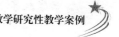

的个数为 $f_n(k) = \sum_{i=0}^{n} S_n^i C_{k-1}^i (n \geqslant 2).$

推广 3：求满足不等式 $\sum_{i=1}^{n} |x_i| = k(k \in \mathbf{N}^+)$ 的整数解组 $(x_1,$ $x_2, \cdots, x_n)$ 的个数.

分析：从几何角度不难看出满足上述方程的整数解个数为

$$g_n(k) = f_n(k) - f_{n-1}(k-1) = \sum_{i=1}^{n} S_n^i C_{k-1}^{i-1} (n \geqslant 2).$$

对于推广 2 和推广 3 的具体证明这里略去，具体证明可以参阅文献.[①]

四、结束语

对于上述几个推广的解答依次运用了归纳推理、类比推理和演绎推理，比较完整地经历了数学发现的全过程. 先由归纳推测出结论，然后由类比发现规律，最后由演绎证明结论和规律. 按照著名数学家陈省生提出的"好"数学的标准："只有数学思想方法深刻，能进一步引申、推广、发展的数学才是好的数学."[②] 上述几个推广尤其是推广 2 就属于"好"数学. 此外，数学思想方法具有隐喻性的特点，它隐于知识内部，特别是隐含在好的数学问题之中. 只有多层面、多角度地对数学问题进行深入挖掘，才能使所隐含的数学思想和方法显性化，才能充分发挥数学问题帮助学生学会数学地思考问题的作用.

---

① 徐利治. 数学分析的方法及例题选讲——分析学的思想、方法与技巧 [M].
大连：大连理工大学出版社，2007：40.

② 涂荣豹，王光明，宁连华. 新编数学教学论 [M]. 上海：华东师范大学出版社，2006：145.

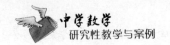

中学数学
研究性教学与案例

案例 25　向量应用的研究性学习[①]

本案例适合在高三复习时使用.

向量是数学中重要的工具. 向量在代数、三角、立体几何、解析几何、平面几何中有着非常广泛的应用.

一、向量在代数中的应用

$a \cdot b = |a| \cdot |b| \cdot \cos <a, b> = x_1 x_2 + y_1 y_2$（平面向量），

$a \cdot b = |a| \cdot |b| \cdot \cos <a, b> = x_1 x_2 + y_1 y_2 + z_1 z_2$（空间向量），

$|a \cdot b| \leqslant |a| \cdot |b|$.

应用 1：由向量推导基本不等式：$x + y \geqslant 2\sqrt{x \cdot y}$（$x, y \geqslant 0$）.

证明　设 $a = (\sqrt{x}, \sqrt{y})$，$b = (\sqrt{y}, \sqrt{x})$.

因为 $|a \cdot b| \leqslant |a| \cdot |b|$,

所以 $\sqrt{x} \cdot \sqrt{y} + \sqrt{y} \cdot \sqrt{x} \leqslant \sqrt{x+y} \cdot \sqrt{y+x}$，即 $x + y \geqslant 2\sqrt{x \cdot y}$.

应用 2：由向量推导二维柯西不等式：$(x_1 y_1 + x_2 y_2)^2 \leqslant (x_1^2 + x_2^2)(y_1^2 + y_2^2)$.

证明　设 $a = (x_1, x_2)$，$b = (y_1, y_2)$.

因为 $|a \cdot b| \leqslant |a| \cdot |b|$,

所以 $|x_1 y_1 + x_2 y_2| \leqslant \sqrt{x_1^2 + x_2^2} \cdot \sqrt{y_1^2 + y_2^2}$,

两边平方，得

---

①　本案例作者：赵思林，李秀萍.

$$(x_1y_1+x_2y_2)^2 \leqslant (x_1^2+x_2^2)(y_1^2+y_2^2).$$

应用 3：由 $|x_1y_1+x_2y_2| \leqslant \sqrt{x_1^2+x_2^2} \cdot \sqrt{y_1^2+y_2^2}$，可得

$\sqrt{x_1 \cdot y_1} + \sqrt{x_2 \cdot y_2} \leqslant \sqrt{(x_1+x_2) \cdot (y_1+y_2)}$（$x_1$，$x_2$，$y_1$，$y_2 \geqslant 0$）.

应用 4：由向量可证明柯西不等式的分式形式：

$$\frac{x_1^2}{y_1}+\frac{x_2^2}{y_2} \geqslant \frac{(x_1+x_2)^2}{y_1+y_2} \quad (y_1，y_2>0),$$

$$\frac{x_1^2}{y_1}+\frac{x_2^2}{y_2}+\frac{x_3^2}{y_3} \geqslant \frac{(x_1+x_2+x_3)^2}{y_1+y_2+y_3} \quad (y_1，y_2，y_3>0).$$

二、向量在三角中的应用

1. 证明余弦定理（2011 年陕西文、理科卷）

法 1 用勾股定理. 分锐角、钝角讨论.

在锐角三角形中，知 a，c，B，求 b.

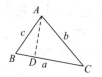

解 因为 $BD=c \cdot \cos B$，所以 $DC=a-c \cdot \cos B$，而 $AD=c \cdot \sin B$，在 Rt$\triangle ACD$ 中，根据勾股定理可得 $b^2=AD^2+DC^2 \Rightarrow b^2=(c\sin B)^2+(a-c\cos B)^2$.

化简整理可得 $b^2=c^2+a^2-2ac \cdot \cos B$. 同理，钝角三角形中可证明.

法 2 建系 $A-xy$.

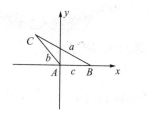

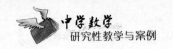

如图，$B(c, 0)$，$C(b\cos A, b\sin A)$，$0 < A < \pi$.

由于 $a^2 = |BC|^2$，

所以 $a^2 = (b\cos A - c)^2 + (b\sin A)^2$，整理可得
$$a^2 = b^2 + c^2 - 2bc \cdot \cos A.$$

法 3 $\overrightarrow{AC} = \overrightarrow{AB} + \overrightarrow{BC}$（两边取自点乘，即左边乘上 $\overrightarrow{AC}$，右边乘上 $\overrightarrow{AB} + \overrightarrow{BC}$）（这个方法也是困难的，一般难以想到）.
$$\overrightarrow{AC}^2 = \overrightarrow{AB}^2 + 2\overrightarrow{AB} \cdot \overrightarrow{BC} + \overrightarrow{BC}^2,$$

即 $b^2 = c^2 + a^2 - 2a \cdot c \cdot \cos B$.

2. 证明：$\cos(\alpha - \beta) = \cos\alpha\cos\beta + \sin\alpha\sin\beta$（2010 年四川卷考过，得分率极低）

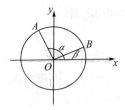

证明　在单位圆中，设 α，β 为任意角，$\overrightarrow{OA} = (\cos\alpha, \sin\alpha)$，$\overrightarrow{OB} = (\cos\beta, \sin\beta)$. 则
$$\overrightarrow{OA} \cdot \overrightarrow{OB} = \cos\alpha \cdot \cos\beta + \sin\alpha \cdot \sin\beta.$$

由数量积的定义，得
$$\overrightarrow{OA} \cdot \overrightarrow{OB} = |\overrightarrow{OA}| \cdot |\overrightarrow{OB}| \cos(\alpha - \beta).$$

所以 $\cos(\alpha - \beta) = \cos\alpha\cos\beta + \sin\alpha\sin\beta$.

注意：这里需要讨论 $\alpha - \beta = 2k\pi + \theta$，$k$ 为整数，$0 \leqslant \theta \leqslant \pi$.

用向量也可证明二倍角公式.
$$\overrightarrow{OA} = (\cos\alpha, \sin\alpha), \quad \overrightarrow{OB} = (\cos(-\alpha), \sin(-\alpha)),$$
$$\overrightarrow{OA} \cdot \overrightarrow{OB} = |\overrightarrow{OA}| \cdot |\overrightarrow{OB}| \cos[\alpha - (-\alpha)]$$
$$= \cos 2\alpha = \cos^2\alpha - \sin^2\alpha.$$

三、向量在立体几何中的应用

1. (1) 异面直线所成的角 θ，$\theta \in \left(0, \dfrac{\pi}{2}\right]$.

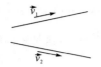

$$\cos<\vec{v}_1, \vec{v}_2>=\frac{\vec{v}_1 \cdot \vec{v}_2}{|\vec{v}_1| \cdot |\vec{v}_2|} \quad (\text{其中 } \vec{v}_1, \vec{v}_2 \text{ 为方向向量}),$$

则 $\theta=<\vec{v}_1, \vec{v}_2>$ 或 $\theta=\pi-<\vec{v}_1, \vec{v}_2>$.

（2）线面角 θ，$\theta\in\left[0, \dfrac{\pi}{2}\right]$，$\theta=\left|\dfrac{\pi}{2}-<\vec{v}, \vec{n}>\right|$.

法向量 $\vec{n}$ 向上时，$\theta=\dfrac{\pi}{2}-<\vec{v}, \vec{n}>$，

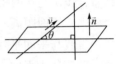

法向量 $\vec{n}$ 向下时，$\theta=<\vec{v}, \vec{n}>-\dfrac{\pi}{2}$.

（3）二面角

$$\theta=\begin{cases}<\vec{n}_1, \vec{n}_2>, \\ \pi-<\vec{n}_1, \vec{n}_2>.\end{cases}$$

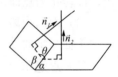

判断二面角是锐角或钝角一般用观察法得到.

另法：用定义严格来算二面角的平面角，$\theta=<\vec{v}_1, \vec{v}_2>$，其中 $\vec{v}_1, \vec{v}_2$ 分别为其半平面内垂直于棱的向量.

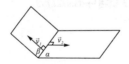

2. 距离

（1）点面距离.

PO 可看成 PA 在 $\vec{n}$ 上的投影. 即 $|PO|=\overrightarrow{PA}$ 在 $\vec{n}$ 上的投影.

另法：投影法

$\overrightarrow{PO}=\overrightarrow{PA}+\overrightarrow{AO}$，则 $\overrightarrow{PO} \cdot \vec{n}=(\overrightarrow{PA}+\overrightarrow{AO}) \cdot \vec{n}$，

即 $\overrightarrow{PO} \cdot \vec{n}=\overrightarrow{PA} \cdot \vec{n}$.

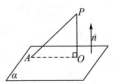

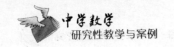
所以 $|\overrightarrow{PO}| \cdot |\vec{n}| \cdot (\pm 1) = |\overrightarrow{PA} \cdot \vec{n}|$,

即 $|\overrightarrow{PO}| = \dfrac{|\overrightarrow{PA} \cdot \vec{n}|}{|\vec{n}|}$.（这是距离的母公式）

（2）异面直线距离.

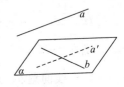

直线 a 与直线 b 为异面直线，要求其距离，将直线 a 平行移动与直线 b 相交，构成平面 α，由于直线 a 平行于平面 α，故直线 a 上任意一点到平面内任意一点的距离相等且等于异面直线 a 与 b 的距离，转化为点面距离.

（3）线面距离.

直线与平面平行，找直线上任意一点到平面内的距离为线面距离，即转化为点面距离.

（4）面面距离.

平面与平面平行，面面距离可以直接转化为点面距离.

（5）点线距离（空间中）.

过点 P 作平面 $\alpha \perp l$，求点 P 到直线 l 的距离. 知 $\overrightarrow{PA}$，$\vec{v}$，求 $|\overrightarrow{PO}|$.

四、向量在解析几何中的应用

1. 两点距离公式

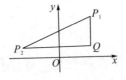

用勾股定理 $|P_1P_2| = \sqrt{|P_1Q|^2 + |P_2Q|^2}$，而要得到 $|P_1Q|$ 或者 $|P_2Q|$ 的长度，需要根据沙尔公式证明才能得到.

另法：$P_1(x_1, y_1)$，$P_2(x_2, y_2)$，通过向量的定义可得 $|\overrightarrow{P_1P_2}| = \sqrt{\overrightarrow{P_1P_2} \cdot \overrightarrow{P_1P_2}}$，而 $\overrightarrow{P_1P_2} = (x_2 - x_1, y_2 - y_1)$，代

入定义算得

$$| \overrightarrow{P_1P_2} | = \sqrt{(x_2-x_1)^2 + (y_2-y_1)^2}.$$

2. 定比分点公式

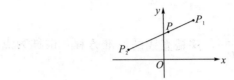

定义：$\overrightarrow{P_1P} = \lambda \overrightarrow{PP_2}$，前提是三点共线，$P$ 叫作 $\overrightarrow{P_1P_2}$ 的定比分点.

已知 $P_1(x_1, y_1)$，$P_2(x_2, y_2)$，设 $P(x, y)$，其中 $\overrightarrow{P_1P} = (x-x_1, y-y_1)$，$\overrightarrow{PP_2} = (x_2-x, y_2-y)$，代入定义可得

$$\begin{cases} x-x_1 = \lambda(x_2-x), \\ y-y_1 = \lambda(y_2-y). \end{cases} \Rightarrow \begin{cases} x = \dfrac{x_1+\lambda x_2}{1+\lambda}, \\ y = \dfrac{y_1+\lambda y_2}{1+\lambda}. \end{cases}$$

在高考中，常考的是 $\lambda = 1$ 的情形，即中点公式：

$$\begin{cases} x = \dfrac{x_1+x_2}{2}, \\ y = \dfrac{y_1+y_2}{2}. \end{cases}$$

3. 直线的方程

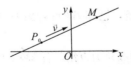

设 $\vec{v} = (m, n) \neq \vec{0}$，$P_0(x_0, y_0)$，$M(x, y)$，由于 $\overrightarrow{P_0M} // \vec{v}$，所以 $\overrightarrow{P_0M} = \lambda\vec{v}$.

所以 $(x-x_0, y-y_0) = \lambda(m, n)$，

所以 $\begin{cases} x-x_0 = \lambda m, \\ y-y_0 = \lambda n. \end{cases}$ 即 $\begin{cases} x = x_0+\lambda m, \\ y = y_0+\lambda n. \end{cases}$（$\lambda$ 为参数，直线的参数式

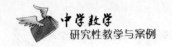

方程）

$$\frac{x-x_0}{m}=\lambda, \quad ①$$

$$\frac{y-y_0}{n}=\lambda. \quad ②$$

所以 $\frac{x-x_0}{m}=\frac{y-y_0}{n}$，这是直线的标准方程，也称为点向式方程.

在高等数学中约定：当 $m=0$ 时，$x=x_0$；当 $n=0$ 时，$y=y_0$.

上述方程也可写成整式形式的方程：$n(x-x_0)=m(y-y_0)$. 这就不必考虑 $m=0$ 或 $n=0$ 了.

用上述方法可以推导为三维空间中直线的标准方程：

$$\frac{x-x_0}{m}=\frac{y-y_0}{n}=\frac{z-z_0}{p}.$$

这说明上述方法有推广价值，属于常说的通性通法.

上述方法还表明建立直线方程不必用"斜率"这个概念和理论. 其实"斜率"在空间解析几何中是没法用的，或者说是没有用的.

4. 点到直线的距离公式

从略.

5. 圆的方程

设 AB 为圆的直径，已知 $A(x_1, y_1)$，$B(x_2, y_2)$，试推导圆的方程.

根据直径所对的圆周角为直角，有 $\overrightarrow{AM}\perp\overrightarrow{BM}$，所以 $\overrightarrow{AM}\cdot\overrightarrow{BM}=0$.

设 $M(x, y)$，所以有 $(x-x_1, y-y_1)\cdot(x-x_2, y-y_2)=0$，

整理得 $(x-x_1)(x-x_2)+(y-y_1)(y-y_2)=0$，

也即 $\left(x-\dfrac{x_1+x_2}{2}\right)^2+\left(y-\dfrac{y_1+y_2}{2}\right)^2=\dfrac{1}{4}\left[(x_1-x_2)^2+(y_1-y_2)^2\right]$.

6. 圆的标准方程

已知圆心 $C(x_0，y_0)$，圆的半径为 R，也可由向量推理得到圆的标准方程.

设 $M(x，y)$，由于 $|\overrightarrow{CM}|=R$，所以 $\overrightarrow{CM} \cdot \overrightarrow{CM}=R^2$，

所以 $(x-x_0，y-y_0) \cdot (x-x_0，y-y_0)=R^2$，

化简得 $(x-x_0)^2+(y-y_0)^2=R^2$.

7. 椭圆的方程

根据 $|\overrightarrow{MF_1}|+|\overrightarrow{MF_2}|=2a$ 且 $2a>|\overrightarrow{F_1F_2}|$，则 $\sqrt{(x+c)^2+y^2}+\sqrt{(x-c)^2+y^2}=2a$，化简可得椭圆的标准方程.

思考与研究：

系统研究向量在立体几何中的应用.

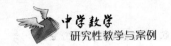

案例 26　高考中可化为等差（比）数列的递推数列①

给定递推关系，求数列的通项公式是高考的热点问题．要想求出通项公式，最后一般会回到等差（等比）数列，这就需要等差等比数列模型的迁移应用．结合近年高考及自主招生考试中的典型问题，总结出常见的几种类型．

类型一：等差（等比）数列的推广

等差型：$f(a_{n+1}) = f(a_n) + d$.

解法：

$f(a_{n+1}) = f(a_n) + d \Leftrightarrow \{f(a_n)\}$ 为等差数列，

即 $f(a_n) = f(a_1) + (n-1)d$，

根据 $f(a_n)$ 的解析式，再反解出 a_n.

等比型：$f(a_{n+1}) = pf(a_n)$，其中 $f(a_1) \neq 0$，$p \neq 0$.

解法：

$f(a_{n+1}) = pf(a_n)$，$[f(a_1) \neq 0, p \neq 0] \Leftrightarrow \{f(a_n)\}$ 为等比数列，

即 $f(a_n) = f(a_1)p^{n-1}$，根据 $f(a_n)$ 的解析式，再反解出 a_n.

例1　（2015 年全国 Ⅱ 理）设 S_n 是数列 $\{a_n\}$ 的前 n 项和，且 $a_1 = -1$，$a_{n+1} = S_nS_{n+1}$，则 $S_n = \underline{\qquad}$.

解析　因为 $a_{n+1} = S_{n+1} - S_n$，$a_{n+1} = S_nS_{n+1}$，

所以 $S_{n+1} - S_n = S_nS_{n+1}$，

因为 $S_n \neq 0$，即 $\dfrac{1}{S_{n+1}} - \dfrac{1}{S_n} = -1$，

又因 $\dfrac{1}{S_1} = -1$，所以 $\left\{\dfrac{1}{S_n}\right\}$ 是首项为 -1，公差为 -1 的等差数列，

---

① 本案例作者：李秀萍，赵思林.

所以 $S_n = -\dfrac{1}{n}$.

例 2 （2014 年重庆理）设 $a_1 = 1$, $a_{n+1} = \sqrt{a_n^2 - 2a_n + 2} + b$ ($n \in \mathbf{N}^*$），若 $b = 1$，求 a_2，a_3 及数列 $\{a_n\}$ 的通项公式.

解析 因为 $b = 1$，代入可求出 $a_2 = 2$，$a_3 = \sqrt{2} + 1$.

根据 $a_{n+1} = \sqrt{a_n^2 - 2a_n + 2} + 1$，

可移项平方，得 $(a_{n+1} - 1)^2 = a_n^2 - 2a_n + 2$，

整理得 $(a_{n+1} - 1)^2 = (a_n - 1)^2 + 1$.

因 $(a_1 - 1)^2 = 0$，所以 $\{(a_n - 1)^2\}$ 是首项为 0，公差为 1 的等差数列，

所以 $(a_n - 1)^2 = n - 1$，

解得 $a_n = \sqrt{n - 1} + 1$ ($n \in \mathbf{N}^*$).

例 3 （2014 年江西理）已知首项都是 1 的两个数列 $\{a_n\}$，$\{b_n\}$ ($b_n \neq 0$，$n \in \mathbf{N}^*$），满足 $a_n b_{n+1} - a_{n+1} b_n + 2b_{n+1} b_n = 0$. 令 $c_n = \dfrac{a_n}{b_n}$，求数列 $\{c_n\}$ 的通项公式.

解析 等式两边同时除以 $b_{n+1} b_n$，再移项可得 $\dfrac{a_{n+1}}{b_{n+1}} - \dfrac{a_n}{b_n} = 2$.

又 $\dfrac{a_1}{b_1} = 1$，所以 $\left\{\dfrac{a_n}{b_n}\right\}$ 是首项为 1，公差为 2 的等差数列，

即 $c_n = 2n - 1$ ($n \in \mathbf{N}^*$).

类型二：$a_{n+1} = a_n + f(n)$

方法 1 累加法. 当 $n \geqslant 2$ 时，

$a_n - a_{n-1} = f(n-1)$，

$a_{n-1} - a_{n-2} = f(n-2)$，

……

$a_2 - a_1 = f(1)$，

将上述各式相加可得

$a_n = a_1 + f(1) + f(2) + \cdots + f(n-1)$.

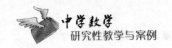
故 $a_n = \begin{cases} a_1, & \text{当 } n=1 \text{ 时,} \\ a_1 + f(1) + f(2) + \cdots + f(n-1), & \text{当 } n \geq 2 \text{ 时.} \end{cases}$

注:类型二本质上是数列求和. 需要指出的是,所有的数列求和问题都可以以递推数列类型二呈现出来.

方法 2 逐差法(迭代法). 当 $n \geq 2$ 时,$a_n = a_1 + (a_2 - a_1) + (a_3 - a_2) + \cdots + (a_n - a_{n-1})$,同样得到 $a_n = a_1 + f(1) + f(2) + \cdots + f(n-1)$.

以下同方法 1.

例 4 (2015 年江苏)设数列 $\{a_n\}$ 满足 $a_1 = 1$,且 $a_{n+1} - a_n = n+1$($n \in \mathbf{N}^*$),则数列 $\left\{ \dfrac{1}{a_n} \right\}$ 前 10 项的和为_____.

解析 由题意有 $a_2 - a_1 = 2$,$a_3 - a_2 = 3$,$\cdots$,$a_n - a_{n-1} = n$($n \geq 2$).

以上各式相加,得 $a_n - a_1 = 2 + 3 + \cdots + n = \dfrac{(n-1)(2+n)}{2} = \dfrac{n^2 + n - 2}{2}$.

又因 $a_1 = 1$,所以 $a_n = \dfrac{n^2 + n}{2}$($n \geq 2$).

当 $n = 1$ 时也满足此式.

所以 $a_n = \dfrac{n^2 + n}{2}$($n \in \mathbf{N}^*$).

即 $\dfrac{1}{a_n} = \dfrac{2}{n^2 + n} = 2\left(\dfrac{1}{n} - \dfrac{1}{n+1} \right)$.

所以 $S_{10} = 2\left(\dfrac{1}{1} - \dfrac{1}{2} + \dfrac{1}{2} - \dfrac{1}{3} + \cdots + \dfrac{1}{10} - \dfrac{1}{11} \right) = \dfrac{20}{11}$.

例 5 (2014 年大纲文)数列 $\{a_n\}$ 满足 $a_1 = 1$,$a_2 = 2$,$a_{n+2} = 2a_{n+1} - a_n + 2$.

(1) 设 $b_n = a_{n+1} - a_n$,证明 $\{b_n\}$ 是等差数列;

(2) 求 $\{a_n\}$ 的通项公式.

解析 (1) 由 $a_{n+2} = 2a_{n+1} - a_n + 2$,得 $a_{n+2} - a_{n+1} = a_{n+1} - a_n + 2$.

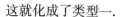

这就化成了类型一.

即 $\{a_{n+1}-a_n\}$ 是首项为 1，公差为 2 的等差数列，故 $\{b_n\}$ 是等差数列.

（2）$a_{n+1}-a_n=1+(n-1)\times 2=2n-1$，移项得 $a_{n+1}=a_n+2n-1$. 用累加法，得

$$a_n=a_1+\sum_{k=2}^{n}(a_k-a_{k-1})=1+1+3+5+\cdots+(2n-3)=n^2-2n+2.$$

2015 年浙江理科压轴题第一问需要用到递推数列 $a_{n+1}=a_n(1-a_n)$ 将 a_n 表示出来，两者相除证明不等式 $1\leqslant\dfrac{a_n}{a_{n+1}}\leqslant 2$（$n\in\mathbf{N}^*$）.

2015 年重庆理科压轴题，在数列 $\{a_n\}$ 中，$a_1=3$，$a_{n+1}a_n+\lambda a_{n+1}+\mu a_n^2=0$（$n\in\mathbf{N}_+$），第（2）问"若 $\lambda=\dfrac{1}{k_0}$（$k_0\in\mathbf{N}_+$，$k_0\geqslant 2$），$u=-1$，证明：$2+\dfrac{1}{3k_0+1}<a_{k_0+1}<2+\dfrac{1}{2k_0+1}$."需要先对递推关系进行整理，得到 $\{a_n\}$ 的各项的大小关系，再对 a_n 进行迭代，利用放缩法等综合性知识可证明不等式.

类型三：$a_{n+1}=pa_n+q$ 或 $S_{n+1}=pS_n+q$（p，$q\neq 0$，1）

方法 1 递推法.

当 $n\geqslant 2$ 时，

$$a_n=pa_{n-1}+q=p(p\cdot a_{n-2}+q)+q=p^2a_{n-2}+pq+q$$
$$=\cdots=p^{n-1}a_1+(p^{n-2}+p^{n-3}+\cdots+p+1)\cdot q$$
$$=p^{n-1}a_1+\frac{1-p^{n-1}}{1-p}\cdot q,$$

这是学生最容易理解的方法，但书写量稍大.

方法 2 消掉常数项.

$$a_{n+1}=pa_n+q \text{ 及 } a_n=pa_{n-1}+q \ (n\geqslant 2),$$

两式相减可得，$a_{n+1}-a_n=p(a_n-a_{n-1})=\cdots=p^{n-1}(a_2-a_1)$，

将数列化简为 $a_{n+1}=a_n+(a_2-a_1)\cdot p^{n-1}$，即化成了类型二. 以下从略.

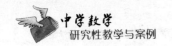

方法 3　待定系数法.

设 $a_{n+1}+\lambda=p(a_n+\lambda)$, 即 $a_{n+1}=pa_n+(p-1)\lambda$.

与原式比较可得, $(p-1)\cdot\lambda=q$, 即 $\lambda=\dfrac{q}{p-1}$.

当 $a_1+\dfrac{q}{p-1}\neq 0$ 时, 数列 $\left\{a_n+\dfrac{q}{p-1}\right\}$ 是以 $a_1+\dfrac{q}{p-1}$ 为首项,

公比为 p 的等比数列.

故 $a_n=\begin{cases}\dfrac{q}{1-p}, & \text{当 } a_1+\dfrac{q}{p-1}=0, \\[3mm] \dfrac{q}{1-p}\times\left(a_1+\dfrac{q}{p-1}\right)p^{n-1}, & \text{当 } a_1+\dfrac{q}{p-1}\neq 0.\end{cases}$

方法 4　等式两边同除以 p^{n+1}, 化为 $\dfrac{a_{n+1}}{p^{n+1}}=\dfrac{a_n}{p^n}+\dfrac{q}{p^{n+1}}$, 即化

为类型二. 下略.

例 6　(2014 年新课标理Ⅱ) 已知数列 $\{a_n\}$ 满足 $a_1=1$,

$a_{n+1}=3a_n+1$. 证明 $\left\{a_n+\dfrac{1}{2}\right\}$ 是等比数列, 并求 $\{a_n\}$ 的通项

公式.

解析　因为 $a_1=1$, $a_{n+1}=3a_n+1$, 所以 $a_{n+1}+\lambda=3(a_n+\lambda)$.

与原等式相比较, 得 $\lambda=\dfrac{1}{2}$.

则得 $a_{n+1}+\dfrac{1}{2}=3\left(a_n+\dfrac{1}{2}\right)$,

即 $\left\{a_n+\dfrac{1}{2}\right\}$ 是以 $a_1+\dfrac{1}{2}=\dfrac{3}{2}$ 为首项, 公比为 3 的等比数列,

故 $a_n=\dfrac{3^n-1}{2}$.

例 7　(2007 年复旦大学自主招生) 已知数列 $\{a_n\}$ 满足

$3a_{n+1}+a_n=4$ $(n\geqslant 1)$, 且 $a_1=9$, 其前 n 项之和为 S_n, 则满足不

等式 $|S_n-n-6|<\dfrac{1}{125}$ 的最小整数 n 是 (　　).

A. 6　　　　　B. 7　　　　　C. 8　　　　　D. 9

解析　由 $3a_{n+1}+a_n=4$，知 $a_{n+1}=-\dfrac{1}{3}a_n+\dfrac{4}{3}$.

令 $a_{n+1}+\lambda=-\dfrac{1}{3}(a_n+\lambda)$.

与原式相比较，解得 $\lambda=-1$.

所以 $\{a_n-1\}$ 是公比为 $-\dfrac{1}{3}$ 的等比数列.

故 $a_n=1+8\times\left(-\dfrac{1}{3}\right)^{n-1}$.

从而 $S_n=n+6\cdot\left[1-\left(-\dfrac{1}{3}\right)^n\right]$,

$|\,S_n-n-6\,|=\left|\,6\times\left(-\dfrac{1}{3}\right)^n\,\right|<\dfrac{1}{125}.$

解得 $n\geqslant 7$，故选 B.

例 8　（2000 年复旦大学自主招生）数列 $\{a_n\}$ 适合递推式 $a_{n+1}=3a_n+4$，又 $a_1=1$，求数列前 n 项和 S_n.

解析　$a_{n+1}=3a_n+4$ 变为 $a_{n+1}+2=3(a_n+2)$.

故 $a_n=3^{n-1}(a_1+2)-2=3^n-2$,

$S_n=\dfrac{1}{2}\times 3^{n+1}-2n-\dfrac{3}{2}.$

类型二比较重要，有一定推广价值. 容易得到下面的 4 个推广.

推广 1　$a_{n+1}=pa_n+f(n)$（$p\neq 0$，1）

方法 1　待定系数法.

令 $a_{n+1}-g(n+1)=p[a_n-g(n)]$［其中 $g(n)$ 与 $f(n)$ 是同类型函数］，

与原等式比较，可以求出 $g(n)$.

若 $a_1-g(1)\neq 0$，数列 $\{a_n-g(n)\}$ 是公比为 p 的等比数列，

转化为类型一，可求出 $\{a_n\}$. 下略.

方法 2　$a_{n+1}=pa_n+f(n)$，等式两边同除以 p^{n+1}，得

$\dfrac{a_{n+1}}{p^{n+1}}=\dfrac{a_n}{p^n}+\dfrac{f(n)}{p^{n+1}}$，从而转化为类型二. 下略.

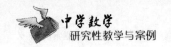

例 9 （2013 年华东师大自主招生）数列 $\{a_n\}$ 中，$a_n=1$，$a_{n+1}=-a_n+n^2$，求 $\{a_n\}$ 的通项公式及 a_{2000}．

解析 等式两边同时除以 $(-1)^{n+1}$，得 $\dfrac{a_{n+1}}{(-1)^{n+1}}=\dfrac{a_n}{(-1)^n}+\dfrac{n^2}{(-1)^{n+1}}$．

令 $b_n=\dfrac{a_n}{(-1)^n}$，则 $b_1=-1$，$b_{n+1}=b_n+(-1)^{n+1}n^2$．

由 $b_n-b_{n-1}=(-1)^n(n-1)^2$，$b_{n-1}-b_{n-2}=(-1)^{n-1}(n-2)^2$，$\cdots$，$b_2-b_1=1$，

将各式累加可得 $b_n-b_1=1^2-2^2+3^2-4^2+\cdots+(-1)^n(n-1)^2$，

即 $b_n=-1+1^2-2^2+3^2-4^2+\cdots+(-1)^n(n-1)^2=(-1)^n\cdot\dfrac{(n-1)n}{2}-1$，

故 $a_n=(-1)^{n+1}+\dfrac{n(n-1)}{2}$，所以 $a_{2000}=1998999$．

例 10 （2008 年武大自主招生）在数列 $\{a_n\}$ 中，$a_1=2$，$a_{n+1}=4a_n-3n+1$，$n\in\mathbf{N}^*$．求证：数列 $\{a_n-n\}$ 是等比数列．

解析 由 $a_{n+1}=4a_n-3n+1$，可令

$$a_{n+1}+B(n+1)+C=4(a_n+Bn+C),$$

得 $a_{n+1}=4a_n+3Bn+3C-B$．

与原等式进行比较，知 $B=-1$，$C=0$．

因此 $a_{n+1}-(n+1)=4(a_n-n)$，

故 $\{a_n-n\}$ 是首项为 1，公比为 4 的等比数列．

推广 2 $a_{n+1}=pa_n+q\cdot r^n$ （p，q，$r\neq0$，$r\neq1$）

方法 同除以 r^{n+1}，可得 $\dfrac{a_{n+1}}{r^{n+1}}=\dfrac{p}{r}\cdot\dfrac{a_n}{r^n}+\dfrac{q}{r}$，即化为类型三．

也可用待定系数法 $a_{n+1}+\lambda\cdot r^{n+1}=p(a_n+\lambda\cdot r^n)$，

化简 $a_{n+1}=pa_n+(p\lambda-\lambda r)\cdot r^n$．

与原式比较得 $p\lambda-\lambda r=q$，求出 $\lambda=\dfrac{q}{p-r}$．

在 $a_1+\lambda \cdot r \neq 0$ 且 $p \neq r$ 的前提下，$\{a_n+\lambda \cdot r^n\}$ 是等比数列.

推广 3 $a_{n+1}=pa_n+q \cdot r^n+f(n)$ $(p,\ q,\ r \neq 0,\ r \neq 1)$

方法 可用待定系数法.

$a_{n+1}+A \cdot r^{n+1}+g(n)=p[a_n+A \cdot r^n+g(n)]$ [其中 $g(n)$ 与 $f(n)$ 是同类型函数].

化简与原等式比较可获解. 下略.

推广 4 $a_{n+1}=\dfrac{Ca_n}{Aa_n+B}$ $(A,\ B,\ C \neq 0)$

方法 取倒数 $\dfrac{1}{a_{n+1}}=\dfrac{B}{C} \cdot \dfrac{1}{a_n}+\dfrac{A}{C}$，与类型三相同. 下略.

类型四：$a_{n+2}=pa_{n+1}+qa_n$ $(p,\ q \neq 0,\ p^2-4q \geqslant 0)$

方法 待定系数法.

设 $a_{n+2}+sa_{n+1}=t(a_{n+1}+sa_n)$，

即 $a_{n+2}=(t-s)a_{n+1}-tsa_n$，

与原等式比较，可得 $t-s=p$，$ts=q$.

可求出待定系数 s，t 的值. 当 $a_2+sa_1 \neq 0$，$t \neq 0$ 时，数列 $\{a_{n+1}+sa_n\}$ 是首项为 a_2+sa_1，公比为 t 的等比数列，转化为类型一可求解.

此类型也可用特征根法求解.

例 11 （2015 年广东文）设数列 $\{a_n\}$ 的前项和为 S_n，$n \in \mathbf{N}^*$. 已知 $a_1=1$，$a_2=\dfrac{3}{2}$，$a_3=\dfrac{5}{4}$，且当 $n \geqslant 2$ 时，$4S_{n+2}+5S_n=8S_{n+1}+S_{n-1}$. （1）求 a_4 的值；（2）证明：$\left\{a_{n+1}-\dfrac{1}{2}a_n\right\}$ 为等比数列.

解析 第（1）问的解答略.

（2）由 $4S_{n+2}+5S_n=8S_{n+1}+S_{n-1}$ $(n \geqslant 2)$，得

$4S_{n+2}-4S_{n+1}+S_n-S_{n-1}=4S_{n+1}-4S_n$，

即 $4a_{n+2}+a_n=4a_{n+1}$ $(n \geqslant 2)$.

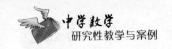

因 $4a_3 + a_1 = 4 \times \dfrac{3}{2} = 6 = 4a_2$,

所以 $4a_{n+2} + a_n = 4a_{n+1}$.

设 $a_{n+2} + sa_{n+1} = t(a_{n+1} + sa_n)$,

即 $t - s = 1$, $t \cdot s = -\dfrac{1}{4}$,

解出 $s = -\dfrac{1}{2}$, $t = \dfrac{1}{2}$.

因此 $a_{n+2} - \dfrac{1}{2}a_{n+1} = \dfrac{1}{2}\left(a_{n+1} - \dfrac{1}{2}a_n\right)$,

故 $\left\{a_{n+1} - \dfrac{1}{2}a_n\right\}$ 是首项为 $a_2 - \dfrac{1}{2}a_1 = 1$, 公比为 $\dfrac{1}{2}$ 的等比数列.

例 12 (2013 年 "北约") 数列 $\{a_n\}$ 中, $a_1 = 1$, S_n 是前 n 项和, $S_{n+1} = 4a_n + 2$, 则 a_{2013} 的值为 (   ).

A. 3019×2^{2012} B. 3019×2^{2013}

C. 3018×2^{2012} D. 无法确定

解析 由 $S_{n+1} = 4a_n + 2$, 知 $S_n = 4a_{n-1} + 2$ $(n \geqslant 2)$,

两式相减可得 $a_{n+1} = 4a_n - 4a_{n-1}$, 化为类型四.

可解得 $s = -2$, $t = 2$.

故 $\{a_{n+1} - 2a_n\}$ 是首项为 $a_2 - 2a_1 = 3$, 公比为 2 的等比数列.

所以 $a_{n+1} = 2a_n + 3 \times 2^{n-1}$, 此时又是类型三的推广 2.

两端同除以 2^{n+1}, 化简得 $\dfrac{a_{n+1}}{2^{n+1}} - \dfrac{a_n}{2^n} = \dfrac{3}{4}$, 回到类型一.

$\left\{\dfrac{a_n}{2^n}\right\}$ 是首项为 $\dfrac{1}{2}$, 公差为 $\dfrac{3}{4}$ 的等差数列,

故 $\dfrac{a_n}{2^n} = \dfrac{1}{2} + \dfrac{3}{4} \cdot (n-1)$, 整理得 $a_n = (3n-1) \times 2^{n-2}$,

所以 $a_{2013} = 3019 \times 2^{2012}$. 选 A.

该题型在 2011 年 "卓越联盟"、2012 年复旦、2009 年华南理工的自主招生试题中出现过, 学生若熟练掌握该题型, 会节约不少

时间.

类型五：$a_{n+1} = \dfrac{Ca_n + D}{Aa_n + B}(*)$，其中 $B \neq \dfrac{D}{C}$

方法　不动点法.

称 $\lambda = \dfrac{C\lambda + D}{A\lambda + B}$ 的根为数列的不动点.

化为 $A\lambda^2 + (B-C)\lambda - D = 0$ 方程.

若方程的根为 λ_1 和 λ_2，则 $\left\{\dfrac{a_n - \lambda_1}{a_n - \lambda_2}\right\}$ 为等比数列；

若方程的根为 $\lambda_1 = \lambda_2 = \lambda$，则 $\left\{\dfrac{1}{a_n - \lambda}\right\}$ 为等差数列.

再反解出 a_n，a_{n+1}，消去 a_n，a_{n+1}，得 $f(b_n, b_{n+1}) = 0$，求出 $\{b_n\}$，最后求出 $\{a_n\}$.

这种类型在竞赛题中经常出现.

例 13　（2014 年新课标 Ⅱ 文 16）数列 $\{a_n\}$ 满足 $a_{n+1} = \dfrac{1}{1 - a_n}$，$a_2 = 0$，则 $a_1 = $ _____.

2014 年新课标 Ⅱ 文科填空题第 16 题，若该题为求 $\{a_n\}$，即为此类型. 2008 年的全国卷中已知 $a_1 = 1$，$a_{n+1} = \dfrac{1}{2 - a_n}$，求 $\{a_n\}$，以及 2007 年四川卷文科压轴题都考过.

类型六：含 S_n 与 a_n 的递推式 $S_n = f(a_n)$

方法　可由 $S_n = f(a_n)$，得 $S_{n-1} = f(a_{n-1})$.

根据 $S_n - S_{n-1} = a_n(n \geq 2)$，可得 $a_n = f(a_n) - f(a_{n-1})$，下略.

例 14　（2015 年全国 Ⅰ 理）S_n 为数列 $\{a_n\}$ 的前 n 项和. 已知 $a_n > 0$，$a_n^2 + 2a_n = 4S_n + 3$. 求 $\{a_n\}$ 的通项公式.

解析　由 $a_n^2 + 2a_n = 4S_n + 3$，可知 $a_{n+1}^2 + 2a_{n+1} = 4S_{n+1} + 3$.

两式相减，得 $a_{n+1}^2 - a_n^2 + 2(a_{n+1} - a_n) = 4a_{n+1}$.

即 $2(a_{n+1} + a_n) = a_{n+1}^2 - a_n^2 = (a_{n+1} + a_n)(a_{n+1} - a_n)$.

由 $a_n > 0$，得 $a_{n+1} - a_n = 2$.

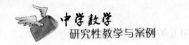

又 $a_1^2 + 2a_1 = 4a_1 + 3$，解得 $a_1 = -1$（舍去）或 $a_1 = 3$.

所以 $\{a_n\}$ 是首项为 3，公差为 2 的等差数列，通项公式为 $a_n = 2n + 1$.

例 15 （2015 年四川理）设数列 $\{a_n\}$（$n = 1$，2，3，…）的前 n 项和为 S_n，满足 $S_n = 2a_n - a_1$，且 a_1，$a_2 + 1$，a_3 成等差数列. 求数列 $\{a_n\}$ 的通项公式.

解析 由 $S_n = 2a_n - a_1$，有 $a_n = S_n - S_{n-1} = 2a_n - 2a_{n-1}$（$n \geqslant 2$），即 $a_n = 2a_{n-1}$（$n \geqslant 2$），$q = 2$，而 $a_2 = 2a_1$，$a_3 = 4a_1$.

结合题意得，$a_1 + a_3 = 2(a_2 + 1)$，解得 $a_1 = 2$. 所以 $a_n = 2^n$.

2015 年湖南卷文科 19 题、2013 年新课标 1 填空 14 题，2013 年江西 17 题、2013 年广东卷理科 19 题、2013 年湖南卷文科 19 题、2013 年湖南理科 15 题均是该类型题目.

思考与研究：
对本案例中的一些类型，配备相应的高考题.

案例 27 由椭圆中点弦问题引发的研究性学习①

大家普遍认为，实施数学研究性学习的困难主要在于缺乏优秀的研究性学习案例，对此，我们在四川省名师送教下乡活动中组织（主持）了一堂高三数学研究性学习观摩课，在课后讨论与评课中得到了数百位听课教师的高度评价. 下面将这节课的实录与部分点评介绍给大家.

一、提出问题

过点 $A(2, 1)$ 作一条直线 l 交椭圆 $\dfrac{x^2}{16}+\dfrac{y^2}{9}=1$ 于点 P_1，P_2，若点 A 恰为弦 P_1P_2 的中点，求直线 l 的方程.

说明：很多听课教师认为，此问题很平常、很平淡，大家都讲过，很多学生都会做，因此，很多听课教师在上课的前 10 分钟内认为这个问题没有研究价值.

教师提出问题后，先让学生做 3 分钟左右，然后请学生讲解题思路.

二、学生讲解题思路

生 1：用点斜式方程.

设直线 l 的方程为 $y-1=k(x-2)$，再代入椭圆方程，得

$$9x^2+16[k(x-2)+1]^2=144,$$

化简整理，得 $(9+16k^2)x^2+32k(-2k+1)x-144=0.$

---

① 本案例作者：赵思林，李正泉（内江市第一中学）. 李正泉是四川省省级名师.
致谢：感谢李秀萍的帮助.

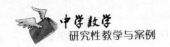
设 $P_1(x_1, y_1)$, $P_2(x_2, y_2)$, 则 $x_1 + x_2 = 4$.

由韦达定理, 得 $-\dfrac{32(-2k^2+k)}{9+16k^2} = 4$, 解得 $k = -\dfrac{9}{8}$.

所以直线 l 的方程为 $y - 1 = -\dfrac{9}{8}(x - 2)$.

师: 此解法严谨吗?

点评: 此解法是学生普遍采用的方法, 很多学生甚至部分教师都不考虑直线 l 的设法需要分类讨论, 也不考虑直线 l 的存在性问题. 这个追问抓住了解答这种问题的两个常见的逻辑错误. 因此, 老师的追问非常好. 追问的实质是弄清为什么, 是在"究"逻辑错误的原因.

生 2: 要考虑斜率是否存在, 这里需要分情况讨论.

师: 对. 讨论了斜率是否存在, 就严谨吗?

点评: 老师的问题, 很多学生似乎不明白. 因此, 老师接着讲.

师: 这里有两个逻辑问题.

一是直线 l 的方程可设为 $y - 1 = k(x - 2)$, 或 $x = 2$ (斜率不存在时的情况). 反例: 若将 $A(2, 1)$ 改为 $A(2, 0)$, 此解法就不行了, 因为 $x = 2$ 刚好为所求直线.

二是需要检验 $\Delta > 0$. 反例: 若将 $A(2,$ 1) 改为 $A(5, 3)$ (如图 1), 此时仍然可求出 $k = -\dfrac{15}{16}$, 但此时必有 $\Delta < 0$, 即在椭圆上找不到两点 P_1, P_2 关于 $A(5, 3)$ 对称 (如图 1), 显然此时直线 l 不存在.

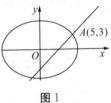

图 1

点评: 教师用反例来说明两个逻辑错误, 对学生真正认知这两个逻辑错误是有益的.

师: 这类问题的解答, 必须检验直线 l 的存在性. 还有没有其他检验方法呢?

生 2: 有. 还可以判断点 $A(2, 1)$ 是否在椭圆内, 如果点 A 在椭圆内, 就不用检验 $\Delta > 0$ 了.

点评：教师强调检验直线 l 的存在性，对学生来说是很必要的.

师：下面再请一些同学说说这个问题的其他解法.

生 3：用斜截式方程. 设 $y = kx + b$，下面的解法与法 1 类似.

师：那么，剩下的步骤我们就从略了. 还有其他的解法吗？

生 4：有，可以用点差法.

设 $P_1(x_1, y_1)$，$P_2(x_2, y_2)$，则

$$\frac{x_1^2}{16} + \frac{y_1^2}{9} = 1, \qquad\qquad ①$$

$$\frac{x_2^2}{16} + \frac{y_2^2}{9} = 1. \qquad\qquad ②$$

由①－②，得

$$\frac{(x_1 + x_2)(x_1 - x_2)}{16} + \frac{(y_1 + y_2)(y_1 - y_2)}{9} = 0.$$

易知，$x_1 + x_2 = 4$，$y_1 + y_2 = 2$.

所以 $\dfrac{4(x_1 - x_2)}{16} + \dfrac{2(y_1 - y_2)}{9} = 0$.

当 $x_1 \neq x_2$ 时，$k_l = \dfrac{y_1 - y_2}{x_1 - x_2} = -\dfrac{9}{8}$，

所以直线 l 的方程为 $y - 1 = -\dfrac{9}{8}(x - 2)$.

师：做完了吗？

生 4：最后还需检验.

点评：同学们普遍认知了检验直线 l 存在的必要性.

师：怎么检验？

生 4：计算判别式 Δ 是否大于 0.

师：还有其他检验方法吗？

生 5：有. 也可以检验点 A 是否在椭圆内.

点评：到此，学生能够合乎逻辑地解答这类问题了. 许多老师讲到这儿都会"圆满"结束. 本课讲到这里才只是拉开了探究的序幕. 下面先对点差法进行优化，然后作进一步探究.

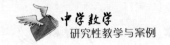

三、对点差法的优化

师：在点差法中，我们共设了 4 个元，即 x_1，y_1，x_2，y_2，可以减少设元吗？这就得到问题 1.

问题 1：在点差法中，点 P_1，P_2 的坐标共设了 4 个元，可以减少设元吗？

点评：问题 1 是想引出更本质、更简单的方法，为深入研究这类问题起到承上启下的作用.

生 6：可以. 设 $P_1(x_1，y_1)$，则用中点公式可得 $P_2(4-x_1，2-y_1)$，因此有

$$\frac{x_1^2}{16}+\frac{y_1^2}{9}=1, \quad\quad ①$$

$$\frac{(4-x_1)^2}{16}+\frac{(2-y_1)^2}{9}=1. \quad\quad ③$$

由①－③，得

$$\frac{8x_1-16}{16}+\frac{4y_1-4}{9}=0,$$

化简即得

$$\frac{x_1-2}{8}+\frac{y_1-1}{9}=0. \quad\quad ④$$

师：同学们看看，法 1 中直线 l 的方程可不可以变成④的模样（形式）？

学生在草稿本上演算.

生 7：可以. 法 1 中直线 l 的方程可变为

$$\frac{x-2}{8}+\frac{y-1}{9}=0. \quad\quad ⑤$$

师：由④⑤知，点 $P_1(x_1，y_1)$ 在直线 $l：\dfrac{x-2}{8}+\dfrac{y-1}{9}=0$ 上. 同理，点 P_2 也在直线 l 上. 所以直线 l 为由 $P_1(x_1，y_1)$，$P_2(x_2，y_2)$ 所决定的直线，故⑤即为所求直线 l 的方程.

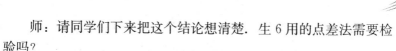

师：请同学们下来把这个结论想清楚．生 6 用的点差法需要检验吗？

生（齐答）：需要．

四、进一步探究

师：数学是研究数量关系和空间形式的科学．因此，我们常常从"数"和"形"两个角度去思考和探究问题．下面我们探究生 6 用的点差法有没有什么几何意义．

师：如果将 $P_1(x_1，y_1)$ 看成椭圆上任意一点，且 $P_2(4-x_1，2-y_1)$ 为 P_1 关于 $A(2，1)$ 对称的点，那么自然可以提出问题 2．

问题 2：方程①③⑤的几何意义是什么？

点评：这个问题有较高价值，有四个作用：一是引出对称，二是复习对称的知识和方法，三是体会数形结合思想，四是欣赏对称美．

生 8：①表示一个椭圆，③也是一个椭圆．⑤是椭圆①和椭圆③的公共弦所在直线的方程．

师：生 8 讲得很准确，很好！方程③表示的椭圆的中心不在原点，可以看成是椭圆①平移后的一个椭圆（注：现行教材不要求）．

师：点 P_1 和点 P_2 有什么关系？

生 8：点 P_1 和 P_2 关于点 $A(2，1)$ 对称．

师：方程①与③表示的椭圆有什么关系？

生 9：方程①与③表示的椭圆关于点 $A(2，1)$ 对称．

教师在黑板上画出草图，如图 2．

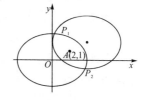

图 2

师：由图 2 知，线段 P_1P_2 为两个椭圆的公共弦．所以，①－③所得到的方程④的几何意义是：两个椭圆公共弦所在的直线方程（假设公共弦存在）．

师：数学探究经常是把一个特殊问题推广到一般情形．我们考

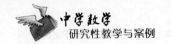

虑将最初的问题一般化,就得到问题 3.

问题 3:设 $P_0(x_0,y_0)$ 为椭圆 $\dfrac{x^2}{a^2}+\dfrac{y^2}{b^2}=1(a>b>0)$ 内的一点,过点 P_0 作直线 l 交椭圆于两点 P_1,P_2,若点 P_0 恰为 P_1P_2 的中点,求直线 l 的方程.

生 10:设 $P_1(x_1,y_1)$,$P_2(x_2,y_2)$,则

$$\frac{x_1^2}{a^2}+\frac{y_1^2}{b^2}=1, \qquad ⑥$$

$$\frac{(2x_0-x_1)^2}{a^2}+\frac{(2y_0-y_1)^2}{b^2}=1. \qquad ⑦$$

由⑥-⑦,可得

$$\frac{x_0x_1-x_0^2}{a^2}+\frac{y_0y_1-y_0^2}{b^2}=0,$$

因此,$\dfrac{x_0x-x_0^2}{a^2}+\dfrac{y_0y-y_0^2}{b^2}=0$,即 $\dfrac{x_0x}{a^2}+\dfrac{y_0y}{b^2}=\dfrac{x_0^2}{a^2}+\dfrac{y_0^2}{b^2}$,这就是直线 P_1P_2 的方程,也就是公共弦所在的直线方程.

师:需要检验吗?

生(齐答):不需要.

师:为什么?

生(齐答):因为点 $P_0(x_0,y_0)$ 在椭圆内.

师:学得好的标志是融会贯通、举一反三. 上述方法对双曲线、抛物线也适合吗? 这就得到问题 4.

问题 4:上述方法对双曲线、抛物线也适合吗?

生(齐答):适合.

点评:这里用了类比推广,达到知识迁移和举一反三的目的.

师:如果我们将点 A_0 移动到椭圆上,即点 A_0 在椭圆上,会出现什么情况?(教师边讲边画出图 3)

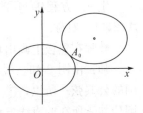

图 3

问题 5：设点 $A_0(x_0, y_0)$ 在椭圆 $\dfrac{x^2}{16} + \dfrac{y^2}{9} = 1$ 上，会出现什么情况？

师：椭圆 $\dfrac{x^2}{16} + \dfrac{y^2}{9} = 1$ 关于点 $A_0(x_0, y_0)$ 的对称椭圆是

$$\frac{(2x_0 - x)^2}{16} + \frac{(2y_0 - y)^2}{9} = 1.$$

将上面这两个方程相减，可得

$$\frac{4x_0 x - 4x_0^2}{16} + \frac{4y_0 y - 4y_0^2}{9} = 0,$$

即 $\dfrac{x_0 x}{16} + \dfrac{y_0 y}{9} = \dfrac{x_0^2}{16} + \dfrac{y_0^2}{9} = 1$，

也即 $\dfrac{x_0 x}{16} + \dfrac{y_0 y}{9} = 1$，

这就是椭圆 $\dfrac{x^2}{16} + \dfrac{y^2}{9} = 1$ 在点 $A_0(x_0, y_0)$ 处的切线方程.

定理：设点 $A_0(x_0, y_0)$ 在椭圆 $\dfrac{x^2}{a^2} + \dfrac{y^2}{b^2} = 1$ 上，则该椭圆在点 $A_0(x_0, y_0)$ 处的切线方程为 $\dfrac{x_0 x}{a^2} + \dfrac{y_0 y}{b^2} = 1$.

师：双曲线 $\dfrac{x^2}{a^2} - \dfrac{y^2}{b^2} = 1$ 在点 $A_0(x_0, y_0)$ 处的切线方程是什么？请同学课后去推导一下.

师：如果我们将点 A_0 移动到椭圆外，会出现什么情况？这就得到问题 6.

问题 6：设点 $A_0(x_0, y_0)$ 在椭圆 $\dfrac{x^2}{a^2} + \dfrac{y^2}{b^2} = 1$ 外，过点 A_0 向椭圆引两条引线，得到两个切点 T_1，T_2，证明：切点弦 $T_1 T_2$ 所在的直线方程是 $\dfrac{x_0 x}{a^2} + \dfrac{y_0 y}{b^2} = 1$.

师：问题 6 作为课外思考题.

提示：可以考虑用上述定理.

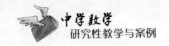

点评：总结探究路线图.

数学研究性学习的核心是探究. 总结本课，可以得到本课的探究路线图，见图 4.

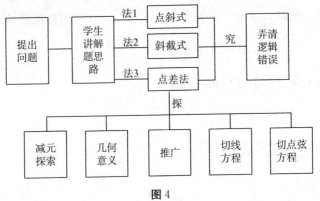

图 4

案例 28 2015 年高考数学四川卷理科 20 题研究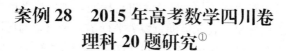

2015 年高考数学四川卷理科 20 题如下：

如图，椭圆 E：$\dfrac{x^2}{a^2}+\dfrac{y^2}{b^2}=1$ $(a>b>0)$ 的

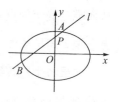

离心率是 $\dfrac{\sqrt{2}}{2}$，过点 $P(0，1)$ 的动直线 l 与椭圆相交于 A，B 两点，当直线 l 平行于 x 轴时，直线 l 被椭圆 E 截得的线段长为 $2\sqrt{2}$.

（1）求椭圆 E 的方程；

（2）在平面直角坐标系 xOy 中，是否存在与点 P 不同的定点 Q，使得 $\left|\dfrac{QA}{QB}\right|=\left|\dfrac{PA}{PB}\right|$ 恒成立？若存在，求出点 Q 的坐标；若不存在，请说明理由.

此题立意深、解法多，富含探究价值，是一道考查数学探究的好题目. 本文拟从试题的立意、试卷分析、不用韦达定理的消元法、教学启示等方面，对此题进行一番研究.

一、试题的立意

立意是试题的考查目的. 本题有考查数学探究、数形结合思想、运算能力、创新意识等意图.

（1）考查数学探究. 高考中考查数学探究对引导高中教学重视数学探究是有益的. 此题考查探究意识和探究能力的意图是比较明显的. 从试卷分析来看，探究意识强的考生做得较好，但探究意识

① 本案例作者：徐小琴，赵思林.

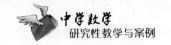

弱的考生做得很差.

如果考生对直线 l 从特殊着手进行探究，则可降低解题难度并大幅度减小运算量. 首先借助直线 l 平行于 x 轴时，与椭圆有两个交点，记为 C，D，则易知定点 Q 必在 y 轴上，这时可设点 Q 的坐标为 $(0，y_0)$，这就能大幅减少运算量. 为探求 y_0，可以再对直线 l 从特殊着手考虑，取直线 l 与 x 轴垂直时，可求得 $y_0 = 2$，从而唯一确定的点 Q 的坐标就求出来了. 接下来的工作只需对任意直线 l 满足条件 $\left|\dfrac{QA}{QB}\right| = \left|\dfrac{PA}{PB}\right|$ 进行严格的证明.

如果考生对直线 l 不从特殊情况着手进行探究，考生一般先设点 Q 的坐标为 $(m，n)$，再代入 $\left|\dfrac{QA}{QB}\right| = \left|\dfrac{PA}{PB}\right|$，得到关于定值 m，n 的一个 6 元恒等式 $\dfrac{\sqrt{(x_1 - m)^2 + (y_1 - n)^2}}{\sqrt{(x_2 - m)^2 + (y_2 - n)^2}} = \left|\dfrac{x_1}{x_2}\right|$，由于考生平常从未遇到这样复杂的恒成立问题，加之缺乏解题的策略性知识，致使很多考生做到此处而止步.

(2) 考查数形结合思想. 解析几何的核心思想是用代数的方法研究几何问题. 因此，解析几何堪称数形结合的典范. 解答此题，若借助于"形"，就容易发现解题思路，回避烦琐运算. 比如，对 $\left|\dfrac{QA}{QB}\right| = \left|\dfrac{PA}{PB}\right|$ 的认知和处理，设 A，B 的坐标分别为 $(x_1，y_1)$，$(x_2，y_2)$，若能充分重视"形"的直观性、特殊性（直线 l 平行于 x 轴、垂直于 x 轴）、对称性，就不难得到 $\left|\dfrac{PA}{PB}\right| = \left|\dfrac{x_1}{x_2}\right|$，则有 $\left|\dfrac{QA}{QB}\right| = \left|\dfrac{PA}{PB}\right|$ 等价于 $\left|\dfrac{QA}{QB}\right| = \left|\dfrac{x_1}{x_2}\right|$，剩下的问题就好办了.

(3) 考查运算能力. 解析几何是代数与几何的统一. 解析几何依赖于量的精确性，因此，运算能力一直是解析几何考查的重点. 运算能力包括运算工具的使用、算理算法的理解、运算方法的掌握、运算方案的优化、运算结果的检验等. 高考在考运算能力时还特别重视多想少算、先想后算. 对于本题，当直线 l 的斜率存在时，可设直线 l 的方程为 $y = kx + 1$，A，B 的坐标分别为 $(x_1,$ $y_1)$，(x_2, y_2). 接下来的解答中有一个很关键的步骤，就是需要证明：$\dfrac{x_1^2 + k^2 x_1^2 - 2kx_1 + 1}{x_2^2 + k^2 x_2^2 - 2kx_2 + 1} = \dfrac{x_1^2}{x_2^2}$. 这个证明可以通过敏锐的观察、巧妙的代换与消元而获得.

（4）考查创新意识. 创新能力的基础是创新意识，创新能力的核心是创造性思维，而发散思维是创造性思维的核心. 设 A，B 的坐标分别为 (x_1, y_1)，(x_2, y_2)，且 $x_1 \neq x_2$，在推出定点 Q 必在 y 轴上时，易知下列多个等价关系（用符号 k_{QA} 表示直线 QA 的斜率，点 B' 是点 B 关于 y 轴的对称点）：

$$\dfrac{|QA|}{|QB|} = \dfrac{|PA|}{|PB|} \Leftrightarrow \angle PQA = \angle PQB \Leftrightarrow k_{QA} = -k_{QB} \Leftrightarrow 三点\ Q,$$

$$A，B'\ 共线 \Leftrightarrow \dfrac{|QA|}{|QB|} = \left|\dfrac{x_1}{x_2}\right| \Leftrightarrow \cos \angle PQA = \cos \angle PQB \Leftrightarrow \dfrac{\overrightarrow{PQ} \cdot \overrightarrow{AQ}}{|\overrightarrow{AQ}|}$$

$$= \dfrac{\overrightarrow{PQ} \cdot \overrightarrow{BQ}}{|\overrightarrow{BQ}|},$$

如果考生能认知和利用这些等价关系，通过对 $\dfrac{|QA|}{|QB|} = \dfrac{|PA|}{|PB|}$ 思维的发散性，可得到多种不同的解题思路和方法，这就实现了对发散思维和创新意识的考查.

二、试卷分析

全省理科考生 30 余万人，本题满分 13 分（其中第 1 问 5 分），全省平均分为 5.04 分，满分人数为 774 人. 考生的得分主要来自第 1 问对椭圆标准方程的求解，以及第 2 问对直线与椭圆方程的联立，得出 $x_1 + x_2$ 以及 $x_1 x_2$.

第 1 问的错误可以归结为 4 种：一是对椭圆定义不清楚，误将 P 点坐标代入方程，从而得到 $\dfrac{x^2}{2} + y^2 = 1$；二是对长轴、短轴概念含糊，有考生得出了 $a = 2$，$b = \sqrt{2}$，但是椭圆坐标方程却是 $\dfrac{x^2}{2} +$

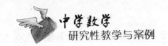

$\frac{y^2}{4}=1$；三是误将椭圆标准方程记为 $\frac{x^2}{4}+\frac{y^2}{2}=0$，或 $\frac{a^2}{4}+\frac{b^2}{2}=1$；四是将椭圆与双曲线混淆，误将关系式 $c^2=a^2+b^2$ 用于求椭圆方程。由此可见，学生对椭圆基本知识的掌握存在大量问题。

对于第 2 问，绝大多数考生没有做，做了的考生出现的主要问题有 5 种：一是不少考生不能用数形结合思想将 $\left|\frac{PA}{PB}\right|$ 转化为 $\left|\frac{x_1}{x_2}\right|$，致使后续工作难以开展；二是许多考生联立椭圆与直线方程并消元得到 x_1+x_2，x_1x_2 后，对比例关系 $\left|\frac{QA}{QB}\right|=\left|\frac{PA}{PB}\right|$ 不能进行等价转化；三是一些考生从问题直接入手设出点 $Q(m,n)$ 的坐标，再由 $\left|\frac{QA}{QB}\right|=\left|\frac{PA}{PB}\right|$ 得到关于定值 m，n 的一个 6 元恒等式 $\frac{\sqrt{(x_1-m)^2+(y_1-n)^2}}{\sqrt{(x_2-m)^2+(y_2-n)^2}}=\left|\frac{x_1}{x_2}\right|$，以下就不知道如何下手；四是部分考生从特殊情况探出了点 Q 的坐标，但未对一般情形进行严格证明；五是不少考生漏掉了斜率不存在的情况。从此题的试卷分析来看，很多考生在遇到新的数学问题情境时，缺乏数学探究能力，既不会"探"，也不会"究"。

三、不用韦达定理的消元法

下面重点介绍利用消元法对第 2 问给出几种不用韦达定理的新解法。在直线与椭圆方程联立后，可得到 $(2k^2+1)x_i^2+4kx_i-2=0$（$i=1,2$），然后通过消常数项、消一次项、同时消去一次项和常数项等方法对 $\left|\frac{QA}{QB}\right|^2=\frac{x_1^2}{x_2^2}$ 给予严格证明。

解：（1）过程从略。椭圆 E 的方程为 $\frac{x^2}{4}+\frac{y^2}{2}=1$。

（2）当直线 l 与 x 轴平行时，设直线 l 与椭圆相交于 C，D

两点.

若存在定点 Q 满足条件, 则 $\dfrac{|QC|}{|QD|}=\dfrac{|PC|}{|PD|}=1$, 即 $|QC|=|QD|$. 所以点 Q 在 CD 的中垂线上, 即在 y 轴上, 设 Q 点的坐标为 $(0, y_0)$.

当直线 l 与 x 轴垂直时, 设直线 l 与椭圆相交于 M, N 两点, 则 M, N 的坐标分别为 $(0, \sqrt{2})$, $(0, -\sqrt{2})$.

由 $\dfrac{|QM|}{|QN|}=\dfrac{|PM|}{|PN|}$, 有 $\dfrac{|y_0-\sqrt{2}|}{|y_0+\sqrt{2}|}=\dfrac{|\sqrt{2}-1|}{|\sqrt{2}+1|}$, 解得 $y_0=1$, 或 $y_0=2$.

所以, 若存在不同于点 P 的定点 Q 满足条件, 则 Q 点坐标只可能为 $(0, 2)$.

下面证明: 对任意直线 l, 均有 $\dfrac{|QA|}{|QB|}=\dfrac{|PC|}{|PD|}$.

当直线 l 的斜率不存在时, 由上可知, 结论成立.

当直线 l 的斜率存在时, 可设直线 l 的方程为 $y=kx+1$, A, B 的坐标分别为 (x_1, y_1), (x_2, y_2). 联立 $\begin{cases} \dfrac{x^2}{4}+\dfrac{y^2}{2}=1, \\ y=kx+1, \end{cases}$ 消元并整理, 得

$$(2k^2+1)x^2+4kx-2=0. \qquad ①$$

由于

$$\dfrac{|QA|^2}{|QB|^2}=\dfrac{x_1^2+(y_1-2)^2}{x_2^2+(y_2-2)^2}=\dfrac{(1+k^2)x_1^2-2kx_1+1}{(1+k^2)x_2^2-2kx_2+1}. \qquad ②$$

由①知, $(2k^2+1)x_i^2+4kx_i-2=0$ $(i=1, 2)$, 下面通过消常数项、消一次项、同时消去一次项和常数项等方法对 $\dfrac{|QA|^2}{|QB|^2}=\dfrac{x_1^2}{x_2^2}$ 给予证明.

法一: 对②消去常数项

由①可得, $1=(k^2+\dfrac{1}{2})x_i^2+2kx_i$ $(i=1, 2)$, 代入②得

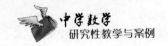

$$\frac{|QA|^2}{|QB|^2} = \frac{(1+k^2)x_1^2 - 2kx_1 + (k^2 + \frac{1}{2})x_1^2 + 2kx_1}{(1+k^2)x_2^2 - 2kx_2 + (k^2 + \frac{1}{2})x_2^2 + 2kx_2}$$

$$= \frac{(\frac{3}{2} + 2k^2)x_1^2}{(\frac{3}{2} + 2k^2)x_2^2} = \frac{x_1^2}{x_2^2}.$$

又 $\dfrac{|PA|^2}{|PB|^2} = \dfrac{x_1^2}{x_2^2}$，所以 $\dfrac{|QA|^2}{|QB|^2} = \dfrac{|PA|^2}{|PB|^2}$，即 $\dfrac{|QA|}{|QB|} = \dfrac{|PA|}{|PB|}$.

故存在与点 P 不同的定点 $Q(0, 2)$，使得 $\dfrac{|QA|}{|QB|} = \dfrac{|PA|}{|PB|}$ 恒

成立.

法二：对②消去一次项

由①得 $2kx_i = 1 - (k^2 + \frac{1}{2})x_i^2$ $(i = 1, 2)$，代入②式得

$$\frac{|QA|^2}{|QB|^2} = \frac{(1+k^2)x_1^2 - 1 + (k^2 + \frac{1}{2})x_1^2 + 1}{(1+k^2)x_2^2 - 1 + (k^2 + \frac{1}{2})x_2^2 + 1} = \frac{x_1^2}{x_2^2}.$$

（以下同法一）

法三：对②同时消去一次项和常数项

利用 $-2kx_i + 1 = (k^2 + \frac{1}{2})x_i^2$ $(i = 1, 2)$，得

$$\frac{|QA|^2}{|QB|^2} = \frac{(2k^2 + 1)x_1^2 + (k^2 + \frac{1}{2})x_1^2}{(2k^2 + 1)x_2^2 + (k^2 + \frac{1}{2})x_2^2} = \frac{x_1^2}{x_2^2}.$$

（以下同法一）

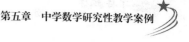

四、教学启示

（一）消除数学探究的神秘性

探究是人类的自然禀赋．从汉字的字义来看，"探"的本义是"试图发现（隐藏的事物或情况）"，"究"的本义是"仔细推究；追查"．由此可知，"探"是一个过程，包括发现解题思路、发现问题结论、提出命题猜想、知道是什么等过程；"究"也是一个过程，包括弄清事物本质、追查问题原因、严格逻辑证明、弄清为什么等过程．据《辞海》（1999 年版）的解释，"探究"是指"深入探讨，反复研究"，"研究"是指"用科学的方法探求事物的本质和规律"．教育部 2003 年颁布的《普通高中数学课程标准（实验稿）》中指出："数学探究即数学探究性课题学习，是指学生围绕某个数学问题，自主探究、学习的过程．"对于本题，先考虑直线 l 与 x 轴平行时，得到定点 Q 必在 y 轴上，然后设点 Q 为（0，y_0），再取直线 l 与 x 轴垂直，求出 $y_0 = 2$，这个过程就是"探"．"探"出结论后，证明 $\left|\dfrac{QA}{QB}\right| = \left|\dfrac{PC}{PD}\right|$ 对直线 l 的一般情形也成立，这个过程就是"究"．由此可以狭义地定义：数学探究 ＝ "探" ＋ "究"．这样狭义地认识数学探究，就可消除数学探究的神秘性．

（二）大力提倡数学探究

问题是数学的心脏，探究是解决新颖问题的基本策略．心理学研究表明，情境产生问题，问题引发探究，探究激发创新思维，创新思维生成缄默知识．缄默知识的生成离不开问题意识的生成和数学探究的训练．关于数学问题的教学，应重视数学问题意识的生成和问题的解决，包括问题的发现、提出、分析、假设、简化、优化、建模、解决、评价、推广、总结等．数学探究教学应注意以下几方面：①选好问题．这是因为好问题能够启迪学生思维，激发学

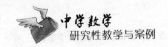
生的探究意识. ②问题的难度要适中. ③选好探究的视角. ④重视学生的自主探究. 自主探究应包括探求问题的条件或问题的结论, 探讨诸条件之间的逻辑关系, 探寻问题解决的思路, 探索数学现象的内在规律等.[①] 以本题来说, 这是一个优秀的数学探究性问题, 其难度适中, 可以从试题的立意、试卷的分析、解题思路探索、运算的技能技巧、数学思想方法的运用、问题的推广（如推广到任意的椭圆、推广到三维空间等）等角度进行探究, 本题适合放在高三第二轮复习, 可作为一个探究性学习的案例.

---

① 赵思林. 感受的心理过程对数学教学的启示 [J]. 数学教育学报, 2011, 20 (3): 7-11.

案例 29 一道解析几何试题的研究性学习[①]

所谓研究性教学，是指教师在精心设计问题的基础上，以类似于数学研究的方式和方法，指导学生对问题进行多角度地分析与探索，通过主动学习新知识来解决问题，从而培养学生的创新意识和探究能力，提高学生综合素质的一种教学模式. 研究性教学对激活数学思维、生成问题意识、发展创新意识、训练探究能力、提高综合素质无疑是有益的. 数学研究性教学一般可按照"课前准备—课堂探究—课后延伸"的步骤进行，其中课前准备包括布置任务、熟悉问题、阅读文献、初步思考，课堂探究包括探究思路、互动交流、生成问题、解决问题，课后延伸包括深化思维、拓展问题、优化方法、总结成果. 下面对一个解析几何问题仅从"课堂探究"的角度作一些介绍.

一、研究性问题的提出

原问题：设圆满足：（Ⅰ）截 y 轴所得弦长为 2；（Ⅱ）被 x 轴分成两段圆弧，其弧长的比为 $3:1$. 在满足条件（Ⅰ）、（Ⅱ）的所有圆中，求圆心到直线 $l: x-2y=0$ 的距离最小的圆的方程.

分析：设所求圆的圆心为 $P(a, b)$，半径为 r，则有 $r^2 = 2b^2$，且 $r^2 = a^2 + 1$. 从而有 $2b^2 - a^2 = 1$. 点 $P(a, b)$ 到直线 $x-2y=0$ 的距离为 $d = \dfrac{|a-2b|}{\sqrt{5}}$.

从而，问题归结为求 $d = \dfrac{|a-2b|}{\sqrt{5}}$ 在条件 $2b^2 - a^2 = 1$ 下的最小值.

---

① 本案例作者：赵思林，彭家寅.

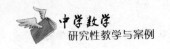

研究性问题：设 $2b^2-a^2=1$，求 $d=\dfrac{|a-2b|}{\sqrt{5}}$ 的最小值.

这个研究性问题，含有高等数学背景，其求解方法很多，可用初中的判别式法，高一的三角函数法，高二的基本不等式法、解析法、斜率法，高三的导数法等. 其思路广阔，方法灵活，极富思维价值，是研究性教学的好问题.

二、解题思路的多角度探究

思路探究一：着眼于对绝对值 $|a-2b|$ 的处理，有下面几条思路.

思路1：用分类讨论法去绝对值，即 $|a-2b|=\pm(a-2b)$，看起来较繁.

思路2：用平方法去绝对值，即 $5d^2=(a-2b)^2=a^2-4ab+4b^2$.

思路3：先考虑求绝对值里面的式子的范围，即令 $a-2b=u$，先求 u 的范围.

思路4：用绝对值的几何意义，即将 $|a-2b|$ 看成 a 与 $2b$ 两点间的距离，似难奏效.

对于思路1，可用判别式法.

法1：由 $a-2b=\pm\sqrt{5}d$，得 $a=2b\pm\sqrt{5}d$，从而 $2b^2\pm4\sqrt{5}db+5d^2+1=0$，$\Delta=(\pm4\sqrt{5}d)^2-8(5d^2+1)\geqslant0$，$5d^2\geqslant1$，故 $d_{\min}=\dfrac{\sqrt{5}}{5}$.

点评：用初中的判别式法其实不涉及分类讨论，这与思路1的"看起来较繁"相悖. 法1具有一定的普适性.

对于思路2，可考虑用消元法、基本不等式法等.

法2：由 $a^2=2b^2-1$，$a=\pm\sqrt{2b^2-1}$. 考虑消元，可得 $5d^2=6b^2\mp4\sqrt{2b^2-1}\cdot b-1$.

构造两个函数 $f(b)=6b^2+4\sqrt{2b^2-1}\cdot b-1$，$g(b)=6b^2-4\sqrt{2b^2-1}\cdot b-1$．用求导法、换元法等可做下去，但都很繁．

法 3：考虑用基本不等式 $2ab\leqslant a^2+b^2$．

因为 $5d^2\geqslant a^2-2a^2-2b^2+4b^2=2b^2-a^2=1$，所以 $d_{\min}=\dfrac{\sqrt{5}}{5}$．

法 3 是否具有一般性呢？

生成性问题 1：设 $2b^2-a^2=1$，求 $p=a^2-4ab+5b^2$ 的最小值．

仿照法 3 有 $p\geqslant 3b^2-a^2=b^2+1$，但不能奏效．

法 4：经过探究发现，利用基本不等式的参数形式 $2ab\leqslant\lambda a^2+\dfrac{1}{\lambda}b^2$ $(\lambda>0)$，能奏效．事实上，$p\geqslant a^2-2\left(\lambda a^2+\dfrac{1}{\lambda}b^2\right)+5b^2=\left(5-\dfrac{2}{\lambda}\right)b^2-(2\lambda-1)a^2$．

令 $\dfrac{5-\dfrac{2}{\lambda}}{2\lambda-1}=2$，且 $2\lambda-1>0$，解得 $\lambda=\dfrac{7+\sqrt{17}}{8}$．

$$p\geqslant(2\lambda-1)\cdot(2b^2-a^2)=2\lambda-1=\dfrac{3+\sqrt{17}}{4}．$$

$$p_{\min}=\dfrac{3+\sqrt{17}}{4}．$$

点评：法 4 是一个新工具，具有普适性．此时，用法 1 就比较困难了．

对于思路 3，可用消元法和判别式法．

法 5：$\begin{cases} a-2b=u, \\ 2b^2-a^2=1. \end{cases}$ 接着可用消元法和判别式法做下去，以下从略．

思路探究二：着眼于条件 $2b^2-a^2=1$ 的变化，有下面几条思路．

思路 5：利用 $\sin^2\theta+\cos^2\theta=1$．

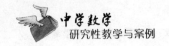

显然 $b \neq 0$，$\left(\dfrac{a}{\sqrt{2}\,b}\right)^2 + \left(\dfrac{1}{\sqrt{2}\,b}\right)^2 = 1$. 令 $\dfrac{a}{\sqrt{2}\,b} = \sin\theta$，$\dfrac{1}{\sqrt{2}\,b} = \cos\theta$，则

$$d = \frac{1}{\sqrt{5}}\,|a-2b| = \frac{1}{\sqrt{5}} \cdot \frac{|\sqrt{2}-\sin\theta|}{|\cos\theta|}.$$

记 $m = \dfrac{\sqrt{2}-\sin\theta}{\cos\theta}$. 下面求 m 的范围.

法 6：利用公式 $a\sin x + b\cos x = \sqrt{a^2+b^2}\,\sin(x+\varphi)$.

因为 $m\cos\theta + \sin\theta = \sqrt{2}$，所以 $\sqrt{m^2+1} \cdot \sin(\theta+\varphi) = \sqrt{2}$，因此 $\sqrt{m^2+1} \geqslant \sqrt{2}$，$|m| \geqslant 1$，故 $d = \dfrac{1}{\sqrt{5}}\,|m| \geqslant \dfrac{\sqrt{5}}{5}$.

法 7：构造直线的斜率.

令 $m = -\dfrac{\sin\theta-\sqrt{2}}{\cos\theta-0} = k_{AM}$，其中 $A(0,\sqrt{2})$，$M(\cos\theta,\ \sin\theta)$.

将 m 看成是点 $A(0,\sqrt{2})$ 与圆 $x^2+y^2=1$ 上的点 M 连线的斜率，易得 $|k_{AM}| \geqslant 1$. 故 $m_{\min}=1$.

法 8：利用柯西不等式 $(a_1b_1+a_2b_2)^2 \leqslant (a_1^2+a_2^2)(b_1^2+b_2^2)$.

由法 6，有 $(m\cos\theta+\sin\theta)^2 \leqslant (m^2+1^2)(\cos^2\theta+\sin^2\theta)$，得 $2 \leqslant m^2+1$，故 $m_{\min}=1$.

法 9：$\sqrt{2} \geqslant \sqrt{1+|\sin 2\alpha|} = \sqrt{1+2|\sin\alpha\cos\alpha|} = |\sin\alpha| + |\cos\alpha| \geqslant \sin\alpha + |\cos\alpha|$.

$$d = \frac{1}{\sqrt{5}} \cdot \frac{\sqrt{2}-\sin\alpha}{|\cos\alpha|} \geqslant \frac{1}{\sqrt{5}} \cdot \frac{\sin\alpha+|\cos\alpha|-\sin\alpha}{|\cos\alpha|} = \frac{1}{\sqrt{5}}.$$

法 10：对 $\sqrt{2}$ 的放缩也可用柯西不等式.

$$\sqrt{2} = \sqrt{(1^2+1^2)(\sin^2\alpha+|\cos\alpha|^2)} \geqslant \sqrt{(1\cdot\sin\alpha+1\cdot|\cos\alpha|)^2} \geqslant \sin\alpha + |\cos\alpha|,$$

以下同法 9.（注：将 1 写成 $1 = \sin^2\alpha + |\cos\alpha|^2$，以前从未见过，很有意思！）

对 $\sqrt{2}$ 可否推广呢？

生成性问题 2：设 $c > 1$，求 $f = \dfrac{c - \sin\alpha}{|\cos\alpha|}$ 的最小值.

法 11：用法 9 难奏效，但可用法 10.

$$c = \sqrt{\left[1^2 + (\sqrt{c^2 - 1})^2\right](\sin^2\alpha + |\cos\alpha|^2)}$$

$$\geqslant \sqrt{(1 \cdot \sin\alpha + \sqrt{c^2 - 1} \cdot |\cos\alpha|)^2}$$

$$\geqslant \sin\alpha + \sqrt{c^2 - 1}\,|\cos\alpha|,$$

所以 $f_{\min} = \sqrt{c^2 - 1}$.

思路探究三：采用解析法. 将 $2b^2 - a^2 = 1$ 看成双曲线，要想使双曲线上的点即圆心 $P(a，b)$ 到直线 $l：x - 2y = 0$ 的距离最小，作双曲线的切线 l' 与 l 平行，则两平行直线 l' 与 l 的距离即为 d 的最小值.

法 12：设 $l'：a - 2b = w$，则有 $2b^2 + 4wb + w^2 + 1 = 0$，令 $\Delta = 8(w^2 - 1) = 0$，$|w| = 1$，故 $d_{\min} = \dfrac{|0 - w|}{\sqrt{1^2 + 2^2}} = \dfrac{\sqrt{5}}{5}$.

思路探究四：对研究性问题中 $a，b$ 的符号可否简化呢？若能简化，既可将法 2 救活，又可将上面多处涉及 $a，b$ 的符号问题予以简化，何乐而不为呢？

法 13：因 $|a - 2b| \leqslant |a| + |2b|$，且当 $ab \leqslant 0$ 时，恒有 $|a - 2b| = |a| + |2b|$，要使 $d = \dfrac{|a - 2b|}{\sqrt{5}}$ 最小，故只需考虑 $ab \geqslant 0$. 又注意到 $2b^2 - a^2 = 1$，所以可先考虑 $a \geqslant 0$，$b > 0$ 的情形，从而由 $2b^2 - a^2 = 1$ 解得 $a = \sqrt{2b^2 - 1}$（$b > 0$）. 记 $l = a - 2b = \sqrt{2b^2 - 1} - 2b$，其中 $b > 0$. 这样就将含有绝对值的二元函数的最值问题，转化为不含绝对值的一元函数的最值问题了.

生成性问题 3：设 $b > 0$，求 $l = \sqrt{2b^2 - 1} - 2b$ 的最值.

生成性问题 4：上面的各种方法中，哪些是通性通法？总结求条件最值的初等方法.

三、总结

通过上述研究性问题的思路探究，可以巩固从初中二年级到大学一年级有关代数、三角、解析几何、微积分等基础知识；可以用到函数与方程、化归与转化、数形结合、分类讨论等数学思想，可以用到待定系数法、判别式法、换元法、不等式法、斜率法、解析法、导数法等数学基本方法；对训练数学思维的灵活性、发散性和创造性是有益的；对消除研究性教学的神秘感，激活数学思维，生成数学问题，发现新的解题方法等也是有益的.

心理学的研究表明，总结是开发元认知的重要方法. 因此，总结是研究性教学不可缺少的重要环节. 总结是对知识的整理、方法的归纳、观点的提炼、思想的升华、重点的强化.[①] 对于研究的成果与体验，应让学生予以归纳和整理、总结与反思，研究成果的总结形式是多样的，可以是写心得体会、总结报告、小论文等，也可以是成果发布.

---

① 吴立宝，赵思林. 高师初等数学研究性教学的"四点一心"模式 [J]. 教育探索，2009（3）：55-56.

案例 30 高中数学涉及的几个重要不等式[①]

高中数学涉及 10 个重要不等式，列举如下.

1. $a^2 \geqslant 0 \ (a \in \mathbf{R})$.

2. $a^2 + b^2 \geqslant 2ab$.

二元均值不等式：$a + b \geqslant 2\sqrt{ab}$，$a$，$b \geqslant 0$. ①

$\dfrac{(a+b)^2}{4} \geqslant ab$，$\dfrac{a^2+b^2}{2} \geqslant \left(\dfrac{a+b}{2}\right)^2$.

3. 三元重要不等式（高中必修课程，现不作要求）：

$a^3 + b^3 + c^3 \geqslant 3abc$，$a$，$b$，$c > 0$.

三元均值不等式（高中必修课程，现不作要求）：

$a + b + c \geqslant 3\sqrt[3]{abc}$，$a$，$b$，$c > 0$. ②

利用①证明②：

$$a + b + c = (a+b) + (c + \sqrt[3]{abc}) - \sqrt[3]{abc}$$

$$\geqslant 2\sqrt{ab} + 2\sqrt{c \cdot \sqrt[3]{abc}} - \sqrt[3]{abc}$$

$$\geqslant 4\sqrt{\sqrt{ab} \cdot \sqrt{c \cdot \sqrt[3]{abc}}} - \sqrt[3]{abc}$$

$$= 4\sqrt[3]{abc} - \sqrt[3]{abc} = 3\sqrt[3]{abc}$$

利用②也证明①：

$$a + b = a + b + \sqrt{ab} - \sqrt{ab}$$

$$\geqslant 3\sqrt[3]{ab \cdot \sqrt{ab}} - \sqrt{ab}$$

$$= 3\sqrt{ab} - \sqrt{ab}$$

$$= 2\sqrt{ab}.$$

这表明，①与②是等价的.

4. n 元均值不等式（高中选修课程，不作教学要求）：

$a_1 + a_2 + \cdots + a_n \geqslant n\sqrt[n]{a_1 \cdot a_2 \cdot \cdots \cdot a_n}$，$a_i > 0$，$i = 1$，

---

① 本案例作者：赵思林，徐小琴.

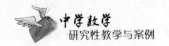

2，$\cdots$，n.

5. 绝对值不等式：

$|x|\geqslant 0$，$|x|\geqslant x$，$-|x|\leqslant x$.

$-|x|\leqslant x\leqslant|x|$，$-|y|\leqslant y\leqslant|y|$.

三角不等式（高中必修课程，现不作要求）：

$|x+y|\leqslant|x|+|y|$，当 x，y 同号时等号成立.

证明：$|x+y|=\sqrt{(x+y)^2}$

$$=\sqrt{x^2+2xy+y^2}$$

$$\leqslant\sqrt{|x|^2+2|x|\cdot|y|+|y|^2}$$

$$=|x|+|y|.$$

三角不等式是学习微积分最核心的知识基础，极为重要，应把它学好.

6. 根式不等式的放缩公式：

$$2(\sqrt{k+1}-\sqrt{k})<\frac{1}{\sqrt{k}}<2(\sqrt{k}-\sqrt{k-1})，k\geqslant 1.$$

证明：因为 $\dfrac{1}{\sqrt{k}\cdot\sqrt{k+1}}<\dfrac{1}{\sqrt{k}\cdot\sqrt{k}}<\dfrac{1}{\sqrt{k}\cdot\sqrt{k-1}}$，

所以 $(\sqrt{k+1}-\sqrt{k})<\dfrac{1}{2\sqrt{k}}<(\sqrt{k}-\sqrt{k-1})$，

即 $2(\sqrt{k+1}-\sqrt{k})<\dfrac{1}{\sqrt{k}}<2(\sqrt{k}-\sqrt{k-1})$.

7. $\sin x<x<\tan x$，$0<x<\dfrac{\pi}{2}$.

高考多次考过. 其证明可以构造几何图像完成.

此不等式是学习微积分中一个重要极限的重要基础，值得重视.

8. $\dfrac{\sin x_1+\sin x_2}{2}\leqslant\sin\dfrac{x_1+x_2}{2}$，$0\leqslant x_1$，$x_2\leqslant\pi$.

9. 柯西不等式（高中必修课程，现不作要求）：

$(a_1b_1+a_2b_2+a_3b_3)^2\leqslant(a_1^2+a_2^2+a_3^2)(b_1^2+b_2^2+b_3^2)$，$a_i$，$b_i\in$

R，$i=1$，2，3.

证明方法 1　构造函数法

设函数 $f(x)=(a_1^2+a_2^2+a_3^2)x^2-2(a_1b_1+a_2b_2+a_3b_3)x+b_1^2+b_2^2+b_3^2$，则 $f(x)=(a_1x-b_1)^2+(a_2x-b_2)^2+(a_3x-b_3)^2$.

对于任意的 a_i，$b_i\in\mathbf{R}$，$f(x)\geqslant0$ 恒成立.

判别式 $\Delta\ =4(a_1b_1+a_2b_2+a_3b_3)^2-4(a_1^2+a_2^2+a_3^3)(b_1^2+b_2^2+b_3^2)\leqslant0$.

所以 $(a_1b_1+a_2b_2+a_3b_3)^2\leqslant(a_1^2+a_2^2+a_3^2)(b_1^2+b_2^2+b_3^2)$.

证明方法 2　向量法

设向量 $\boldsymbol{m}=(a_1，a_2，a_3)$，$\boldsymbol{n}=(b_1，b_2，b_3)$.

因为 $\boldsymbol{m}\cdot\boldsymbol{n}=|\boldsymbol{m}|\cdot|\boldsymbol{n}|\cos<\boldsymbol{m}，\boldsymbol{n}>$，

所以 $(\boldsymbol{m}\cdot\boldsymbol{n})^2\leqslant|\boldsymbol{m}|^2\cdot|\boldsymbol{n}|^2$，

即 $(a_1b_1+a_2b_2+a_3b_3)^2\leqslant(a_1^2+a_2^2+a_3^2)(b_1^2+b_2^2+b_3^2)$.

柯西不等式的一个推论：

$$\frac{a_1^2}{b_1}+\frac{a_2^2}{b_2}+\frac{a_3^2}{b_3}\geqslant\frac{(a_1+a_2+a_3)^2}{b_1+b_2+b_3}，\ b_i>0，\ i=1，2，3.$$

证明：欲证原不等式成立，只需证明其等价变形形式：

$$\left(\frac{a_1^2}{b_1}+\frac{a_2^2}{b_2}+\frac{a_3^2}{b_3}\right)(b_1+b_2+b_3)\geqslant(a_1+a_2+a_3)^2.$$

因为 $\left[\dfrac{a_1^2}{(\sqrt{b_1})^2}+\dfrac{a_2^2}{(\sqrt{b_2})^2}+\dfrac{a_3^2}{(\sqrt{b_3})^2}\right][(\sqrt{b_1})^2+(\sqrt{b_2})^2+(\sqrt{b_3})^2]\geqslant(a_1+a_2+a_3)^2$.

该推论用于解决某些分式问题，极为简洁.

该推论是解国际数学竞赛题的重要工具.

10.　贝努力不等式

$(1+x)^n\geqslant1+nx$，$x>-1$，$n>1$.

其推论很多，另有案例专门研究.

思考与研究：

1.　本案例中几个不等式之间的关系.

2.　举例说明，它们的应用.

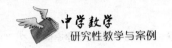
案例 31　巧用贝努利不等式及推论解竞赛题[①]

说明：本案例不适合纳入中学课堂，供中学教师或教育硕士研究生参考.

贝努利不等式具有简单的结构、深刻的内涵，在高等数学中有广泛的应用，比如利用贝努利不等式能简洁明快地证明重要极限 $\lim\limits_{n\to+\infty}(1+\dfrac{1}{n})^{n}=e$、算术－几何平均值不等式、权方和不等式，也是证明幂平均不等式的工具. 鉴于贝努利不等式在数学中的地位与作用，《普通高中数学课程标准（实验）》（以下简称《标准》）将贝努利不等式作为选修系列 4 第 5 专题"不等式选讲"中的一个重要不等式. 从对高中课改实验区的调查来看，大多数老师对选修系列 4 第 5 专题比较熟悉，愿意讲授"不等式选讲". 因此，对贝努利不等式的探究是有益的，本文重点探讨了贝努利不等式及推论在竞赛数学中的应用.

《标准》所指的贝努利不等式为

$$(1+x)^{n}\geqslant 1+nx\ (x>-1，n\ \text{为正整数}).\qquad(1)$$

当 n 为大于或等于 1 的实数时，贝努利不等式也成立.

推论 1　设 $n\in\mathbf{N}^{+}$，$n>1$，$t>0$，则有

$$t^{n}\geqslant 1+n(t-1)，\qquad(2)$$

当且仅当 $t=1$ 时，(2) 取等号.

注：当 $n=1$ 时，(2) 显然成立，当且仅当 $t=1$ 或 $n=1$ 时，(2) 取等号；当 $n>1$ 时，用导数容易证明 (2) 也成立. 因此 (2) 中的 $n\in\mathbf{N}^{+}$，$n>1$ 可推广到实数 $n\geqslant 1$.

①　赵思林. 巧用贝努利不等式及推论解竞赛题 [J]. 数学通报，2008（11）：53-54.

（2）的证明可由恒等式

$$t^n-nt+n-1=(t-1)^2\left[t^{n-2}+2t^{n-3}+3t^{n-4}+\cdots+(n-2)t+n-1\right]$$

直接推出. 易见，当且仅当 $t=1$ 时，（2）取等号，当且仅当 $x=0$ 时，（1）取等号.

在（1）中令 $x+1=t$，则（1）可变为（2）. 因此，不等式（1）与（2）是等价的. 不等式（1）与（2）都称为贝努利不等式.

推论 2 设 $a,\lambda>0$，$n\in\mathbf{N}^+$，$n>1$，则

$$a^n\geqslant n\lambda^{n-1}a-(n-1)\lambda^n, \tag{3}$$

当且仅当 $a=\lambda$ 时，（3）取等号.

证明 由（2），得

$$a^n=\lambda^n\left(\frac{a}{\lambda}\right)^n\geqslant\lambda^n\left[1+n\left(\frac{a}{\lambda}-1\right)\right]=n\lambda^{n-1}a-(n-1)\lambda^n,$$

由（2）的等号成立的条件易知，当且仅当 $a=\lambda$ 时（3）取等号.

利用贝努利不等式和上面的推论可以简捷明快地解答一些数学竞赛题，请看下面几例.

例 1　（1984 年中国联赛题的推广）设 x_1，x_2，$\cdots$，$x_n\in\mathbf{R}^+$，$k\in\mathbf{N}^+$，$k>1$，求证：

$$\frac{x_1^{k+1}}{x_2^k}+\frac{x_2^{k+1}}{x_3^k}+\cdots+\frac{x_{n-1}^{k+1}}{x_n^k}+\frac{x_n^{k+1}}{x_1^k}\geqslant x_1+x_2+\cdots+x_n.$$

证明 由（2），得

$$\frac{x_1^{k+1}}{x_2^k}+\frac{x_2^{k+1}}{x_3^k}+\cdots+\frac{x_{n-1}^{k+1}}{x_n^k}+\frac{x_n^{k+1}}{x_1^k}$$

$$=x_2\left(\frac{x_1}{x_2}\right)^{k+1}+x_3\left(\frac{x_2}{x_3}\right)^{k+1}+\cdots+x_n\left(\frac{x_{n-1}}{x_n}\right)^{k+1}+x_1\left(\frac{x_n}{x_1}\right)^{k+1}$$

$$\geqslant x_2\left[1+(k+1)\left(\frac{x_1}{x_2}-1\right)\right]+x_3\left[1+(k+1)\left(\frac{x_2}{x_3}-1\right)\right]+\cdots+$$

$$x_n\left[1+(k+1)\left(\frac{x_{n-1}}{x_n}-1\right)\right]+x_1\left[1+(k+1)\left(\frac{x_n}{x_1}-1\right)\right]$$

$$=x_1+x_2+\cdots+x_n.$$

注：当 $k=1$ 时，即为 1984 年全国联赛题.

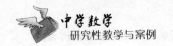
例 2 （1990 年全苏竞赛题）设 n 个正数 x_1，x_2，$\cdots$，x_n，它们的和是 1，求证：

$$\frac{x_1^2}{x_1+x_2}+\frac{x_2^2}{x_2+x_3}+\cdots+\frac{x_{n-1}^2}{x_{n-1}+x_n}+\frac{x_n^2}{x_n+x_1}\geqslant\frac{1}{2}.$$

证明　因为 x_1，x_2，$\cdots$，x_n 是正数，它们的和是 1，由（3）得

$$\frac{(2x_i)^2}{x_i+x_{i+1}}\geqslant\frac{2(x_i+x_{i+1})\cdot 2x_i-(x_i+x_{i+1})^2}{x_i+x_{i+1}}=3x_i-x_{i+1},\text{ 其}$$

中 $i=1$，2，$\cdots$，n，约定 $x_{n+1}=x_1$。

$$\sum_{i=1}^n\frac{(2x_i)^2}{x_i+x_{i+1}}\geqslant\sum_{i=1}^n(3x_i-x_{i+1})=2(x_1+x_2+\cdots+x_n)=2,$$

故 $\dfrac{x_1^2}{x_1+x_2}+\dfrac{x_2^2}{x_2+x_3}+\cdots+\dfrac{x_{n-1}^2}{x_{n-1}+x_n}+\dfrac{x_n^2}{x_n+x_1}\geqslant\dfrac{1}{2}$。

例 3 （第 26 届美国竞赛题）对任意正实数 a，b，c，求证：

$$\frac{1}{a^3+b^3+abc}+\frac{1}{b^3+c^3+abc}+\frac{1}{c^3+a^3+abc}\leqslant\frac{1}{abc}.$$

证明：由（3），得

$$a^3\geqslant 3b^2a-2b^3,$$
$$b^3\geqslant 3a^2b-2a^3.$$

将上面两式相加，并整理得

$$a^3+b^3\geqslant a^2b+ab^2,$$

从而

$$a^3+b^3+abc\geqslant a^2b+ab^2+abc,$$

所以

$$\frac{abc}{a^3+b^3+abc}\leqslant\frac{abc}{a^2b+ab^2+abc}=\frac{c}{a+b+c}.$$

同理

$$\frac{abc}{b^3+c^3+abc}\leqslant\frac{a}{a+b+c},$$

$$\frac{abc}{a^3+c^3+abc}\leqslant\frac{b}{a+b+c},$$

三式相加，有

$$\frac{abc}{a^3+b^3+abc}+\frac{abc}{b^3+c^3+abc}+\frac{abc}{a^3+c^3+abc}$$

$$\leqslant \frac{c}{a+b+c}+\frac{a}{a+b+c}+\frac{b}{a+b+c}=1,$$

所以 $\dfrac{1}{a^3+b^3+abc}+\dfrac{1}{b^3+c^3+abc}+\dfrac{1}{c^3+a^3+abc}\leqslant\dfrac{1}{abc}.$

例4　（1990 年日本 IMO 选拔题）设 x，y，$z>0$，且满足 $x+y+z=1$．求 $\dfrac{1}{x}+\dfrac{4}{y}+\dfrac{9}{z}$ 的最小值．

分析　引入正参数 λ，由（3）得

$$1=1^2\geqslant 2(\lambda x)\cdot 1-(\lambda x)^2,$$
$$4=2^2\geqslant 2(\lambda y)\cdot 2-(\lambda y)^2,$$
$$9=3^2\geqslant 2(\lambda z)\cdot 3-(\lambda z)^2,$$

上面三式取等号的条件分别为 $1=\lambda x$，$2=\lambda y$，$3=\lambda z$．又 $x+y+z=1$，所以取 $\lambda=6$．

解　由（3），得

$$\frac{1}{x}+\frac{4}{y}+\frac{9}{z}\geqslant\frac{2(6x)\cdot 1-(6x)^2}{x}+\frac{2(6y)\cdot 2-(6y)^2}{y}+$$

$$\frac{2(6z)\cdot 3-(6z)^2}{z}=36,$$

所以当 $x=\dfrac{1}{6}$，$y=\dfrac{1}{3}$，$z=\dfrac{1}{2}$ 时，$\dfrac{1}{x}+\dfrac{4}{y}+\dfrac{9}{z}$ 取最小值 36．

例5　（第 30 届 IMO 预选题）设 a_1，a_2，$\cdots$，a_n 都是正数 $(n\geqslant 2)$，$k\geqslant 1$，求证：

$$\left(\frac{a_1}{a_2+\cdots+a_n}\right)^k+\left(\frac{a_2}{a_3+\cdots+a_n+a_1}\right)^k+\cdots+\left(\frac{a_n}{a_1+\cdots+a_{n-1}}\right)^k$$

$$\geqslant\frac{n}{(n-1)^k}.$$

证明　记 $s=a_1+a_2+\cdots+a_n$，则原不等式等价于

$$\left[\frac{(n-1)a_1}{s-a_1}\right]^k+\left[\frac{(n-1)a_2}{s-a_2}\right]^k+\cdots+\left[\frac{(n-1)a_n}{s-a_n}\right]^k\geqslant n.$$

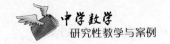
由（2），得

$$\left[\frac{(n-1)a_1}{s-a_1}\right]^k+\left[\frac{(n-1)a_2}{s-a_2}\right]^k+\cdots+\left[\frac{(n-1)a_n}{s-a_n}\right]^k$$

$$\geqslant 1+k\left[\frac{(n-1)a_1}{s-a_1}-1\right]+1+k\left[\frac{(n-1)a_2}{s-a_2}-1\right]+\cdots+1+$$

$$k\left[\frac{(n-1)a_n}{s-a_n}-1\right]$$

$$=n+k(n-1)\left(\frac{a_1}{s-a_1}+\frac{a_2}{s-a_2}+\cdots+\frac{a_n}{s-a_n}\right)-kn$$

$$=n+k(n-1)s\left(\frac{1}{s-a_1}+\frac{1}{s-a_2}+\cdots+\frac{1}{s-a_n}\right)-k(n-1)n-kn$$

$$\geqslant n+k(n-1)s\cdot\frac{n^2}{s-a_1+s-a_2+\cdots+s-a_n}-kn^2$$

$$=n+k(n-1)s\cdot\frac{n^2}{ns-s}-kn^2$$

$$=n,$$

故原不等式成立.

例6 （第36届 IMO 试题）设 a，b，c 为正数，且满足 $abc=1$. 试证

$$\frac{1}{a^3(b+c)}+\frac{1}{b^3(c+a)}+\frac{1}{c^3(a+b)}\geqslant\frac{3}{2}. \qquad (4)$$

证明 由 $abc=1$，知（4）等价于

$$\frac{(2bc)^2}{ab+ca}+\frac{(2ca)^2}{bc+ab}+\frac{(2ab)^2}{ca+bc}\geqslant 6. \qquad (5)$$

由 $abc=1$ 及（3），得

$$\frac{(2bc)^2}{ab+ca}+\frac{(2ca)^2}{bc+ab}+\frac{(2ab)^2}{ca+bc}$$

$$\geqslant\frac{2(ab+ca)\cdot 2bc-(ab+ca)^2}{ab+ca}+\frac{2(bc+ab)\cdot 2ca-(bc+ab)^2}{bc+ab}+$$

$$\frac{2(ca+bc)\cdot 2ab-(ca+bc)^2}{ca+bc}$$

$$=4bc-ab-ca+4ca-bc-ab+4ab-ca-bc$$

$$=2(ab+bc+ca)\geqslant 6\sqrt[3]{ab\cdot bc\cdot ca}=6,$$

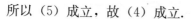

所以（5）成立，故（4）成立.

综上可见，贝努利不等式是解涉及不等式竞赛题的一个强有力的工具，应予以注意.

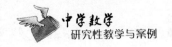

中学数学
研究性教学与案例

案例 32　关于贝努利不等式的几个推论[①]

在自然界中存在着大量的不等关系，不等关系也是最基本的数学关系，不等式是不等关系在数学的集中体现，在数学研究和数学应用中起着重要的作用．鉴于不等式在数学中的地位与作用，《普通高中数学课程标准（实验）》（以下简称《标准》）将"不等式选讲"作为选修系列 4 的第 5 专题，而贝努利不等式就是其中的一个重要不等式．《标准》对贝努利不等式的教学要求可归结为以下三点：

第一，会用数学归纳法证明贝努利不等式：

$$(1+x)^n \geqslant 1+nx \quad (x > -1,\ n\ \text{为正整数}). \tag{1}$$

了解当 n 为实数时贝努利不等式也成立．

第二，用上述不等式证明一些简单问题．

第三，完成一个学习总结报告．报告应包括三方面的内容：①知识的总结．对贝努利不等式中蕴涵的数学思想方法和数学背景进行总结．②拓展．通过查阅资料、调查研究、访问求教、独立思考，进一步探讨贝努利不等式的应用．③对贝努利不等式学习的感受、体会．

从上面的第二、三条要求可知，《标准》对贝努利不等式的要求偏重其应用，第三条要求隐含研究性学习的精神．为探讨贝努利不等式的应用，以及学生进行研究性学习的需要，本文给出了贝努利不等式的几个推论．

推论 1　设 $n \in \mathbf{N}^+$，$n > 1$，$t > 0$，则有

$$t^n \geqslant nt - n + 1, \tag{2}$$

或

①　赵思林，吴立宝．关于贝努利不等式的几个推论 [J]．数学通讯（高中），2008（23）：26-27．

$$t^n \geqslant 1 + n(t-1), \tag{2'}$$

当且仅当 $t=1$ 时，（2）取等号.

（2）可由数学归纳法证明，也可由恒等式

$$t^n - nt + n - 1 = (t-1)^2[t^{n-2} + 2t^{n-3} + \cdots + (n-2)t + n - 1] \geqslant 0$$

直接推出.

在（1）中令 $x+1=t$，则（1）可变为（2）或（2'）. 因此，不等式（1）与（2）或（2'）是等价的. 因此，不等式（1）与（2）或（2'）都可以称为贝努利不等式.

推论2 设 a，$\lambda > 0$，$n \in \mathbf{N}^+$，$n > 1$，则

$$a^n \geqslant n\lambda^{n-1}a - (n-1)\lambda^n, \tag{3}$$

当且仅当 $a = \lambda$ 时，（3）取等号.

证明 由（2）得，

$$a^n = \lambda^n \left(\frac{a}{\lambda}\right)^n \geqslant \lambda^n \left(n \cdot \frac{a}{\lambda} - n + 1\right) = n\lambda^{n-1}a - (n-1)\lambda^n.$$

由（2）的等号成立的条件易知，当且仅当 $a = \lambda$ 时（3）取等号.

推论3 设 a，$b > 0$，$n \in \mathbf{N}^+$，$n > 1$，则

$$\frac{a^n}{b^{n-1}} \geqslant na - (n-1)b, \tag{4}$$

$$\frac{b^{n-1}}{a^n} \geqslant \frac{n}{a} - \frac{n-1}{b}, \tag{5}$$

当且仅当 $a = b$ 时（4）和（5）取等号.

证明 由（2）得，

$$\frac{a^n}{b^{n-1}} = b\left(\frac{a}{b}\right)^n \geqslant b\left(n \cdot \frac{a}{b} - n + 1\right) \geqslant na - (n-1)b.$$

$$\frac{b^{n-1}}{a^n} = \frac{1}{b}\left(\frac{b}{a}\right)^n \geqslant \frac{1}{b}\left(n \cdot \frac{b}{a} - n + 1\right) \geqslant \frac{n}{a} - \frac{n-1}{b}.$$

由（2）的等号成立的条件易知，当且仅当 $a = b$ 时（4）和（5）取等号.

推论4 设 a，$b > 0$，$n \in \mathbf{N}^+$，$n > 1$，则

$$\sqrt[n]{a} \leqslant \frac{1}{n}a + \frac{n-1}{n} \tag{6}$$

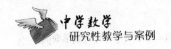

当且仅当 $a=1$ 时（6）取等号.

证明　由（2），得

$$a=(\sqrt[n]{a})^n \geqslant n\sqrt[n]{a}-n+1,$$

所以 $\sqrt[n]{a}\leqslant\dfrac{1}{n}a+\dfrac{n-1}{n}.$

由（2）的等号成立的条件易知，当且仅当 $a=1$ 时（6）取等号.

推论 5　数列 $\left\{\left(1+\dfrac{1}{n}\right)^n\right\}$ 的极限存在.

证明　先证数列 $\left\{\left(1+\dfrac{1}{n}\right)^n\right\}$ 是单调递增的．由（2′），得

$$\left[\dfrac{n(n+2)}{(n+1)^2}\right]^{n+1}>1+(n+1)\left[\dfrac{n(n+2)}{(n+1)^2}-1\right]=\dfrac{n}{n+1}.$$

所以 $\left(1+\dfrac{1}{n+1}\right)^{n+1}>\left(1+\dfrac{1}{n}\right)^n$，故数列 $\left\{\left(1+\dfrac{1}{n}\right)^n\right\}$ 是单调递增的.

再证原数列有上界．又由（2′），得

$$\left(\dfrac{2n}{2n+1}\right)^n>1+n\left(\dfrac{2n}{2n+1}-1\right)=\dfrac{n+1}{2n+1},$$

即 $\left(1+\dfrac{1}{2n}\right)^n<\dfrac{2n+1}{n+1}<\dfrac{2n+2}{n+1}=2.$ 两边平方，得

$$\left(1+\dfrac{1}{2n}\right)^{2n}<4.$$

因为数列 $\left\{\left(1+\dfrac{1}{n}\right)^n\right\}$ 是单调递增的，所以

$$\left(1+\dfrac{1}{n}\right)^n<\left(1+\dfrac{1}{2n}\right)^{2n},\quad \left(1+\dfrac{1}{n}\right)^n<4,$$

所以数列 $\left\{\left(1+\dfrac{1}{n}\right)^n\right\}$ 有上界.

综上，数列 $\left\{\left(1+\dfrac{1}{n}\right)^n\right\}$ 是单调有界的，故数列 $\left\{\left(1+\dfrac{1}{n}\right)^n\right\}$ 的极限存在.

推论 5 的结论是重要极限 $\lim\limits_{n\to+\infty}(1+\dfrac{1}{n})^n=e$ 证明的基础，上述推论 5 的证明比一般的《数学分析》教材上的证明要简洁一些.

推论 6　（算术–几何平均值不等式）设 a_1，a_2，$\cdots$，a_n 均为正数，$n\in\mathbf{N}^+$，$n>1$，则

$$\frac{a_1+a_2+\cdots+a_n}{n}\geqslant\sqrt[n]{a_1a_2\cdots a_n}.\qquad(7)$$

证明　下面用数学归纳法证明（7）：

当 $n=2$ 时，（7）显然成立.

假设 $a_1+a_2+\cdots+a_k\geqslant k\sqrt[k]{a_1a_2\cdots a_k}$，则当 $n=k+1$ 时，由（3）知

$$(\sqrt[k+1]{a_{k+1}})^{k+1}\geqslant(k+1)^{k+1}\sqrt{a_{k+1}}(^{k(k+1)}\sqrt{a_1a_2\cdots a_k})^k-$$
$$k\,(^{k(k+1)}\sqrt{a_1a_2\cdots a_k})^{k+1},$$

即 $a_{k+1}\geqslant(k+1)^{k+1}\sqrt{a_1a_2\cdots a_ka_{k+1}}-k\sqrt[k]{a_1a_2\cdots a_k}$，

从而

$$a_1+a_2+\cdots+a_k+a_{k+1}$$
$$\geqslant k\sqrt[k]{a_1a_2\cdots a_k}+a_{k+1}$$
$$\geqslant k\sqrt[k]{a_1a_2\cdots a_k}+(k+1)^{k+1}\sqrt{a_1a_2\cdots a_ka_{k+1}}-k\sqrt[k]{a_1a_2\cdots a_k}$$
$$=(k+1)^{k+1}\sqrt{a_1a_2\cdots a_{k+1}},$$

这表明，当 $n=k+1$ 时（7）也成立.

故对一切 $n\in\mathbf{N}^+$，$n>1$，（7）都成立.

推论 7　（权方和不等式）设 a_i，$b_i>0$，$i=1,2,\cdots,n$，$k\in\mathbf{N}^+$，则

$$\frac{a_1^{k+1}}{b_1^k}+\frac{a_2^{k+1}}{b_2^k}+\cdots+\frac{a_n^{k+1}}{b_n^k}\geqslant\frac{(a_1+a_2+\cdots+a_n)^{k+1}}{(b_1+b_2+\cdots+b_n)^k}.$$

证明　令 $s=(a_1+a_2+\cdots+a_n)^{-1}$，$t=(b_1+b_2+\cdots+b_n)^{-1}$，则原不等式等价于

$$\sum_{i=1}^n\frac{(sa_i)^{k+1}}{(tb_i)^k}\geqslant1.$$

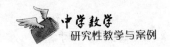

由 (2′)，有

$$\frac{(sa_i)^{k+1}}{(tb_i)^k}=tb_i\cdot\left(\frac{sa_i}{tb_i}\right)^{k+1}\geqslant tb_i\left[1+(k+1)\left(\frac{sa_i}{tb_i}-1\right)\right]$$

$$=tb_i\left[(k+1)\frac{sa_i}{tb_i}-k\right]=(k+1)sa_i-ktb_i.$$

则 $\displaystyle\sum_{i=1}^{n}\frac{(sa_i)^{k+1}}{(tb_i)^k}\geqslant\sum_{i=1}^{n}\left[(k+1)sa_i-ktb_i\right]=(k+1)-k=1$，

此即 $\dfrac{a_1^{k+1}}{b_1^k}+\dfrac{a_2^{k+1}}{b_2^k}+\cdots+\dfrac{a_n^{k+1}}{b_n^k}\geqslant\dfrac{(a_1+a_2+\cdots+a_n)^{k+1}}{(b_1+b_2+\cdots+b_n)^k}$.

推论8 设 a_1，a_2，$\cdots$，a_k 均为正数，$a_1+a_2+\cdots+a_k=1$，n，$k\in\mathbf{N}^+$，n，$k>1$，则 $\sqrt[n]{a_1+1}+\sqrt[n]{a_2+1}+\cdots+\sqrt[n]{a_k+1}$ $\leqslant\sqrt[n]{k^{n-1}(k+1)}$.

证明 由 (6)，及 $a_1+a_2+\cdots+a_k=1$，得

$$\sqrt[n]{a_1+1}+\sqrt[n]{a_2+1}+\cdots+\sqrt[n]{a_k+1}=\sqrt[n]{\frac{k+1}{k}}\sum_{i=1}^{k}\sqrt[n]{\frac{k(a_i+1)}{k+1}}$$

$$\leqslant\sqrt[n]{\frac{k+1}{k}}\sum_{i=1}^{k}\left[\frac{1}{n}\cdot\frac{k(a_i+1)}{k+1}+\frac{n-1}{n}\right]$$

$$=\sqrt[n]{k^{n-1}(k+1)}.$$

思考题：上述推论有非常广泛的应用，怎样用呢？

案例 33　贝努利不等式的螺旋式证明[①]

《普通高中数学课程标准（实验）》所指的贝努利不等式为
$$(1+x)^n \geqslant 1+nx \ (x>-1，n \text{ 为正整数}).$$

人类认识事物一般遵循螺旋上升的法则，探究数学往往也需要经历螺旋上升的过程. 当 n 为实数时，贝努利不等式的相应形式用导数证明是很容易的，若不用导数证明，虽比较麻烦，但我们可以从恒等式 $a^n-b^n=(a-b)(a^{n-1}+a^{n-2}b+\cdots+ab^{n-2}+b^{n-1})$ 出发，经历数学知识螺旋上升的过程，认识数学知识的内在联系，感受数学的严谨美、和谐美与统一美. 下面我们将看到一个有趣的现象：

命题 1（贝努利不等式中的 n 为正整数）

⇒命题 2（算术—几何平均值不等式的引理）

⇒命题 3（算术—几何平均值不等式）

⇒命题 4（贝努利不等式中的 n 为有理数，$n>1$）

⇒命题 5（贝努利不等式中的 $n>1$）

⇒命题 6（贝努利不等式中的 $0<n<1$）

⇒命题 7（贝努利不等式中的 $n<0$）.

命题 1　设 $x>-1$，n 为正整数，则
$$(1+x)^n \geqslant 1+nx. \tag{1}$$
当且仅当 $x=0$ 时（1）取等号.

证明　利用公式 $a^n-b^n=(a-b)(a^{n-1}+a^{n-2}b+\cdots+ab^{n-2}+b^{n-1})$，并由 $x>-1$，n 为正整数，得

$(x+1)^n-1-nx$

$=x\cdot\left[(x+1)^{n-1}+(x+1)^{n-2}+\cdots+(x+1)+1\right]-nx$

---

①　赵思林. 贝努利不等式的螺旋式证明 ［J］. 中学数学研究（广东），2008（6）：44-45.

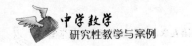
$$= x \cdot \left[(x+1)^{n-1} - 1 + (x+1)^{n-2} - 1 + \cdots + (x+1) - 1 \right]$$
$$= x \{ x \cdot \left[(x+1)^{n-2} + (x+1)^{n-3} + \cdots + (x+1) + 1 \right] +$$
$$\quad x \cdot \left[(x+1)^{n-3} + (x+1)^{n-4} + \cdots + (x+1) + 1 \right] + \cdots + x \cdot 1 \}$$
$$= x^2 \left[(x+1)^{n-2} + 2(x+1)^{n-3} + 3(x+1)^{n-4} + \cdots + n - 2 \right]$$
$$\geqslant 0,$$

所以 $(x+1)^n \geqslant 1 + nx$. 显然,当且仅当 $x = 0$ 时（1）取等号.

命题 2 （算术-几何平均值不等式的引理）设 a, $\lambda > 0$, $n \in \mathbf{N}^+$, $n > 1$, 则

$$a^n \geqslant n\lambda^{n-1}a - (n-1)\lambda^n, \tag{2}$$

当且仅当 $a = \lambda$ 时（2）取等号.

证明 令 $\dfrac{a}{\lambda} = 1 + t$, 则由命题 1 得

$$a^n = \lambda^n \left(\frac{a}{\lambda} \right)^n = \lambda^n (1+t)^n \geqslant \lambda^n (1+nt)$$
$$= \lambda^n \left[1 + n \left(\frac{a}{\lambda} - 1 \right) \right] = n\lambda^{n-1}a - (n-1)\lambda^n,$$

由（1）的等号成立条件当且仅当 $x = 0$ 知,当且仅当 $a = \lambda$ 时（2）取等号.

命题 3 （算术-几何平均值不等式）设 a_1, a_2, $\cdots$, a_n 均为正数, $n \in \mathbf{N}^+$, $n > 1$, 则

$$\frac{a_1 + a_2 + \cdots + a_n}{n} \geqslant \sqrt[n]{a_1 a_2 \cdots a_n}. \tag{3}$$

证明 当 $n = 2$ 时,（3）显然成立.

假设 $a_1 + a_2 + \cdots + a_k \geqslant k\sqrt[k]{a_1 a_2 \cdots a_k}$, 则当 $n = k+1$ 时,由命题 2 知

$$\left(\sqrt[k+1]{a_{k+1}} \right)^{k+1} \geqslant (k+1) \sqrt[k+1]{a_{k+1}} \left(\sqrt[k(k+1)]{a_1 a_2 \cdots a_k} \right)^k -$$
$$k \left(\sqrt[k(k+1)]{a_1 a_2 \cdots a_k} \right)^{k+1},$$

即 $a_{k+1} \geqslant (k+1) \sqrt[k+1]{a_1 a_2 \cdots a_k a_{k+1}} - k\sqrt[k]{a_1 a_2 \cdots a_k}$,

从而

$$a_1 + a_2 + \cdots + a_k + a_{k+1} \geqslant k\sqrt[k]{a_1 a_2 \cdots a_k} + a_{k+1}$$

$$\geqslant k\sqrt[k]{a_1 a_2 \cdots a_k} + (k+1)\sqrt[k+1]{a_1 a_2 \cdots a_k a_{k+1}} - k\sqrt[k]{a_1 a_2 \cdots a_k}$$

$$= (k+1)\sqrt[k+1]{a_1 a_2 \cdots a_{k+1}},$$

这表明，当 $n = k+1$ 时（3）也成立.

故对一切 $n \in \mathbf{N}^+$，$n > 1$，（3）都成立.

命题 4 设 $x > -1$，n 为有理数，$n > 1$，则有

$$(1+x)^n \geqslant 1 + nx, \tag{4}$$

当且仅当 $x = 0$ 时，（4）取等号.

证明 因为 n 为有理数，$n > 1$，所以设 $n = \dfrac{q}{p}$，其中 p，$q \in \mathbf{N}^+$，$q > p \geqslant 1$.

由命题 3，得

$$\underbrace{(1+x)^{\frac{q}{p}} + \cdots + (1+x)^{\frac{q}{p}}}_{p\text{个}} + \underbrace{1 + \cdots + 1}_{(q-p)\text{个}}$$

$$\geqslant q\sqrt[q]{\left[(1+x)^{\frac{q}{p}}\right]^p \cdot 1^{q-p}} = q(1+x),$$

所以 $(1+x)^{\frac{q}{p}} \geqslant 1 + \dfrac{q}{p}x$，即有 $(1+x)^n \geqslant 1 + nx$.

命题 5 设 $x > -1$，$n > 1$，则有

$$(1+x)^n \geqslant 1 + nx, \tag{5}$$

当且仅当 $x = 0$ 时，（5）取等号.

证明 设任给 $n > 1$，则存在有理数数列 $\{r_m\}$，使每个有理数 $r_i > 1$，$i = 1$，2，$\cdots$，m，$\cdots$，且 $\lim\limits_{m \to +\infty} r_m = n$. 由命题 4 知

$$(1+x)^{r_m} \geqslant 1 + r_m x,$$

所以 $(1+x)^n = \lim\limits_{m \to +\infty} (1+x)^{r_m} \geqslant \lim\limits_{m \to +\infty} (1 + r_m x) = 1 + x \lim\limits_{m \to +\infty} r_m = 1 + nx$，

即 $(1+x)^n \geqslant 1 + nx$.

命题 6 设 $x > -1$，$0 < n < 1$，则有

$$(1+x)^n \leqslant 1 + nx, \tag{6}$$

当且仅当 $x = 0$ 时，（6）取等号.

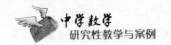

证明　因为 $x>-1$，$0<n<1$，所以 $\frac{1}{n}>1$，$1+nx>0$，由命题 5 知

$$(1+nx)^{\frac{1}{n}}\geqslant 1+\frac{1}{n}\cdot nx=1+x,$$

两边 n 次方，即得 (6).

命题 7　设 $x>-1$，$n<0$，则有

$$(1+x)^n\geqslant 1+nx, \tag{7}$$

当且仅当 $x=0$ 时，(7) 取等号.

证明　由 $x>-1$，$n<0$ 知，$(1+x)^n>0$. 若 $1+nx\leqslant 0$，则 (7) 显然成立. 故在下面的证明中总假定 $1+nx>0$.

当 $n=-1$ 时，$(1+x)^{-1}=\frac{1}{1+x}\geqslant\frac{1-x^2}{1+x}=1-x$，所以 (7) 成立.

当 $-1<n<0$ 时，则 $0<-n<1$，由命题 6 知

$$(1+x)^{-n}\leqslant 1-nx.$$

因为 $1-n^2x^2\leqslant 1$，$1+nx>0$，所以 $1-nx\leqslant\frac{1}{1+nx}$，从而 $(1+x)^{-n}\leqslant\frac{1}{1+nx}$，因此 $(1+x)^n\geqslant 1+nx$.

当 $n<-1$ 时，则 $-1<\frac{1}{n}<0$，由上面刚证过的结论知

$$(1+nx)^{\frac{1}{n}}\geqslant 1+\frac{1}{n}\cdot nx=1+x,$$

两边 n 次方，并注意到 $n<0$，可得 (7).

综上，当 $n<0$ 时，总有 (7) 成立.

至此，我们已得到完整的贝努利不等式：

定理　设 $x>-1$.

当 $n<0$ 或 $n>1$ 时，有

$$(1+x)^n\geqslant 1+nx. \tag{8}$$

当 $0<n<1$ 时，有

$$(1+x)^n\leqslant 1+nx. \tag{9}$$

当且仅当 $x=0$ 时，（8）和（9）取等号.

下面我们看（8）的一个应用，证明权方和不等式.

权方和不等式　设 a_i，$b_i>0$，$i=1$，2，$\cdots$，n，$\lambda\in\mathbf{R}^+$，则

$$\frac{a_1^{\lambda+1}}{b_1^\lambda}+\frac{a_2^{\lambda+1}}{b_2^\lambda}+\cdots+\frac{a_n^{\lambda+1}}{b_n^\lambda}\geqslant\frac{(a_1+a_2+\cdots+a_n)^{\lambda+1}}{(b_1+b_2+\cdots+b_n)^\lambda}. \tag{10}$$

证明　令 $s=(a_1+a_2+\cdots+a_n)^{-1}$，$t=(b_1+b_2+\cdots+b_n)^{-1}$，则（10）等价于

$$\sum_{i=1}^n\frac{(sa_i)^{\lambda+1}}{(tb_i)^\lambda}\geqslant 1.$$

由（8），有

$$\frac{(sa_i)^{\lambda+1}}{(tb_i)^\lambda}=tb_i\cdot\left(\frac{sa_i}{tb_i}\right)^{\lambda+1}\geqslant tb_i\left[1+(\lambda+1)\left(\frac{sa_i}{tb_i}-1\right)\right]$$

$$=tb_i\left[(\lambda+1)\,\frac{sa_i}{tb_i}-\lambda\right]=(\lambda+1)sa_i-\lambda tb_i.$$

则 $\displaystyle\sum_{i=1}^n\frac{(sa_i)^{\lambda+1}}{(tb_i)^\lambda}\geqslant\sum_{i=1}^n\left[(\lambda+1)sa_i-\lambda tb_i\right]=(\lambda+1)-\lambda=1$，此即(10).

思考与研究：

研究上述定理和权方和不等式的应用.

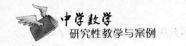

案例34　一个优美三角不等式的证明与应用①

说明：本案例不适合纳入中学课堂，供中学教师或教育硕士研究生参考.

定理　设 $0<\alpha$，$\theta<\dfrac{\pi}{2}$，$n\in\mathbf{N}^+$，则

$$\frac{\sec^{n+2}\alpha}{\sec^n\theta}-\frac{\tan^{n+2}\alpha}{\tan^n\theta}\leqslant 1, \tag{1}$$

当且仅当 $\alpha=\theta$ 时（1）取等号.

定理的初等证明需要用到下面的引理.

引理　设 a_1，a_2，b_1，$b_2\in\mathbf{R}^+$，则

$$(a_1-a_2)(b_1-b_2)\leqslant(\sqrt{a_1b_1}-\sqrt{a_2b_2})^2, \tag{2}$$

（2）之等号成立当且仅当 $a_1b_2=a_2b_1$.

证明从略.

定理的证明　若（1）之左边小于或等于零，则（1）显然成立，因此以下总假定对任意的正整数 n，（1）之左边都大于零.

记 $x_n=\dfrac{\sec^{n+2}\alpha}{\sec^n\theta}-\dfrac{\tan^{n+2}\alpha}{\tan^n\theta}$，设 $x_n>0$.

由（2），得

$$x_{2k}=\left(\frac{\sec^{2k+2}\alpha}{\sec^{2k}\theta}-\frac{\tan^{2k+2}\alpha}{\tan^{2k}\theta}\right)(\sec^2\theta-\tan^2\theta)$$

$$\leqslant\left(\sqrt{\frac{\sec^{2k+2}\alpha}{\sec^{2k}\theta}\cdot\sec^2\theta}-\sqrt{\frac{\tan^{2k+2}\alpha}{\tan^{2k}\theta}\cdot\tan^2\theta}\right)^2\text{（当且仅当 }\alpha=\theta$$

时取等号）

---

①　赵思林. 一个优美三角不等式的证明与应用 ［J］. 中学数学（高中），2007（4）：40-41.

$$= \left(\frac{\sec^{k+1}\alpha}{\sec^{k-1}\theta} - \frac{\tan^{k+1}\alpha}{\tan^{k-1}\theta} \right)^2,$$

即
$$x_{2k} \leqslant x_{k-1}^2 \tag{3}$$

因为

$$\sec\alpha\sec\theta - \tan\alpha\tan\theta = \frac{1-\sin\alpha\sin\theta}{\cos\alpha\cos\theta}$$

$$\geqslant \frac{\cos(\alpha-\theta) - \sin\alpha\sin\theta}{\cos\alpha\cos\theta} \text{（当且仅当 } \alpha = \theta \text{ 时取等号）}$$

$$=1,$$

所以，由（1）得

$$x_{2k+1} = \frac{\sec^{2k+3}\alpha}{\sec^{2k+1}\theta} - \frac{\tan^{2k+3}\alpha}{\tan^{2k+1}\theta}$$

$$\leqslant \left(\frac{\sec^{2k+3}\alpha}{\sec^{2k+1}\theta} - \frac{\tan^{2k+3}\alpha}{\tan^{2k+1}\theta} \right)(\sec\alpha\sec\theta - \tan\alpha\tan\theta) \text{（当且仅当 } \alpha = \theta$$

时取等号）

$$\leqslant \left(\sqrt{\frac{\sec^{2k+3}\alpha}{\sec^{2k+1}\theta} \cdot \sec\alpha\sec\theta} - \sqrt{\frac{\tan^{2k+3}\alpha}{\tan^{2k+1}\theta} \cdot \tan\alpha\tan\theta} \right)^2 \text{（当且仅}$$

当 $\alpha = \theta$ 时取等号）

$$= \left(\frac{\sec^{k+2}\alpha}{\sec^k\theta} - \frac{\tan^{k+2}\alpha}{\tan^k\theta} \right)^2,$$

即
$$x_{2k+1} \leqslant x_k^2. \tag{4}$$

由（3）和（4），有

$$x_n \leqslant x_{\left[\frac{n-1}{2}\right]}^2 \tag{5}$$

对于给定的正整数 n，反复应用（5），可得

$$x_n \leqslant x_1^{2p}, \text{ 或 } x_n \leqslant x_2^{2q}, \tag{6}$$

其中 p，q 是与 n 有关的正整数.

$$x_1 = \frac{\sec^3\alpha}{\sec\theta} - \frac{\tan^3\alpha}{\tan\theta}$$

$$\leqslant \left(\frac{\sec^3\alpha}{\sec\theta} - \frac{\tan^3\alpha}{\tan\theta} \right)(\sec\alpha\sec\theta - \tan\alpha\tan\theta) \text{（当且仅当 } \alpha = \theta \text{ 时取}$$

等号）

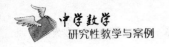

$$\leqslant\left(\sqrt{\frac{\sec^3\alpha}{\sec\theta}\cdot\sec\alpha\sec\theta}-\sqrt{\frac{\tan^3\alpha}{\tan\theta}\cdot\tan\alpha\tan\theta}\right)^2\text{（当且仅当 }\alpha=\theta$$

时取等号），

即 $\qquad\qquad x_1\leqslant1.$ （7）

$$x_2=\left(\frac{\sec^4\alpha}{\sec^2\theta}-\frac{\tan^4\alpha}{\tan^2\theta}\right)(\sec^2\theta-\tan^2\theta)$$

$$\leqslant\left(\sqrt{\frac{\sec^4\alpha}{\sec^2\theta}\cdot\sec^2\theta}-\sqrt{\frac{\tan^4\alpha}{\tan^2\theta}\cdot\tan^2\theta}\right)^2\text{（当且仅当 }\alpha=\theta\text{ 时取}$$

等号），

即 $\qquad\qquad x_2\leqslant1.$ （8）

结合（6）（7）（8），总有 $x_n\leqslant1$，易知当且仅当 $\alpha=\theta$ 时（1）取等号，故定理获证.

推论 1 设 $0<x<\dfrac{\pi}{2}$，$a>b>0$，$n\in\mathbf{N}^+$，则

$$\frac{a}{\sec^n x}-\frac{b}{\tan^n x}\leqslant(a^{\frac{2}{n+2}}-b^{\frac{2}{n+2}})^{\frac{n+2}{2}},\qquad(9)$$

等号成立当且仅当 $x=\arctan\dfrac{b^{\frac{1}{n+2}}}{\sqrt{a^{\frac{1}{n+2}}-b^{\frac{1}{n+2}}}}.$

证明 令 $a=\dfrac{1}{\rho}\sec^{n+2}\alpha$，$b=\dfrac{1}{\rho}\tan^{n+2}\alpha$，$0<\alpha<\dfrac{\pi}{2}$，$\rho>0$，则

$$\rho=(a^{\frac{2}{n+2}}-b^{\frac{2}{n+2}})^{-\frac{n+2}{2}}.$$

由定理，知

$$\frac{a}{\sec^n x}-\frac{b}{\tan^n x}=\frac{1}{\rho}\left(\frac{\sec^{n+2}\alpha}{\sec^n x}-\frac{\tan^{n+2}\alpha}{\tan^n x}\right)\leqslant\frac{1}{\rho}=(a^{\frac{2}{n+2}}-b^{\frac{2}{n+2}})^{\frac{n+2}{2}},$$

由定理之等号成立条件易知，（9）的等号成立当且仅当 $x=$

$\arctan\dfrac{b^{\frac{1}{n+2}}}{\sqrt{a^{\frac{1}{n+2}}-b^{\frac{1}{n+2}}}}.$

推论 2 设 $0<x<\dfrac{\pi}{2}$，$b>a>0$，$n\in\mathbf{N}^+$，$n>2$，则

$$a\sec^n x-b\tan^n x\leqslant\frac{ab}{(b^{\frac{2}{n-2}}-a^{\frac{2}{n-2}})^{\frac{n-2}{2}}},\qquad(10)$$

（10）之等号成立当且仅当 $x=\arctan\dfrac{a^{\frac{1}{n-2}}}{\sqrt{b^{\frac{1}{n-2}}-a^{\frac{1}{n-2}}}}$.

推论 2 的证明可仿推论 1 进行，此处从略.

例 1　设 $0<\alpha$，$\theta<\dfrac{\pi}{2}$，设

$$\frac{\sec^{2018}\alpha}{\sec^{2016}1}-\frac{\tan^{2018}\alpha}{\tan^{2016}1}=1, \tag{11}$$

求 α.

证明　由（1）取等号的条件，得 $\alpha=1$.

例 2　设 $0<x<\dfrac{\pi}{2}$，求 $y=\dfrac{81}{\sec^6 x}-\dfrac{1}{\tan^6 x}$ 的最小值.

解　由推论 1 知，当 $x=\arctan\dfrac{\sqrt{3}}{\sqrt{\sqrt{3}-1}}$ 时，

$$y_{\max}=(81^{\frac{2}{6+2}}-1^{\frac{2}{6+2}})^{\frac{6+2}{2}}=16.$$

例 3　设 $0<x<\dfrac{\pi}{2}$，$b>a>0$，求证

$$a\sec^3 x-b\tan^3 x\leqslant\frac{ab}{\sqrt{b^2-a^2}}. \tag{12}$$

证明　在推论 2 中，令 $n=3$，即得（12）.

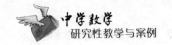

案例35　两个三角的最小值定理的
参数法证明[①]

说明：本案例不适合纳入中学课堂，可以供中学教师或教育硕士研究生参考.

王凯成[②]利用组合数的性质、均值不等式及 $\tan x \cdot \cot x = 1$ 等知识证明了下面的定理 1. 李歆[③]利用两个引理证明了下面的定理 1. 我们感到这两篇文章的方法均较麻烦，本文首先用参数法和均值不等式等知识，给出了定理 1 的一个简洁的证明，然后通过类比与探究得到了定理 1 的一个对偶结论.

定理1　函数 $f(x) = \dfrac{a}{\cos^n x} + \dfrac{b}{\sin^n x}$ （$0 < x < \dfrac{\pi}{2}$，a，b 为大于 0 的常数，$n \in \mathbf{N}^+$），当且仅当 $x = \arctan\left(\dfrac{b}{a}\right)^{\frac{1}{n+2}}$ 时，取最小值 $(a^{\frac{2}{n+2}} + b^{\frac{2}{n+2}})^{\frac{n+2}{2}}$.

证明　引入参数 $\lambda > 0$，使

$$\frac{a}{\cos^n x} + \frac{a}{\cos^n x} + \underbrace{\lambda\cos^2 x + \cdots + \lambda\cos^2 x}_{n\text{个}} \geq (n+2)\sqrt[n+2]{a^2\lambda^n},$$

即

$$\frac{a}{\cos^n x} \geq \frac{n+2}{2} \cdot \sqrt[n+2]{a^2\lambda^n} - \frac{n\lambda}{2}\cos^2 x, \tag{1}$$

---

① 本案例作者：赵思林，吕晓亚.

② 王凯成. 函数 $f(x) = \dfrac{a}{\cos^n x} + \dfrac{b}{\sin^n x}$ 最小值猜想的一个初等证明［J］. 中学数学教学参考，2006（10）：51.

③ 李歆. 函数 $f(x) = \dfrac{a}{\cos^n x} + \dfrac{b}{\sin^n x}$ 最小值的另一求法［J］. 中学数学月刊，2007（6）：23-24.

(1) 之等号成立当且仅当

$$\lambda \cos^{n+2} x = a. \tag{2}$$

同理，有

$$\frac{b}{\sin^n x} \geqslant \frac{n+2}{2} \cdot \sqrt[n+2]{b^2 \lambda^n} - \frac{n\lambda}{2} \sin^2 x, \tag{3}$$

(3) 之等号成立当且仅当

$$\lambda \sin^{n+2} x = b. \tag{4}$$

由 (1) + (3) 并化简，得

$$\frac{a}{\cos^n x} + \frac{b}{\sin^n x} \geqslant \frac{n+2}{2} (a^{\frac{2}{n+2}} + b^{\frac{2}{n+2}}) \lambda^{\frac{n}{n+2}} - \frac{n\lambda}{2}. \tag{5}$$

由 (2)(4) 知，当且仅当下面的 (6)(7) 成立时 (5) 取等号.

$$\lambda^{\frac{2}{n+2}} = a^{\frac{2}{n+2}} + b^{\frac{2}{n+2}}, \tag{6}$$

$$\tan^{n+2} x = \frac{b}{a}. \tag{7}$$

将 (6) 代入 (5)，得

$$\frac{a}{\cos^n x} + \frac{b}{\sin^n x} \geqslant \frac{n+2}{2} \lambda - \frac{n\lambda}{2} = \lambda = (a^{\frac{2}{n+2}} + b^{\frac{2}{n+2}})^{\frac{n+2}{2}}.$$

故当 $x = \arctan \left(\dfrac{b}{a} \right)^{\frac{1}{n+2}}$ 时，$f(x)$ 取最小值 $(a^{\frac{2}{n+2}} + b^{\frac{2}{n+2}})^{\frac{n+2}{2}}$.

仿照上面的方法，我们有与定理 1 对偶的结论.

定理 2 函数 $g(x) = a \cos^{n+2} x + b \sin^{n+2} x$ $(0 < x < \dfrac{\pi}{2}$, a, b

为大于 0 的常数，$n \in \mathbf{N}^+$)，当且仅当 $x = \arctan \left(\dfrac{a}{b} \right)^{\frac{1}{n}}$ 时，$g(x)$

取最小值 $\dfrac{ab}{(a^{\frac{2}{n}} + b^{\frac{2}{n}})^{\frac{n}{2}}}$.

证明 引入参数 $\lambda > 0$，$\mu > 0$，使

$$a \cos^{n+2} x + a \cos^{n+2} x + \underbrace{\lambda + \cdots + \lambda}_{n个} \geqslant (n+2) \sqrt[n+2]{a^2 \lambda^n} \cos^2 x,$$

即

$$a \cos^{n+2} x \geqslant \frac{n+2}{2} \sqrt[n+2]{a^2 \lambda^n} \cos^2 x - \frac{n\lambda}{2}, \tag{8}$$

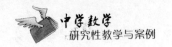

(8) 之等号成立当且仅当

$$a\cos^{n+2}x \equiv \lambda. \tag{9}$$

同理，有

$$b\sin^{n+2}x \geqslant \frac{n+2}{2}\sqrt[n+2]{b^2\mu^n}\sin^2 x - \frac{n\mu}{2}, \tag{10}$$

(10) 之等号成立当且仅当

$$b\sin^{n+2}x = \mu. \tag{11}$$

令

$$\sqrt[n+2]{a^2\lambda^n} = \sqrt[n+2]{b^2\mu^n}. \tag{12}$$

由 (8) + (10) 及 (12)，并化简得

$$a\cos^{n+2}x + b\sin^{n+2}x$$

$$\geqslant \frac{n+2}{2}(a^2\lambda^n)\lambda^{\frac{1}{n+2}} - \frac{n}{2}(\lambda+\mu), \tag{13}$$

由 (9) (11) (12) 知，当且仅当下面的 (14) (15) 成立时 (13) 取等号.

$$\lambda = \frac{ab^{\frac{n+2}{n}}}{(a^{\frac{2}{n}}+b^{\frac{2}{n}})^{\frac{n+2}{2}}}, \ \mu = \frac{a^{\frac{n+2}{n}}b}{(a^{\frac{2}{n}}+b^{\frac{2}{n}})^{\frac{n+2}{2}}}, \tag{14}$$

$$\tan^n x = \frac{a}{b}. \tag{15}$$

将 (14) 代入 (13)，得

$$a\cos^{n+2}x + b\sin^{n+2}x \geqslant \frac{ab}{(a^{\frac{2}{n}}+b^{\frac{2}{n}})^{\frac{n}{2}}}.$$

故当 $x = \arctan\left(\dfrac{a}{b}\right)^{\frac{1}{n}}$ 时，$g(x)$ 取最小值 $\dfrac{ab}{(a^{\frac{2}{n}}+b^{\frac{2}{n}})^{\frac{n}{2}}}$.

从上面两个定理的证明可以看出，证明定理 1 的关键是构造 (1) 和 (3)，(1) 和 (3) 的主要作用是去分母，证明定理 2 的关键是构造 (8) 和 (10)，(8) 和 (10) 的主要作用是降次，这说明均值不等式具有去分母和降次的功能. 显然，(1) 和 (3)、(8) 和 (10) 都具有对偶性，因此，定理 1 和定理 2 也具有对偶性. 此外，参数思想方法的妙用使 (1) (3) (5) 等号的同时成立有了回旋的余地，使问题获得了简洁的解决，这表明数学思想方法是解题的利器.

案例36 两个新的不等式的证明与推论①

说明：本案例不适合纳入中学课堂，可以供中学教师或教育硕士研究生参考.

本案例建立了两个新的不等式，并得到了七个推论.

本案例用 ∨ 表示 ≥，＞，≤，＜四者之一，并约定：$x_i \in \mathbf{R}$，对给定实数 r，x_i^r 在 $\mathbf{R}$ 上有意义，$i=1$，2，…，n，记

$$m_r(x_1, x_2, \cdots, x_n) = \begin{cases} \left(\dfrac{x_1^r + x_2^r + \cdots + x_n^r}{n}\right)^{\frac{1}{r}}, & r \neq 0, \\ \sqrt[n]{x_1 x_2 \cdots x_n}, & r = 0. \end{cases}$$

一、主要结论

定理1 设 $\varphi(x)$ 为正值函数，n 是大于 1 的自然数，如果恒有

$$\varphi(x_1)\,\varphi(x_2) \vee \varphi^2(M_r(x_1, x_2)), \tag{1}$$

那么

$$\varphi(x_1)\,\varphi(x_2) \cdots \varphi(x_n) \vee \varphi^n(M_r(x_1, x_2, \cdots, x_n)). \tag{2}$$

证明 当 $n=2$ 时，（2）成立.

假设 $n=k$ 时，（2）成立，即有

$$\varphi(y_1)\,\varphi(y_2) \cdots \varphi(y_k) \vee \varphi^k(M_r(y_1, y_2 \cdots, y_k)). \tag{3}$$

令 $y_1 = M_r(x_1, x_2)$，$y_i = M_r(x_{i+1}, \theta)$，$i=2$，…，$k$，其中 $\theta = M_r(x_1, x_2, \cdots, x_{k+1})$，则通过计算可得 $M_r(y_1, y_2, \cdots, y_k) = \theta$，从而由（1）和（3），得

$$\varphi(x_1)\varphi(x_2)\cdots\varphi(x_{k+1})$$

---

① 赵思林. 两个新的不等式的证明与推论 [J]. 内江师范学院学报，2005，21（4）：19-21.

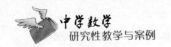

$$= \varphi(x_1)\varphi(x_2) \cdot \varphi(x_3)\varphi(\theta) \cdot \cdots \cdot \varphi(x_{k+1})\varphi(\theta) \cdot \varphi^{1-k}(\theta)$$

$$\vee \varphi^2(M_r(x_1, x_2)) \cdot \varphi^2(M_r(x_3, \theta)) \cdot \cdots \cdot \varphi^2(M_r(x_{k+1}, \theta)) \cdot$$

$$\varphi^{1-k}(\theta)$$

$$= [\varphi(y_1)\varphi(y_2)\cdots\varphi(y_k)]^2 \varphi^{1-k}(\theta)$$

$$\vee [\varphi^k(M_r(y_1, y_2, \cdots, y_k))]^2 \varphi^{1-k}(\theta)$$

$$= \varphi^{2k}(\theta)\varphi^{1-k}(\theta)$$

$$= \varphi^{k+1}(M_r(x_1, x_2, \cdots, x_{k+1})),$$

这表明当 $n = k+1$ 时，（2）成立.

故对一切大于 1 的自然数 n，（2）都成立.

上述定理表明，欲证（2）成立，只需证明（1）成立，这样可使许多不等式的证明过程大大简化.

定理 2　如果恒有 $f(x_1) + f(x_2) \vee 2f(M_r(x_1, x_2))$，则有 $f(x_1) + f(x_2) + \cdots + f(x_n) \vee nf(M_r(x_1, x_2, \cdots, x_n))$.

证明　在定理 1 中，令 $\lg\varphi(x) = f(x)$，便可得定理 2.

二、几个推论

推论 1　设 $x_i \in [0, \pi]$，$i = 1, 2, \cdots, n$，求证：

$$\sin x_1 \sin x_2 \cdots \sin x_n \leqslant \sin^n\left(\frac{x_1 + x_2 + \cdots + x_n}{n}\right). \tag{4}$$

证明　令 $f(x) = \sin x$，对任意 $x, y \in [0, \pi]$，都有

$$f(x)f(y) = \sin x \sin y = \frac{\cos(x-y) - \cos(x+y)}{2}$$

$$\leqslant \frac{1 - \cos(x+y)}{2} = \sin^2\left(\frac{x+y}{2}\right) = f^2\left(\frac{x+y}{2}\right), \tag{5}$$

所以，据定理 1，立刻有（4）.

推论 2　设 $a, b > 0$，$x_k \geqslant 0$，$k = 1, 2, \cdots, n$，求证：

$$\sqrt{a + bx_1} + \sqrt{a + bx_2} + \cdots + \sqrt{a + bx_n} \leqslant \sqrt{an^2 + bn(x_1 + x_2 + \cdots + x_n)}. \tag{6}$$

证明　设 $f(x) = \sqrt{a + bx}$，则（6）等价于

$$f(x_1) + f(x_2) + \cdots + f(x_n) \leqslant nf\left(\frac{x_1 + x_2 + \cdots + x_n}{n}\right). \quad (7)$$

由定理 2 知，为证明（7），只需证明：

$$f(x_1) + f(x_2) \leqslant 2f\left(\frac{x_1 + x_2}{2}\right). \quad (8)$$

事实上，

$$f(x_1) + f(x_2) = \sqrt{a + bx_1} + \sqrt{a + bx_2}$$

$$= \sqrt{2a + bx_1 + bx_2 + 2\sqrt{a + bx_1} \cdot \sqrt{a + bx_2}}$$

$$\leqslant \sqrt{2a + bx_1 + bx_2 + a + bx_1 + a + bx_2} = \sqrt{4a + 2b(x_1 + x_2)}$$

$$= 2f\left(\frac{x_1 + x_2}{2}\right),$$

所以（8）成立，故（6）成立．

推论 3 若 a_1，a_2，$\cdots$，a_m 为不大于 1 的正数，$0 < n \leqslant 1$，则

$$\frac{1}{(1 + a_1)^n} + \frac{1}{(1 + a_2)^n} + \cdots + \frac{1}{(1 + a_m)^n} \leqslant \frac{m}{(1 + \sqrt[m]{a_1 a_2 \cdots a_m})^n}.$$

$$(9)$$

证明 由推论 5 知，为证（9），只需证明：

$$\frac{1}{(1 + a_1)^n} + \frac{1}{(1 + a_2)^n} \leqslant \frac{2}{(1 + \sqrt{a_1 a_2})^n}. \quad (10)$$

因为 $0 < a_1$，$a_2 \leqslant 1$，所以 $1 - a_1 a_2 \geqslant 0$，

所以 $\dfrac{1}{1 + a_1} + \dfrac{1}{1 + a_2} = \dfrac{2 + a_1 + a_2}{1 + a_1 + a_2 + a_1 a_2} = 1 + \dfrac{1 - a_1 a_2}{1 + a_1 + a_2 + a_1 a_2}$

$$\leqslant 1 + \frac{1 - a_1 a_2}{1 + 2\sqrt{a_1 a_2} + a_1 a_2} = \frac{2}{1 + \sqrt{a_1 a_2}}.$$

又由幂平均不等式，得

$$\frac{\left(\dfrac{1}{1 + a_1}\right)^n + \left(\dfrac{1}{1 + a_2}\right)^n}{2} \leqslant \left[\frac{\dfrac{1}{1 + a_1} + \dfrac{1}{1 + a_2}}{2}\right]^n \leqslant \left[\frac{\dfrac{2}{1 + \sqrt{a_1 a_2}}}{2}\right]^n$$

$$= \left(\frac{1}{1 + \sqrt{a_1 a_2}}\right)^n.$$

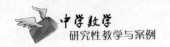
所以 $\dfrac{1}{(1+a_1)^n}+\dfrac{1}{(1+a_2)^n}\leqslant\dfrac{2}{(1+\sqrt{a_1a_2})^n}$，即（10）成立，

故（9）成立.

推论 4 设 $0<x_i\leqslant\sqrt{2+\sqrt5}$，$i=1,2,\cdots,n$，则

$$\left(x_1+\frac{1}{x_1}\right)\left(x_2+\frac{1}{x_2}\right)\cdots\left(x_n+\frac{1}{x_n}\right)$$

$$\geqslant\left(\frac{x_1+x_2+\cdots+x_n}{n}+\frac{n}{x_1+x_2+\cdots+x_n}\right)^n. \tag{11}$$

证明 令 $\varphi(x)=x+\dfrac{1}{x}$，则（11）等价于

$$\varphi(x_1)\varphi(x_2)\cdots\varphi(x_n)\geqslant\varphi^n\left(\frac{x_1+x_2+\cdots+x_n}{n}\right). \tag{12}$$

由定理 1 知，为证明（12），只需证明

$$\varphi(x_1)\varphi(x_2)\geqslant\varphi^2\left(\frac{x_1+x_2}{2}\right). \tag{13}$$

事实上，

$$\varphi(x_1)\varphi(x_2)-\varphi^2\left(\frac{x_1+x_2}{2}\right)$$

$$=\left(x_1+\frac{1}{x_1}\right)\left(x_2+\frac{1}{x_2}\right)-\left(\frac{x_1+x_2}{2}+\frac{2}{x_1+x_2}\right)^2$$

$$=(x_1-x_2)^2\left[\frac{1}{x_1x_2\,(x_1+x_2)^2}+\frac{1}{x_1x_2}-\frac{1}{4}\right]$$

$$\geqslant(x_1-x_2)^2\left[\frac{1}{\left(\sqrt{2+\sqrt5}\right)^2\cdot\left(2\sqrt{2+\sqrt5}\right)^2}+\frac{1}{\left(\sqrt{2+\sqrt5}\right)^2}-\frac{1}{4}\right]$$

$$=0,$$

所以（13）成立，故（11）成立.

推论 5 （Jensen 不等式）

如果恒有 $f(x_1)+f(x_2)\vee2f\left(\dfrac{x_1+x_2}{2}\right)$，则有

$$f(x_1)+f(x_2)+\cdots+f(x_n)\vee nf\left(\frac{x_1+x_2+\cdots+x_n}{n}\right).$$

证明 在定理 2 中，取 $r=1$，便获证.

推论 6 （算术－几何平均值不等式）设 $x_i > 0$, $i = 1$, 2, $\cdots$, n, 则

$$\frac{x_1 + x_2 + \cdots + x_n}{n} \geqslant \sqrt[n]{x_1 x_2 \cdots x_n}$$

证明 令 $\varphi(x) = x$, $x > 0$, 则 $\varphi(x_1)\varphi(x_2) = x_1 x_2 \leqslant \left(\frac{x_1 + x_2}{2}\right)^2 = \varphi^2\left(\frac{x_1 + x_2}{2}\right)$,

由定理 1, 得

$$\varphi(x_1)\varphi(x_2)\cdots\varphi(x_n) \leqslant \varphi^n\left(\frac{x_1 + x_2 + \cdots + x_n}{n}\right),$$

即

$$x_1 x_2 \cdots x_n \leqslant \left(\frac{x_1 + x_2 + \cdots + x_n}{n}\right)^n,$$

所以 $\dfrac{x_1 + x_2 + \cdots + x_n}{n} \geqslant \sqrt[n]{x_1 x_2 \cdots x_n}$.

推论 7 （Cauchy 不等式的一种推广）

设 a_i, $b_i > 0$, $1 \leqslant i \leqslant n$, 则

$$(a_1^n + b_1^n)(a_2^n + b_2^n)\cdots(a_n^n + b_n^n) \geqslant (a_1 a_2 \cdots a_n + b_1 b_2 \cdots b_n)^n. \quad (4)$$

证明 令 $\varphi(x) = x^n + 1$, $x_i > 0$, $1 \leqslant i \leqslant n$, 易证: $\varphi(x_1)\varphi(x_2) \geqslant \varphi^2(\sqrt{x_1 x_2})$, 由定理, 得

$$\varphi(x_1)\varphi(x_2)\cdots\varphi(x_n) \geqslant \varphi^n(\sqrt[n]{x_1 x_2 \cdots x_n}).$$

即

$$(x_1^n + 1)(x_2^n + 1)\cdots(x_n^n + 1) \geqslant (x_1 x_2 \cdots x_n + 1)^n.$$

在此不等式中, 令 $x_i = \dfrac{a_i}{b_i}$, 化简得 (4).

上述推论有广泛应用, 不拟探讨.

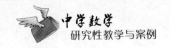
参考文献

一、著作类

[1] 教育部考试中心. 2015 年普通高等学校招生全国统一考试大纲的说明（理科·2015 年版）［M］. 北京：高等教育出版社，2015.

[2] 罗增儒. 数学解题学引论［M］. 西安：陕西师范大学出版社，1997.

[3] 翁凯庆. 数学教育概论［M］. 成都：四川大学出版社，2007.

[4] 朱德全. 处方教学设计原理——基于问题系统解决学习的数学教学设计［M］. 重庆：西南师范大学出版社，2002.

[5] 李士锜，李俊. 数学教育个案学习［M］. 上海：华东师范大学出版社，2001.

[6] 波利亚. 怎样解题［M］. 阎育苏，译. 北京：科学出版社，1982.

[7] 邵志芳. 思维心理学［M］. 2 版. 上海：华东师范大学出版社，2007.

[8] 喻平. 数学教育心理学［M］. 南宁：广西教育出版社，2004.

[9] 张大均. 教育心理学［M］. 2 版. 北京：人民教育出版社，2004.

[10] 严士健，张奠宙，王尚志. 普通高中数学课程标准（实验）解读［M］. 南京：江苏教育出版社，2004.

[11] 靳玉乐. 探究学习 [M]. 成都：四川教育出版社，2005.

[12] 陈传理，张同君. 竞赛数学教程 [M]. 2版. 北京：高等教育出版社，2005.

[13] 张回，张志朝. 中国名牌大学自主招生试题解析 [M]. 北京：教育科学出版社，2009.

[14] 陈传理，张同君. 竞赛数学教程 [M]. 2版. 北京：高等教育出版社，2005.

[15] 赵思林. 高考数学解题分析 [M]. 成都：四川大学出版社，2011.

[16] 潘超，李红霞，赵思林. 初中数学教学研究与微课教学设计 [M]. 成都：四川大学出版社，2015.

[17] Contributors. The Advanced Learner's Dictionary of Current English with Chinese Translation [M]. Oxford：Oxford Press，1963.

[18] TROWBRIDGE L W, BYBEE R W, POWELL J C. Teaching Secondary School Science [M]. Upper Saddle River：Prentice Hall Inc.，1996.

[19] 涂荣豹. 新编数学教学论 [M]. 上海：华东师范大学出版社，2006.

[20] 闵嗣鹤，严士键. 初等数论 [M]. 3版. 北京：高等教育出版社，2003.

[21] 曹一鸣. 十三国数学课程标准评介 [M]. 北京：北京师范大学出版社，2012.

[22] 刘培杰. 最新世界各国数学奥林匹克中的平面几何试题 [M]. 哈尔滨：哈尔滨工业大学出版社，2007.

[23] 张奠宙，邹一心. 现代数学与中学数学 [M]. 上海：上海教育出版社，1990.

[24] 左宗明. 世界数学名题选讲 [M]. 上海：上海科学技术出版社，1990.

[25] 施良方. 学习论 [M]. 北京：人民教育出版社，2000.

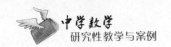

[26] 郑毓信. 数学教育：动态与省思 [M]. 上海：上海教育出版社，2005.

[27] 徐利治. 数学分析的方法及例题选讲——分析学的思想、方法与技巧 [M]. 大连：大连理工大学出版社，2007.

[28] 涂荣豹，王光明，宁连华. 新编数学教学论 [M]. 上海：华东师范大学出版社，2006.

二、论文类

[29] 慧力，吴立宝. 2007 年高考数学四川卷的特点与启示 [J]. 天府数学，2008 (6)：1-3.

[30] 赵思林. 研究高考数学试题的几种视角 [J]. 中学数学教学参考（上旬），2009 (4)：57-58，60.

[31] 赵思林. 一道全国高考数学试题的多角度探究 [J]. 数学通报，2009，48 (11)：25-27，30.

[32] 吴立宝，赵思林. 高师初等数学研究性教学的"四点一心"模式 [J]. 教育探索，2009 (3)：55-56.

[33] 赵思林. 一个不等式问题的研究性教学 [J]. 中学数学（高中），2011 (2)：17-19.

[34] 刘伟忠. 研究性教学中的难点与实施重点 [J]. 中国高等教育，2006 (24)：38-39，44.

[35] 臧立本. 如何激发思维灵感 [J]. 中学数学教与学（人大复印），2008 (10)（上半月）：24-26.

[36] 刘春雷，王敏，张庆林. 创造性思维的脑机制 [J]. 心理科学进展，2009，17 (1)：106-111.

[37] 罗增儒. 解题分析的理念与实践 [J]. 中学数学教学参考（中旬），2009 (4)：9-14.

[38] 赵思林，李兴贵. 以数学思想方法立意的高考试题评析 [J]. 中学数学（高中），2010 (2)：50-52.

[39] 赵思林，吴立宝，王燕. 用联想分析法解高考数学选择题例

谈［J］. 中学数学研究（广州），2008（10）：26-28.

［40］赵思林. 基于直觉分析的数学解题［J］. 中学数学研究，2009（9）：封二-3.

［41］王海坤，葛莉. 数学直觉与合情推理对数学教学的意义［J］. 数学通报，2005，44（1）：19-21.

［42］万瑛. 直觉思维的心理机制及其在教育中的发展和培养［J］. 教学与管理，2006（10）：60-61.

［43］RAIDL M H，LUBART T I. An empirical study of intuition and creativity［J］. Imagination，Cognitive and Personality，2000/2001，20（3）：217-230.

［44］赵思林，朱德全. 试论数学直觉思维的培养策略［J］. 数学教育学报，2010，19（1）：23-26.

［45］冉祥华. 美育心理神经机制研究视角［J］. 心理科学，2009，32（2）：401-403.

［46］彭拯. 数学全息方法及其在数学科研和教学中的应用［J］. 数学教育学报，2004，13（3）：43-45.

［47］赵思林. 高考数学试题的十大陷阱［J］. 中学数学，2010（4）：41-43.

［48］林崇德. 基础教育改革心理学研究30年［J］. 教育研究，2009（4）：61-66，111.

［49］潘超，赵思林. 2009年高考数学创新型试题赏析［J］.（人大复印）高中数学教与学，2010（3）：39-42.

［50］赵思林. 以创新意识立意的高考数学命题的新特点［J］. 中学数学，2009（9）：4-7.

［51］王光明，王建蓉. 数学教学中促进学生认知理解需要注意的几个问题［J］. 教学与管理，2004（4）：46-48.

［52］何小亚. 教育战争与数学教育的出路［J］. 数学教育学报，2008，17（1）：70-74.

［53］赵思林. 关于高考数学创新型试题的几个特点［J］. 数学通报，2009，48（4）：50-53.

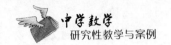
[54] 涂荣豹，陈嫣. 数学学习中的概括 [J]. 数学教育学报，2004，13（1）：17-22.

[55] 王尚志，孔启平. 培养学生的应用意识是数学课程的重要目标 [J]. 数学教育学报，2002，11（2）：43-45.

[56] 赵思林. 关于高考数学创新型试题的立意 [J]. 中学数学教学参考（上旬），2009（1-2）：99-101.

[57] 赵思林. 高考数学创新型试题的几种类型 [J].（人大复印）中学数学教与学，2009（5）（上半月）：38-40，44.

[58] WELCH W, KLOPFER L, AIKENHEAD O, et al. The role of inquiry in science education: analysis and recommendations [J]. Science Education, 1981, 65 (2): 316.

[59] 赵思林. 教学与管理 [J]. 高考数学创新型试题的背景，2010（1）：51-53.

[60] 张思明工作室. 新课程背景下数学高考试题特色分析 [J]. 基础教育课程，2008（18）：44-49.

[61] 赵思林. 2010年高考数学创新型试题分类点评 [J]. 中学数学（高中），2010（9）：33-37.

[62] 赵思林. 新课程理念视角下高考数学试题评析 [J]. 中学数学研究（广州），2010（9）：11-14.

[63] 史宁中. 论教育的本原 [J]. 教育研究，2009（8）：3-10.

[64] 时宝军，李淑莲，于瑞广. 2009年清华大学自主招生试题解答与评析 [J]. 数学通讯，2010（3）（下半月）：54-58.

[65] 赵思林，李正泉. 2009年清华大学自主招生一题的简解与推广 [J]. 数学通讯，2010（11）（下半月）：53.

[66] 范端喜. 2010年名校自主招生数学试题赏析 [J]. 数学通讯，2010（5）（下半月）：51-54.

[67] 叶新年. 2010年北京大学、清华大学自主招生数学试题选析 [J]. 数学通讯，2010（4）（下半月）：48-53.

[68] 赵思林. 巧用贝努利不等式及推论解竞赛题 [J]. 数学通报，

2008，47（11）：53-54，57.

［69］赵思林，李兴贵. 一道自主招生不等式试题的初等解法探究［J］. 数学通讯，2010（10）（下半月）：49.

［70］曹保丽. 从一道自主招生考试试题看能力考查［J］. 数学通讯，2010（4）（下半月）：53-54.

［71］范端喜. 名校自主招生中的几个热点问题［J］. 数学通讯，2010（6）（下半月）：52-55.

［72］李邦河. 数的概念的发展［J］. 数学通报，2009，48（8）：1-3，9.

［73］赵思林. 基于多想少算的数学解题策略［J］. 中学数学研究（广州），2010（4）：19-21.

［74］赵思林. 感受的心理过程对数学教学的启示［J］. 数学教育学报，2011（3）：7-11.

［75］赵思林. 两个新的不等式的证明与推论［J］. 内江师范学院学报，2005，21（4）：19-21.

［76］赵思林，翁凯庆. 高考数学命题"能力立意"的问题与对策［J］. 数学教育学报，2013，22（4）：85-89.

［77］任子朝. 能力立意命题的理论与实践［J］. 数学通报，2008，47（1）：24-28，32.

［78］石志群. 高考数学命题思路分析及复习策略（续1）［J］. 中学数学月刊，2009（12）：21-23.

［79］邝孔秀. 华罗庚的数学"双基"教学思想及其启示［J］. 数学教育学报，2012，21（2）：5-7，55.

［80］赵思林. 一道公式推导试题引发的争论与思考［J］. 数学通报，2010，49（9）：16-18.

［81］赵思林，黄兴友. 由正切半角公式引发的问题与思考［J］. 中学数学（高中），2011（5）：21-22.

［82］朱华伟，张景中. 论推广［J］. 数学通报，2005，44（4）：55-57.

［83］叶军. 一类含根式的新不等式及应用［J］. 数学通报，2001，

中学数学
研究性教学与案例

[98] 吴立宝，秦华. 2012 年大学自主招生考试一道平面几何题分析 [J]. 中国数学教育（高中版），2013 (5)：36-38.

[99] 吴立宝，邵珍红. 一道 2012 年大学自主招生考试概率问题分析 [J]. 数学通报，2012 (7)：44-46，48.

[100] 曹一鸣，许莉花. 数学与现实生活联系的度是什么——基于中国 4 位数学教师与 TIMSS 1999 录像研究的比较 [J]. 中国教育学刊，2007 (6)：60-62，68.

[101] 赵思林，邓才明. 2012 年高考数学四川卷（理）16 题探究 [J]. 中学数学研究（江西），2012 (12)：10-12.

[102] 赵思林，赵晓林. 2012 年高考数学四川卷理科 12 题研究 [J]. 中学数学杂志（高中），2012 (9)：55-56.

[103] 赵思林，邓才明. 2012 年高考数学四川卷理 22 题探究 [J]. 中学数学研究（江西），2012 (11)：30-31.

[104] 李建军. 2010 年一道高考解析几何试题的推广 [J]. 中小学教育，2011 (3)：60.

[105] 赵思林，李兴贵. 多想少算——解高考数学题的基本策略 [J]. 中学数学（高中），2010 (12)：1-3，56.

[106] 赵思林，李正泉. 对称——解高考数学题的好方法 [J]. 数学通讯（高中），2013 (6)：27-29.

[107] 冯进. 数学发展中的对称破缺及其作用 [J]. （人大复印）科学技术哲学，2010 (4)：3-9.

[108] 罗增儒，罗新兵. 作为数学教育任务的数学解题 [J]. 数学教育学报，2005，14 (1)：12-15.

[109] 赵思林. 一个函数不等式定理的证明与应用 [J]. 中学数学研究（南昌），2005 (2)：17-18.

[110] 赵思林. 一个不等式问题的研究性教学 [J]. 中学数学（高中），2011 (2)：17-19.

[111] 臧立本. 如何激发思维灵感 [J]. 中学数学教与学（人大复印），2008 (10)（上半月）：24-26.

[112] 朱德全. 数学问题解决教学设计类型与程式 [J]. 中国教育

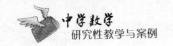

学刊，2010（1）：53-55.

[113] 朱凯. 关于"解决问题"学与教三个问题的审视与阐释
[J]. 课程·教材·教法，2010，30（11）：44-48.

[114] 赵思林，高峥. 数学多元问题解决的思维策略 [J]. 中学数学（高中），2011（3）：3-5.

[115] 谢志强，罗仕明. 试析一道推广的高考试题所蕴含的数学思想 [J]. 中学数学（高中），2015（7）：74-75.

[116] 王新民. 试析一道课本习题中所蕴含的数学思想 [J]. 中国数学教育（高中版），2013（9）：38-39.

[117] 赵思林，吴立宝. 关于贝努利不等式的几个推论 [J]. 数学通讯（高中），2008（23）：26-27.

[118] 赵思林. 贝努利不等式的螺旋式证明 [J]. 中学数学研究（广东），2008（6）：44-45.

[119] 赵思林. 一个优美三角不等式的证明与应用 [J]. 中学数学（高中），2007（4）：40-41.